Sonderseiten

METHODE — Hier kannst du naturwissenschaftliche Arbeitsweisen trainieren.

PINNWAND — Hier findest du Zusatzinformationen für inhaltliche Vertiefungen.

STREIFZUG — Hier findest du Verknüpfungen mit anderen Fachgebieten.

PRAKTIKUM — Hier findest du Anleitungen zum selbstständigen Arbeiten.

LERNEN IM TEAM — Hier findest du Vorschläge für die Projektarbeit mit offen formulierten Handlungsaufträgen.

AUF EINEN BLICK — Hier findest du die Inhalte des Kapitels in kurzer und übersichtlicher Form dargestellt.

BASISKONZEPTE — Hier findest du fachliche Fragestellungen, die nach übergeordneten Blickwinkeln sortiert sind.

LERNCHECK — Hier kannst du deine gewonnenen Kompetenzen überprüfen und du findest Aufgaben zum Wiederholen und Vertiefen. Die Lösungen zu den Aufgaben findest du auf der dazugehörigen BiBox.

Zusatzangebot

Protokoll — Zu ausgewählten Versuchen findest du auf der zum Schulbuch zugehörigen **BiBox** vorbereitete Versuchsprotokolle. Diese helfen dir, ein Schülerexperiment angeleitet durchzuführen und zu protokollieren.

westermann

ERLEBNIS
Physik
9 II/III

Ein Lehr- und Arbeitsbuch

Andreas Scheungrab

ERLEBNIS
Physik
9 II/III

Herausgeber
Andreas Scheungrab

Autoren
Benjamin Banzer
Dieter Cieplik
Stephanie Gerecke
Christopher Heinrich
Claudia Heist
Dr. Stefanie Jerems
Horst-Dietmar Kirks
Rainer Mennenga
Thomas Nasaroff
Sebastian Schaffer
Ursula Schmidt
Petra Stange
Albert Steinkamp
Heide Suk
Reiner Wagner
Reinhard Wendt-Eberhöfer
Erwin Werthebach

Redaktion
Iliane Kleine-Boymann

Illustrationen
BC GmbH Verlags- und Medien-,
Forschungs- und Beratungsgesellschaft
Heike Keis
LIO Design
Olav Marahrens
Tom Menzel
Ingrid Schobel
Judith Viertel

**Grundlayout
und Umschlaggestaltung**
SINNSALON
Agentur für Kommunikation
und Design

Fotos
Andreas Scheungrab
Albert Steinkamp
Hans Tegen

westermann GRUPPE

© 2021 Westermann Bildungsmedien Verlag GmbH, Braunschweig
www.westermann.de

Das Werk und seine Teile sind urheberrechtlich geschützt. Jede Nutzung in anderen als den gesetzlich zugelassenen bzw. vertraglich zugestandenen Fällen bedarf der vorherigen schriftlichen Einwilligung des Verlages. Nähere Informationen zur vertraglich gestatteten Anzahl von Kopien finden Sie auf www.schulbuchkopie.de.

Die Mediencodes enthalten zusätzliche Unterrichtsmaterialien, die der Verlag in eigener Verantwortung zur Verfügung stellt.

Druck A[1] / Jahr 2021
Alle Drucke der Serie A sind inhaltlich unverändert.

Druck und Bindung: Westermann Druck GmbH, Braunschweig

ISBN 978-3-14-**195467**-8

Inhalt

Allgemein

- 6 **METHODE** Sicherheitsregeln in der Physik
- 8 **PRAKTIKUM** Führerschein für den Gasbrenner
- 9 **PINNWAND** Verschiedene Wärmequellen
- 10 **METHODE** Internetrecherche: Vom Sachtext zur Präsentation
- 11 **METHODE** Ein Referat vorbereiten und halten
- 12 **METHODE** Hypothesenbildung – Aufstellen von Vermutungen
- 13 **METHODE** Messgenauigkeit und Messfehler
- 14 **METHODE** Mit Basiskonzepten Wissen verknüpfen

Mechanische Arbeit, Energie, Leistung und Druck

- 16 Mechanische Arbeit, Energie, Leistung und Druck
- 18 Was du schon weißt ... über Kräfte und ihre Wirkungen
- 20 Die schiefe Ebene – ein Kraftwandler
- 22 Der Hebel – ein Kraftwandler
- 24 Hebel im Gleichgewicht und Ungleichgewicht
- 25 **PINNWAND** Schiefe Ebene und Hebel im Alltag
- 26 Feste und lose Rolle
- 27 **METHODE** Ein Informationsplakat entsteht
- 28 Der Flaschenzug – ein Kraftwandler
- 29 **PINNWAND** Wie viel Kraft musst du einsetzen?
- 30 **LERNEN IM TEAM** Hebel und Rollen in der Technik und in der Natur
- 32 Die Goldene Regel der Mechanik
- 33 **PINNWAND** Anwendungen zur Goldenen Regel der Mechanik
- 34 Mechanische Arbeit – eine abgeleitete Prozessgröße
- 36 Mechanische Energie – eine abgeleitete Zustandsgröße
- 38 Die mechanischen Energieformen
- 39 Umwandlungen mechanischer Energien
- 40 **STREIFZUG** Bungeespringen – energetisch betrachtet
- 40 **STREIFZUG** Schwimmtraining
- 41 **PINNWAND** Verschiedene Energieformen
- 42 Energie geht nicht verloren
- 44 Energieerhaltung
- 45 Der Wirkungsgrad
- 46 Der Wirkungsgrad einer schiefen Ebene
- 47 **PINNWAND** Energienutzung – im Wandel der Zeit
- 48 Mechanische Leistung – eine abgeleitete Größe
- 49 **PRAKTIKUM** Bestimmung deiner physischen Leistung
- 50 **PINNWAND** Berechnungen zu Arbeit, Energie, Leistung, Wirkungsgrad
- 52 Kraft wirkt auf eine Fläche
- 54 Druck – eine abgeleitete Zustandsgröße
- 55 Das Messgerät für den Druck: Manometer
- 56 Hydraulische und pneumatische Kraftwandler
- 58 Der Schweredruck in Flüssigkeiten
- 59 **PINNWAND** Ein Tauchgang muss geplant sein!
- 60 Das hydrostatische Paradoxon
- 61 Der Schweredruck in der Anwendung
- 62 **PINNWAND** Berechnungen zu Druck, Schweredruck, Kraftwandler
- 63 Luft hält uns unter Druck
- 65 **STREIFZUG** Höhenkrankheit
- 66 **STREIFZUG** Der Luftdruck und das Vakuum
- 67 **STREIFZUG** Das Barometer und die Wettervorhersage
- 68 **AUF EINEN BLICK**
- 69 **BASISKONZEPTE**
- 70 **LERNCHECK**

Innere Energie und Wärme

72	Innere Energie und Wärme	94	**STREIFZUG** Die Sprinkleranlage
74	Was du schon weißt … über Aggregatzustände	95	**LERNEN IM TEAM** Feuermelder
		96	Die Anomalien des Wassers
75	Was du schon weißt … über Reibung, Arbeit und Energie	97	**PINNWAND** Auswirkungen der Anomalien
		98	Thermische Ausdehnung von Gasen
76	Die innere Energie eines Körpers und ihre Änderung	99	**PINNWAND** Ausdehnung von Wasser und Luft
		100	Wärmestrom ist Energietransport
77	Die innere Energie im Teilchenmodell	101	Thermisches Gleichgewicht
78	Die Temperatur – eine physikalische Basisgröße	102	Wärmeleitung
		103	Wärmestrahlung
79	Messen von Temperaturen	104	Konvektion in Flüssigkeiten
80	Die Celsius-Skala	105	Konvektion in Gasen
81	**STREIFZUG** Vom Thermoskop zum Thermometer	106	**STREIFZUG** Energietransport im Alltag
		107	**STREIFZUG** Das Prinzip Nachhaltigkeit
82	Die Kelvin-Skala	108	Beeinflussung des Wärmestroms
82	**STREIFZUG** Lord Kelvin of Largs	109	**LERNEN IM TEAM** Wärmedämmung dient der Nachhaltigkeit
83	Wie fand Kelvin den absoluten Temperatur-Nullpunkt?		
		110	Wärmequellen sind Energiewandler
84	**STREIFZUG** Thermometer und ihre Skalen	111	Wie viel Wärme gibt eine elektrische Wärmequelle ab?
85	**PINNWAND** Extreme Temperaturen	112	Wie viel Wärme muss zugeführt werden?
86	Aggregatzustände und ihre Übergänge	114	Leistung einer Wärmequelle
88	Auf direktem Weg von fest zu gasförmig	115	**METHODE** Experimentelle Optimierungen verbessern die Ergebnisse
89	**PINNWAND** Von fest zu gasförmig und zurück		
		116	**PRAKTIKUM** Bestimmung der Wärmekapazität von Festkörpern
90	Thermische Ausdehnung von festen Gegenständen		
		117	Körper speichern Wärme
91	**PINNWAND** Längenänderung durch Erwärmen	118	**AUF EINEN BLICK**
		119	**BASISKONZEPTE**
92	Das Bimetall-Thermometer	120	**LERNCHECK**
93	Thermische Ausdehnung von Flüssigkeiten		

Elektrizität und ihre Nutzung

122	Elektrizität und ihre Nutzung	132	Der Kommutator – ein automatischer Umschalter
124	Was du schon weißt … über das magnetische Feld		
		133	Der Trommelanker
125	Was du schon weißt … über das elektrische Feld	134	**PINNWAND** Einsatz von Elektromotoren
		135	**STREIFZUG** Das Elektroauto
126	Magnetische Wirkung des elektrischen Stromes	136	**PRAKTIKUM** Ein Elektromotor – selbst gebaut
127	Das Magnetfeld eines elektrischen Leiters	137	**LERNEN IM TEAM** Bau von Elektrofahrzeugen
128	Die magnetische Wirkung lässt sich regeln	138	**METHODE** Berufswahl
		139	**STREIFZUG** Elektronikerin und Elektroniker für Maschinen- und Antriebstechnik
129	**PINNWAND** Anwendungen von Elektromagneten		
		140	Die elektrische Spannung – eine abgeleitete Größe
130	**PRAKTIKUM** Bau eines Messgerätes	141	Die elektrische Spannung – ein Vergleich
131	Der Gleichstrom-Elektromotor	142	Messen der Spannung mit dem Vielfachmessgerät

Elektrizität und ihre Nutzung

- 143 Verschiedene Elektrizitätsquellen
- 144 Die elektrische Arbeit – eine abgeleitete Größe
- 145 Die elektrische Leistung – eine abgeleitete Größe
- 146 Elektrische Energie muss bezahlt werden
- 147 **STREIFZUG** Die Energierechnung
- 148 **PINNWAND** Auch kleine Geräte benötigen Energie
- 149 **LERNEN IM TEAM** Energiesparen mit Verstand
- 150 Spannung und Stromstärke hängen zusammen
- 151 Kennlinien metallischer Leiter
- 152 Der elektrische Widerstand – eine abgeleitete Größe
- 153 Die Abhängigkeiten des elektrischen Widerstandes
- 154 **PINNWAND** Bauformen von Widerständen und ihre Anwendung
- 156 **PINNWAND** Berechnungen zu Leitwert und Widerstand
- 158 Der Widerstand eines Leiters ist temperaturabhängig
- 159 **STREIFZUG** Messen von Widerständen
- 160 **AUF EINEN BLICK**
- 161 **BASISKONZEPTE**
- 162 **LERNCHECK**

Anhang

- 164 Stichwortverzeichnis
- 167 Namensverzeichnis
- 167 Übersicht: Methoden/Lernen im Team
- 168 Schaltzeichen
- 168 GHS-Piktogramme und ihre Bedeutung
- 168 Vorsätze bei den Einheiten
- 169 Bildquellenverzeichnis
- 170 Tabellen zur Physik

Sicherheitsregeln in der Physik

1 Not-Aus-Schalter

2 Feuerlöscher

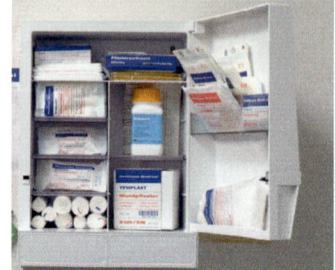
3 Erste-Hilfe-Kasten

Sicherheitsvorkehrungen im Fachraum
Informiere dich über
- die Lage und die Bedienung der elektrischen Not-Aus-Schalter (Bild 1) und des zentralen Gas-Haupthahnes.
- den Umgang mit vorhandenen Löscheinrichtungen wie Feuerlöscher (Bild 2), Löschsand und Löschdecke.
- die Lage und die Bedienung der Augennotdusche.
- die Lage und den Inhalt des Erste-Hilfe-Kastens (Bild 3).
- die Fluchtwege und den Rettungsplan für deine Schule.

Richtiges Verhalten im Fachraum
- In naturwissenschaftlichen Räumen ist besonders umsichtiges Verhalten erforderlich.
- In Fachräumen darf nicht gegessen, nicht getrunken und sich nicht geschminkt werden.
- Mäntel, Jacken und Schultaschen dürfen nicht auf und zwischen den Arbeitsplätzen liegen oder hängen.
- Handverletzungen, auch kleinere, müssen mit geeignetem Material abgedeckt werden.
- Geräte, Chemikalien und Schaltungen dürfen erst nach Genehmigung durch die Lehrerin oder durch den Lehrer berührt werden.
- Anlagen für elektrische Energie, Gas und Wasser dürfen erst nach Genehmigung durch die Lehrerin oder durch den Lehrer eingeschaltet werden.
- Offene Gashähne, Gasgeruch, beschädigte Steckdosen, defekte Geräte oder andere Gefahrenstellen müssen der Lehrerin oder dem Lehrer sofort gemeldet werden.
- Bewahre bei Feuer und Unfällen Ruhe!

Die Bedeutung der farbigen Schilder
Die Hinweisschilder zur Unfallverhütung, zur Sicherheit und zur Hilfe sind unterschiedlich in Form und Farbe gekennzeichnet (Bild 4).

ROT: Hinweisschilder für den Gefahrenfall

WEISS: Allgemeine Gefahrstoffsymbole

GELB: Warnzeichen

GRÜN: Rettungszeichen

4 Hinweisschilder zur Unfallverhütung

Allgemein 7

Regeln beim Experimentieren

1. Beachte alle Vorschriften und Hinweise der Lehrerin oder des Lehrers.

2. Beginne mit dem Versuch erst dann, wenn deine Lehrerin oder dein Lehrer dich dazu auffordert.

3. Benutze nach Anweisung Schutzausrüstungen wie Schutzbrille oder Schutzhandschuhe.

4. Trage lange Haare und Kleidungsstücke so, dass sie nicht in eine offene Flamme geraten können.

5. Verlasse während des Versuchs nicht deinen Arbeitsplatz und verhalte dich ruhig.

6. Hinterlasse deinen Arbeitsplatz sauber und aufgeräumt.

Tipps für das Experimentieren

1. Lies die Versuchsanleitung sorgfältig und vollständig durch.

2. Besprich die Versuchsanordnung mit den Mitgliedern deiner Gruppe.

3. Stelle alle Geräte vor Versuchsbeginn bereit.

4. Baue alle Geräte übersichtlich und standsicher auf.

5. Bewege die Geräte während des Versuchs nicht unnötig.

6. Erstelle für jeden Versuch ein Versuchsprotokoll.

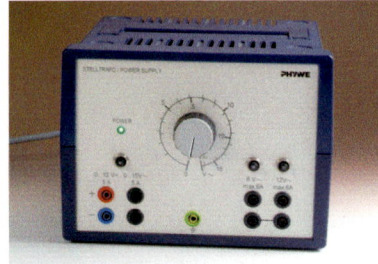

5 Elektrizitätsquelle

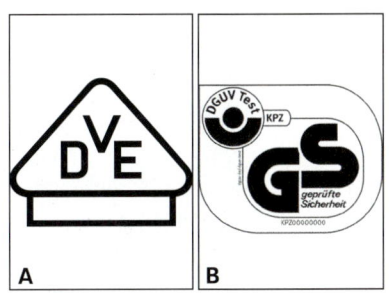

6 A VDE-Zeichen, **B** GS-Zeichen

7 EU-Notrufnummer

Im **Notfall** erreichst du die Polizei und die Feuerwehr unter der europaweit geltenden Notrufnummer

112

Sicherheitsregeln beim Umgang mit elektrischen Geräten

Der Umgang mit elektrischen Geräten in der Schule unterscheidet sich nicht von der Handhabung im täglichen Leben.

- Vergewissere dich vor dem Anschalten der Elektrizitätsquelle, dass der Drehknopf auf null gestellt ist (Bild 5).

- Verwende keine beschädigten Leitungen oder keine defekten Geräte.

- Drücke bei Störungen sofort den Not-Aus-Schalter im Fachraum.

- Gib Störungen und Schäden an elektrischen Geräten sofort bekannt.

- Führe keine Reparaturen an Geräten durch.

- Verlege Leitungen stets so, dass die Isolierung nicht beschädigt wird und keine Stolperfallen entstehen.

- Ziehe Stecker niemals an der Leitung aus der Steckdose.

- Schütze elektrische Geräte vor Feuchtigkeit und Nässe.

- Verwende nur elektrische Geräte mit VDE- und GS-Zeichen, die unter anderem auf ihre elektrische Sicherheit geprüft sind (Bild 6).

Führerschein für den Gasbrenner

Im naturwissenschaftlichen Unterricht wirst du häufig Versuche durchführen, bei denen Stoffe erhitzt werden. Für diese Versuche werden **Gasbrenner** für Erdgas oder Propangas verwendet.
Damit du mit den Gasbrennern gefahrlos umgehen kannst, musst du bestimmte Regeln beachten:

Vorbereitung
- Stelle den Gasbrenner standsicher auf eine feuerfeste Unterlage.
- Schließe den Gasschlauch des Brenners an die Gaszuleitung am Tisch an. Kontrolliere die Standsicherheit des Gasbrenners.
- Schließe die Gas- und Luftzufuhr des Brenners.

> **ACHTUNG**
> Binde lange Haare immer zusammen und trage beim Arbeiten mit dem Gasbrenner eine Schutzbrille.

Inbetriebnahme und Einstellung des Brenners
- Lege dir einen Anzünder zurecht.
- Öffne die Gaszufuhr am Brenner.
- Entzünde das ausströmende Gas sofort nach dem Öffnen der Gaszufuhr. Es brennt eine gelbe Brennerflamme.
- Öffne die Luftzufuhr, bis die Brennerflamme blau ist und rauscht.
- Verringere die Luftzufuhr wieder, bis die Höhe der Flamme etwa der Breite deiner Hand entspricht.
- Arbeite mit der blauen, aber noch nicht rauschenden Brennerflamme.
- Nach dem Experimentieren schließe die Luftzufuhr, bis du die gelbe Brennerflamme siehst.
- Schließe das Ventil zur Gasregulierung am Brenner.

> **ACHTUNG**
> Der Gasbrenner darf während des Experimentierens nicht unbeaufsichtigt bleiben. Stelle das Gas nach Beendigung der Arbeit an der Gaszufuhr ab.

Untersuchung der Brennerflamme
Die blaue Brennerflamme besteht aus einem kleineren Innenkegel und einem Außenkegel.
a) Untersuche mithilfe eines dünnen Holzstabes die beiden Flammenkegel. Halte dazu das Stäbchen kurz in den Innenkegel. Bewege es dann langsam von unten nach oben in den Außenkegel. Beschreibe jeweils, was mit dem Holzstab passiert. Achte besonders auf die Ränder der Flamme und auf den Übergang vom inneren zum äußeren Flammenkegel. Finde die heißeste Zone der Flamme heraus.
b) Schneide dir aus etwa 2 mm starkem Karton ein 15 cm mal 10 cm großes Rechteck aus. Halte es für kurze Zeit direkt über der Öffnung des Brenners senkrecht in die Flamme. Beschreibe deine Beobachtung.

1 Gelbe Brennerflamme

2 Blaue Brennerflamme

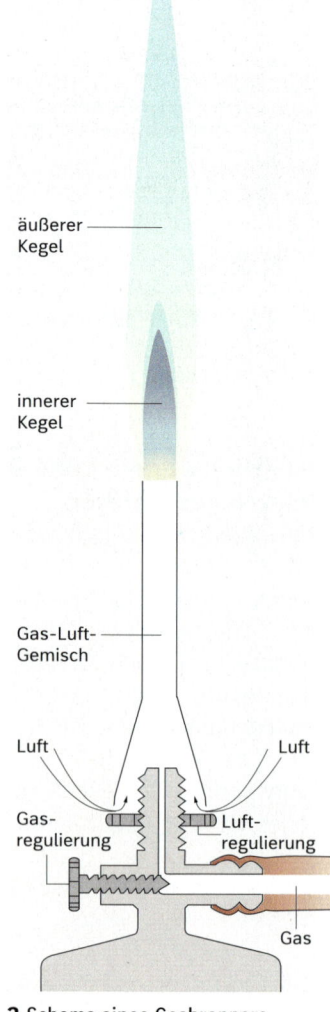

3 Schema eines Gasbrenners

Allgemein

Verschiedene Wärmequellen

1. Recherchiere Bereiche, in denen Kartuschenbrenner als Wärme- oder Lichtquelle eingesetzt werden.

Gasbrenner für Erdgas und Propangas

Heizplatte
Zum Erhitzen brennbarer Flüssigkeiten ist eine **elektrische Heizplatte** besser geeignet als ein Brenner, da sich die brennbaren Dämpfe an der elektrisch beheizten Platte nicht so leicht entzünden können.

Kartuschenbrenner

Beim **Kartuschenbrenner** befindet sich flüssiges Butangas in einem Metallbehälter. Öffnest du das Gasventil, tritt dieser Brennstoff als Gas aus.
Vor dem Anzünden des Gases musst du beim Kartuschenbrenner die Luftzufuhr leicht öffnen. Erst danach öffnest du das Gasventil. Das ausströmende Gas-Luft-Gemisch musst du sofort entzünden. Da Butangas schwerer ist als Luft, fließt es beim Ausströmen nach unten. Wird das Gas nicht sofort entzündet, sammelt es sich auf der Tischplatte. Beim Anzünden des Gases kann es dann zu einer Stichflamme kommen.

ACHTUNG
Den Kartuschenbrenner darfst du beim Experimentieren mit brennbaren Materialien nicht verwenden.

PINNWAND

Internetrecherche: Vom Sachtext zur Präsentation

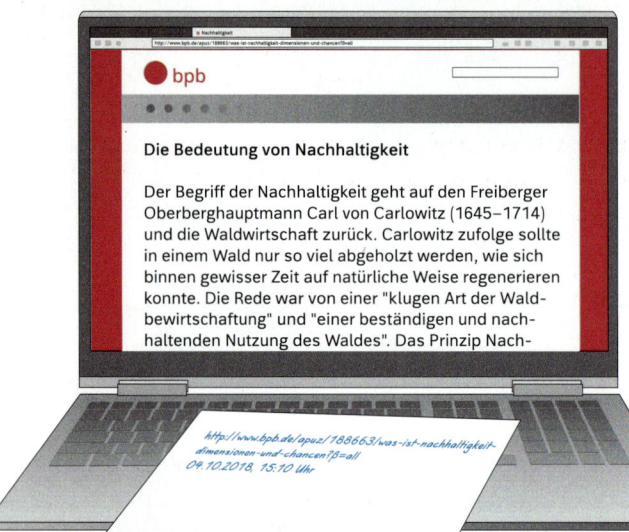

1. Recherchiere im Internet den Begriff Nachhaltigkeit. Fertige aus dem digitalen Sachtext eine Präsentation an.

1 Digitaler Sachtext

> **BEACHTE DAS URHEBERRECHT!**
> Die Schöpferin oder der Schöpfer eines Werkes wird als **Urheberin** oder **Urheber** bezeichnet. Bei den Werken kann es sich beispielsweise um Texte, Fotos, Bilder oder Musik handeln. Das **Urheberrecht** schützt die Verwendung solcher Werke.
> Verwendest du in einer Recherche fremde Texte oder Abbildungen, bist du **verpflichtet,** die Quellen **anzugeben.**

Von einem digitalen Sachtext zur Textdatei

Texte auf Websites richten sich an sehr unterschiedliche Lesergruppen. Sie erfordern viel Sorgfalt beim Bearbeiten, um das Wesentliche zu erkennen. Die folgende Vorgehensweise erleichtert dir das Bearbeiten digitaler Sachtexte.

1. Überlege dir für das Thema deiner Recherche eine grobe **Gliederung** als Fahrplan.
2. **Suche** mithilfe einer Suchmaschine zu deinen Gliederungspunkten nach geeigneten Texten.
3. **Kopiere** die Texte in ein Textverarbeitungsprogramm. Notiere die Quellen der Texte (Internetadressen) mit Datum und Uhrzeit deiner Recherche.
4. Lies die Texte aufmerksam durch. **Lösche** Absätze, die für deine Gliederungspunkte unwichtig sind.
5. **Markiere** unbekannte Begriffe in **einer anderen Farbe.** Suche im Internet nach verständlichen Begriffserklärungen und ergänze sie in deiner Textdatei.
6. **Markiere** wesentliche Informationen in deinem Text.
7. **Schreibe** eine eigene Zusammenfassung.

Von der Textdatei zur Präsentation

Wenn du den Text deiner Recherche für einen Vortrag nutzen willst, ist es hilfreich, eine **Präsentation** zu erstellen. Die folgende Vorgehensweise erleichtert dir das Erstellen der Präsentationsfolien.

1. Kopiere in die **1. Folie** eines Präsentationsprogramms das Thema deiner Recherche.
2. Stelle auf der **2. Folie** die Gliederung vor.
3. Lege auf den **weiteren Folien** zu jedem Gliederungspunkt eine eigene Folie an. Füge das Wesentliche stichpunktartig hinzu. Achte auf Übersichtlichkeit und auf eine einheitliche Struktur der Folien.
4. Die **letzte Folie** enthält die Zusammenfassung deiner Recherche.

Beachte: Auch hier musst du zu übernommenen Texten und Abbildungen die Quellen angeben, beispielsweise in der Fußzeile der Folie.

Die Bedeutung von Nachhaltigkeit	Begriffserklärung
Der Begriff der Nachhaltigkeit geht auf den Freiberger Carl von Carlowitz (1645–1714) zurück. Carlowitz zufolge sollte in einem Wald nur so viel abgeholzt werden, wie sich binnen gewisser Zeit auf natürliche Weise regenerieren konnte.	Nachhaltigkeit: geht zurück auf die Waldbewirtschaftung regenerieren: auf natürliche Weise nachwachsen
http://www.bpb.de/apuz/188663/was-ist-nachhaltigkeit-dimensionen-und-chancen?ß=all 04.10.2018, 15:10 Uhr	

2 Erarbeitung einer Textdatei

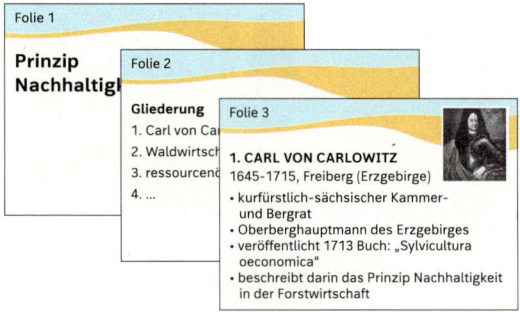

3 Erstellung der Präsentation

Ein Referat vorbereiten und halten

Thema finden
Jörn soll im Physikunterricht ein Referat über sein Hobby Modellbau halten. Er weiß, dass er ein Thema finden muss, das seine Mitschülerinnen und Mitschüler interessiert. Dazu hat er sich einen Raupenbagger ausgesucht.

Informationen suchen
Für seinen Vortrag sucht er Material in Heften und Büchern. Weitere Texte und Bilder findet er im Internet.

Bilder, Filme, Poster und Exponate machen den Vortrag anschaulich und wecken Interesse. Er verwendet nur Material, mit dem er selbst vertraut ist, und prüft, ob die Texte fehlerfrei sind.

Gliederung anlegen
Anhand seiner Materialsammlung überlegt sich Jörn, welche Teile des umfangreichen Themas er darstellen will. Er schreibt eine Gliederung des Referates auf. Für den endgültigen Text verfährt er nach folgendem Schema:

- Finde einen interessanten Einstieg.
- Nenne wesentliche Informationen zum Thema.
- Formuliere am Schluss eine Zusammenfassung.
- Gib eventuell einen Ausblick.

Zeitrahmen festlegen
Vor dem Referat bespricht Jörn mit der Physiklehrerin, wie viel Zeit ihm zur Verfügung steht. Eventuell muss er jetzt noch Programmpunkte streichen oder hinzufügen.

Stichpunkte für den Vortrag
Da er den Vortrag frei halten will, legt er sich einige Karteikarten an, auf denen die wichtigsten Stichpunkte in der vorgesehenen Reihenfolge vermerkt sind. Er nummeriert die Karten, damit sie nicht durcheinander geraten.

- Übe deinen Vortrag zu Hause mehrmals.
- Überprüfe deine Wirkung, indem du den Vortrag mit dem Smartphone aufnimmst.
- Kontrolliere die Zeit, die du für deinen Vortrag benötigst.

Präsentation
Um den Vortrag zu halten, benötigt er die Karteikarten, eine Uhr und das vorbereitete Anschauungsmaterial.
Bei der Präsentation beachtet er folgende Punkte:

- Sprich frei, laut und deutlich.
- Schaue deine Zuhörer an.
- Ermögliche allen eine gute Sicht auf die Exponate.
- Halte dich an die vereinbarte Zeit.
- Stelle dich auf mögliche Fragen ein.

Das schriftliche Referat
Für das Referat in schriftlicher Form hat Jörn den Text ausformuliert. Er hat darauf geachtet, dass die Arbeit nicht überfrachtet ist. Der Text ist unterteilt in Einleitung, Hauptteil und Schluss. Texte, die er wörtlich aus Büchern oder dem Internet übernommen hat, kennzeichnet er mit einer Quellenangabe.

Zum Schluss überprüft er noch einmal die Rechtschreibung und die Grammatik und achtet auf eine ansprechende äußere Form seiner Arbeit.

1 Raupenbagger

Hypothesenbildung – Aufstellen von Vermutungen

Beobachtung
Kinder schaukeln auf verschieden langen Schaukeln. Aber schwingen sie alle gleich schnell?

Forschungsfrage
Wovon hängt bei gleicher Auslenkung die Schwingungsdauer der Schaukeln ab?

1. Hypothese bilden
Die Schwingungsdauer hängt von der angehängten Masse ab.

Versuchsdurchführung
Kinder mit unterschiedlicher Masse schaukeln auf derselben Schaukel. Es wird jeweils die Schwingungsdauer für 10 Schwingungen gemessen.

Versuchsergebnis
Die Schwingungsdauer ist bei allen Kindern gleich groß.

Antwort auf 1. Hypothese
Die Schwingungsdauer hängt nicht von der angehängten Masse ab.

2. Hypothese bilden
Die Schwingungsdauer hängt von der Schaukellänge ab.

Versuchsdurchführung
Ein Kind schaukelt nacheinander auf Schaukeln mit unterschiedlicher Länge. Es wird jeweils die Schwingungsdauer für 10 Schwingungen gemessen.

Versuchsergebnis
Je kürzer die Schaukellänge ist, desto kürzer ist die Schwingungsdauer.

Antwort auf 2. Hypothese
Die Schwingungsdauer hängt von der Länge ab.

Antwort auf die Forschungsfrage
Die Schwingungsdauer einer Schaukel bei gleicher Auslenkung ist unabhängig von der angehängten Masse und abhängig von der Schaukellänge.

> **BEACHTE!**
> Du darfst in einem Versuch immer nur eine Messgröße ändern! Alle anderen Messgrößen musst du konstant halten.

Messgenauigkeit und Messfehler

Messgerät: Messbereich und Messgenauigkeit
Je nach zu messender Größe musst du das richtige Messgerät oder den richtigen Messbereich wählen (Bild 1). Dabei besitzt jedes Messgerät seinen Messbereich und seine Messgenauigkeit.
Wenn du einen physikalischen Wert misst, kannst du am Messgerät genau einen Wert ablesen. Doch dieser Wert besitzt **immer** eine gewisse Ungenauigkeit. Wenn du die gleiche Messgröße noch weitere Male mit demselben Messgerät misst, könntest du etwas andere Ergebnisse erhalten.

Zufällige Messfehler
Wenn du ein Messgerät einsetzt, musst du dich mit dessen Gebrauch vertraut machen. So kannst du **Auslöse- und Handhabungsfehler** vermeiden.
Bei analogen Messgeräten musst du beim Ablesen des Messwertes den Blickwinkel zur Skala beachten (Bild 2). Auch verkratze Skalen können das Ablesen erschweren. Die Auswirkungen solcher **Ablesefehler** kannst du durch **Mittelwertbildung** minimieren.
Äußere Faktoren wie Luftfeuchte, Luftdruck, Temperatur und andere Umwelteinflüsse können sich auf das Messgerät und auf das Messobjekt auswirken und so das Messergebnis beeinflussen. Solche nicht vorhersehbare Fehler sind **zufällige** oder **statistische Fehler.**

Systematische Messfehler
Zeigen verschiedene Messgeräte beim Messen desselben Messobjekts unterschiedliche Werte an, so liegen **systematische Fehler** vor. Diese beruhen auf einem falschen oder ungenauen Messsystem oder Messaufbau. Um diese systematischen Fehler zu minimieren, musst du Messgeräte mit dem passenden Messbereich wählen oder den für die Messung günstigsten Messbereich vor jedem Einsatz einstellen. Viele Messgeräte müssen vor der Messung justiert, also auf null gestellt werden.

Rechnen mit physikalischen Messgrößen
Bei jeder Messung ist die letzte Ziffer unsicher, alle Ziffern davor sind sicher. Die Genauigkeit eines Messgerätes hängt von dessen Kalibrierung ab. So hat die Skala des rechten Zylinders in Bild 3 eine Messgenauigkeit von 5 ml, der linke Zylinder eine Genauigkeit von 0,1 ml.
Bei Rechnungen mit Messgrößen musst du das **Modell sinnvolle Ziffern** beachten: Die Anzahl der sinnvollen Ziffern ist die Anzahl der sicheren Ziffern plus die unsichere Ziffer. Bei Addition und Subtraktion von Größen wird die Genauigkeit des ungenauesten Messwertes übernommen. Bei Multiplikation und Division bestimmt der Wert mit den wenigsten sinnvollen Ziffern die Angabe des Ergebnisses.

1 Analoges und digitales Vielfachmessgerät

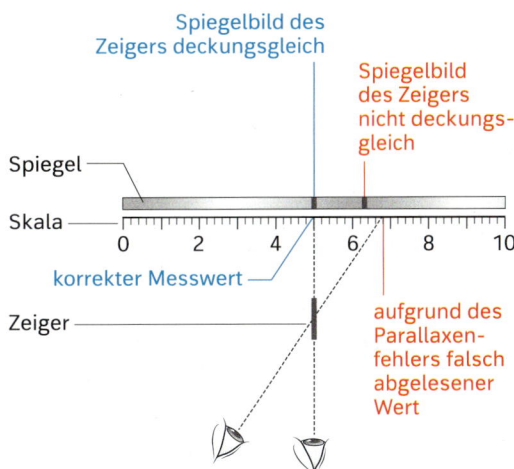

2 Richtiges Ablesen

3 Jedes Messgerät hat seinen Messbereich und seine Messgenauigkeit.

Mit Basiskonzepten Wissen verknüpfen

Ein Phänomen – viele Fragen
Mit einem CD-Solarkocher ist es möglich, ein Ei zu braten (Bild 1). Zu diesem **naturwissenschaftlichen Phänomen** kannst du verschiedene Fragen stellen:
- Woraus besteht der Solarkocher?
- Welche Aufgabe haben die einzelnen Bauteile?
- Woher kommt die Energie, die zum Braten notwendig ist?
- Warum verändern sich die Eigenschaften des Eies?

1 CD-Solarkocher

Andere Sichtweisen – andere Antworten
Um ein naturwissenschaftliches Phänomen zu erklären, kannst du es aus verschiedenen Blickrichtungen betrachten. Dadurch erhältst du verschiedene **Antworten** beispielsweise rund um den Solarkocher. Diese Sichtweisen werden **Basiskonzepte** oder Gegenstandsbereiche genannt und sind in den folgenden Erklärungen hervorgehoben.

METHODE

❶ Wechselwirkung
Trifft Licht auf einen Spiegel, wird es in eine andere Richtung gelenkt (Bild 2). Diese **Wechselwirkung** wird beim Solarkocher genutzt, um das Sonnenlicht von jeder CD auf den Boden der Pfanne zu lenken.

❸ Systeme im Gleich- und Ungleichgewicht
Das Metall der Pfanne nimmt von außen die Energie des Lichtes auf. Zwischen dem äußeren und dem inneren Pfannenboden herrscht zunächst ein Temperaturunterschied, ein **Ungleichgewicht** (Bild 4A). Es besteht so lange, bis die Temperatur im Metall überall gleich groß ist. Dann liegt ein **thermisches Gleichgewicht** vor (Bild 4B).

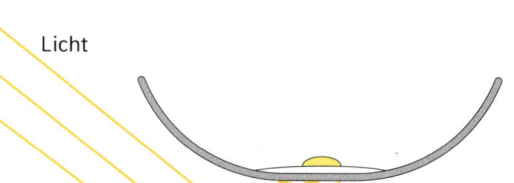
2 Licht ändert die Richtung.

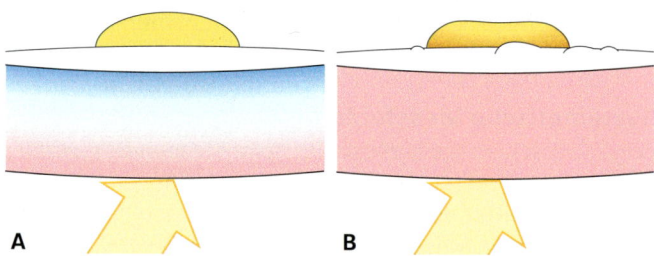
4 Temperaturen im Pfannenboden: **A** im Ungleichgewicht, **B** im Gleichgewicht

❷ Energie
Um ein Ei zu braten, musst du es erwärmen. Die CDs des Solarkochers reflektieren die **Energie** des Sonnenlichtes zur Pfanne um. Dort wird die Strahlungsenergie des Lichtes in innere Energie umgewandelt (Bild 3). Dies führt zu einer Erhöhung der Temperatur.

❹ Materie
Beim Braten des Eies wird die Luft über der Pfanne erwärmt. Die Luft als Materie besitzt eine Struktur, die beeinflussbar ist. Die Luft ist gasförmig und besteht aus vielen kleinen Teilchen, die sich bewegen. Sie nehmen einen Teil der Strahlungsenergie als innere Energie auf und steigen dadurch nach oben (Bild 5).

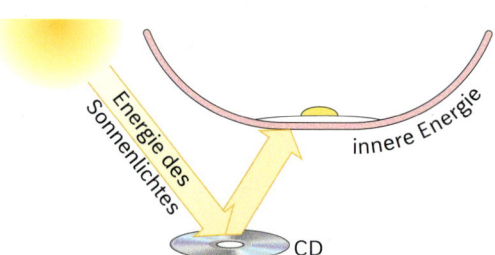
3 Energie wird umgewandelt.

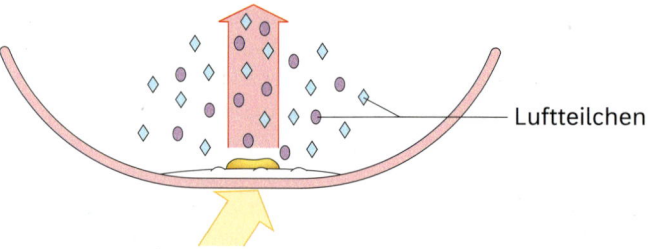
5 Materie verändert sich.

Umgang mit der Seite BASISKONZEPTE

Hinweis
Auf jeder Seite BASISKONZEPTE wird auf diese Methodenseiten hingewiesen.

Basiskonzepte
Hier findest du diejenigen Basiskonzepte, die jeweils eine andere Sichtweise auf das Thema ermöglichen.

Aufgaben
Zu jedem Basiskonzept kannst du geeignete Aufgaben bearbeiten.

Seitenverweise
Die Seitenzahlen auf den Zetteln verweisen auf die Schulbuchseiten, auf welchen du den Inhalt bereits behandelt hast.

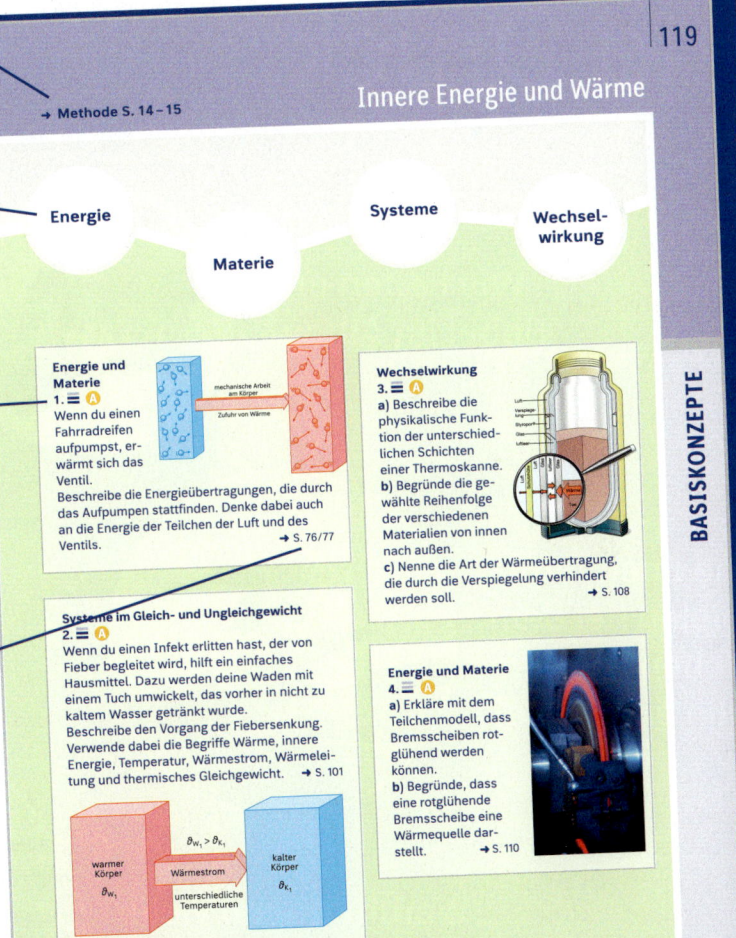

Hinweis
Auf einigen Schulbuchseiten im Kapitel findest du den Verweis auf die Seite BASISKONZEPTE:

Mechanische Arbeit, Energie, Leistung und Druck

Wie helfen uns Hebel im Alltag?

Welche Energieformen spielen bei dem Mädchen auf dem Trampolin eine Rolle?

Warum tragen viele Bergsteigerinnen und Bergsteiger im Hochgebirge Sauerstoffmasken?

Was du schon weißt ... über Kräfte und ihre Wirkungen

1.
a) Nenne drei Beispiele für Bewegungsänderungen durch das Wirken einer Kraft.
b) Beschreibe drei Beispiele, bei denen durch das Wirken einer Kraft die Richtung geändert wird.
c) Benenne für deine Beispiele aus a) und b) jeweils die wirkende Kraft und die Gegenkraft.

2.
a) Nenne je zwei Beispiele für plastische und elastische Verformungen durch das Wirken einer Kraft.
b) Benenne jeweils die wirkende Kraft und die Gegenkraft.

Dynamische Kraftwirkung

Fährst du Fahrrad, musst du eine **Kraft** aufbringen. Soll deine Geschwindigkeit konstant sein, muss diese wirkende Kraft immer gleich groß sein. Deine Bewegung ist gleichförmig (Bild 1). Möchtest du schneller fahren, musst du zusätzlich Kraft aufbringen. Deine Geschwindigkeit wird größer, du beschleunigst (Bild 2). Beim Abbiegen musst du ebenfalls eine Kraft aufbringen. **Bewegungs- und Richtungsänderungen** werden durch das Wirken von Kräften verursacht.

1 Gleichförmige Bewegung

2 Beschleunigte Bewegung

Statische Kraftwirkung

Das Biegen eines Drahtes ist nur möglich, wenn eine Kraft wirkt. Der Draht wird **plastisch** verformt (Bild 3). Beim Zusammendrücken einer Spiralfeder muss ebenfalls eine Kraft wirken. Die Feder wird **elastisch** verformt (Bild 4). Plastische und elastische Verformungen werden durch das Wirken von Kräften verursacht.

Kraft und Gegenkraft

Überall wo eine Kraft wirkt, ist eine **Gegenkraft** vorhanden. Drückst du eine Spiralfeder zusammen, spürst du die Gegenkraft. Wolltest du mit deinem Fahrrad auf einer vereisten Fahrbahn anfahren, würde die Reibungskraft als Gegenkraft nicht ausreichen und die Reifen würden durchdrehen. Es ändert sich nicht der Bewegungszustand des Fahrrades, sondern nur der Bewegungszustand deiner Beine, sie werden beschleunigt.

3 Plastische Verformung

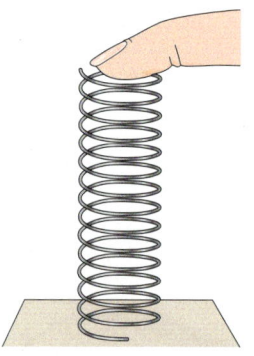

4 Elastische Verformung

Wenn du eine Spiralfeder langsam zusammendrückst, werden der Betrag der eingesetzten Kraft und der Betrag der Gegenkraft größer. Beide Kräfte befinden sich immer im **Kräftegleichgewicht** (Bild 6). Fährst du mit konstanter Geschwindigkeit Fahrrad, ist der Betrag der eingesetzten Kraft genau so groß wie der Betrag der Gegenkraft. Es herrscht Kräftegleichgewicht (Bild 5). Die Gegenkraft ergibt sich dabei aus der Reibungskraft und der Luftwiderstandskraft. Wenn du beschleunigst, ist der Betrag der eingesetzten Kraft größer als der Betrag der Gegenkraft. Zusätzlich musst du die Trägheitskraft überwinden.

5 Kräftegleichgewicht bei Bewegung

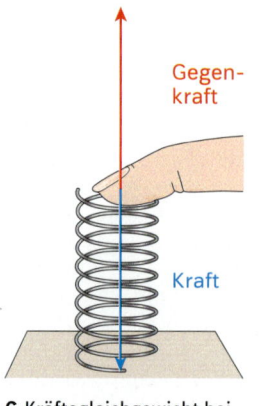

6 Kräftegleichgewicht bei Verformung

Mechanische Arbeit, Energie, Leistung und Druck

3. Ermittle grafisch die resultierenden Kräfte, wenn zwei Kräfte $F_1 = 350\,\text{N}$ und $F_2 = 460\,\text{N}$ mit gleichem Angriffspunkt in
a) gleiche Richtung,
b) entgegengesetzte Richtungen,
c) verschiedene Richtungen unter einem Winkel von $\alpha = 30°$ wirken.

4.
a) Miss für verschiedene Gegenstände die Masse m und die Gewichtskraft F_G. Erstelle eine Wertetabelle.
b) Berechne die Werte der Quotienten aus dem Betrag der Gewichtskraft $\vec{F}_G$ und der Masse m.
c) Übertrage die Werte aus a) in ein m-F_G-Diagramm.
d) Formuliere den mathematischen Zusammenhang zwischen F_G und m.

Die Kraft ist eine vektorielle Größe

Um einen Einkaufswagen zu schieben, musst du eine Kraft aufbringen. Der Angriffspunkt und der Betrag der Kraft bestimmen die Bewegungsänderung des Wagens. Außerdem muss die Kraft immer in die Richtung wirken, in die der Wagen fahren soll. Die Wirkung der Kraft ist von ihrem **Angriffspunkt**, ihrem **Betrag** und ihrer **Richtung** abhängig. Die Kraft ist also eine gerichtete oder **vektorielle Größe**. In diesem Buch wird für den Betrag eines Vektors $\vec{F}$ kurz F geschrieben: $|\vec{F}| = F$.

> **Größensymbol:** $\vec{F}$
> **Maßeinheit:** $[F] = 1\,\text{N}$ (Newton)
> **Messgerät:** Federkraftmesser

Kräfte grafisch darstellen

Die Kraft kann grafisch als Pfeil dargestellt werden. Der Betrag einer Kraft wird mit einem festgelegten Maßstab durch die Länge des Kraftpfeiles dargestellt (Bild 7).

7 Kraftvektor mit drei Bestimmungsstücken

Wenn zwei Kräfte wirken

Wenn du mit einem Freund gemeinsam einen Einkaufswagen schiebst, wirken zwei Kräfte in die gleiche Richtung. Durch die **Addition** der Beträge eurer Kräfte ergibt sich der Betrag der resultierenden Kraft (Bild 8A).
Wirken eure Kräfte in die entgegengesetzte Richtung, ergibt sich der Betrag der resultierenden Kraft durch die **Subtraktion** der Beträge der Kräfte (Bild 8B).
Wirken zwei Kräfte in unterschiedliche Richtungen, musst du die gezeichneten Pfeile zu einem Parallelogramm ergänzen. Die Diagonale dieses **Kräfteparallelogramms** gibt die Richtung und den Betrag der resultierenden Kraft an (Bild 8C).

Der Ortsfaktor

Wenn du für verschiedene Gegenstände die Masse m und den Betrag der wirkenden Gewichtskraft $\vec{F}_G$ misst, stellst du fest, dass beide Größen direkt proportional zueinander sind. Der Wert des Quotienten aus dem Betrag der Gewichtskraft $\vec{F}_G$ und der Masse m ist konstant und wird als **Ortsfaktor g** bezeichnet. Der Ortsfaktor ist eine ortsabhängige Naturkonstante.

> **Größensymbol:** g
> **Berechnung:** $g = \dfrac{F_G}{m}$
> **Maßeinheit:** $[g] = \dfrac{[F_G]}{[m]} = 1\,\dfrac{\text{N}}{\text{kg}}$
> **Ortsfaktor für Mitteleuropa:** $g = 9{,}81\,\dfrac{\text{N}}{\text{kg}}$

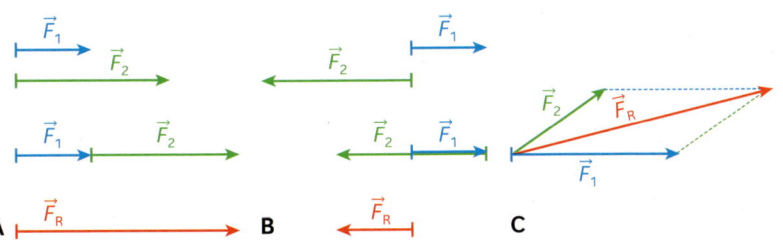

8 Kräfte wirken: **A** in die gleiche Richtung, **B** in entgegengesetzte Richtungen, **C** in verschiedene Richtungen

> Kräfte können Bewegungsänderungen und Verformungen verursachen. Die Wirkung einer Kraft hängt von ihrem Angriffspunkt, ihrem Betrag und ihrer Richtung ab. Kräfte sind vektorielle Größen, die gemessen und grafisch dargestellt werden können.

Die schiefe Ebene – ein Kraftwandler 🔍 Protokoll

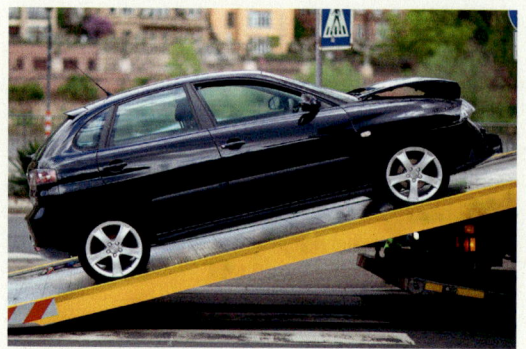

1 Geht das Aufladen noch einfacher?

2 Messungen an der schiefen Ebene

1.
Beschreibe eine Möglichkeit, das Auto in Bild 1 mit weniger Kraft nach oben zu ziehen.

2.
a) Zeichne eine schiefe Ebene, auf der ein Auto nach oben gezogen wird.
b) Skizziere in deine Zeichnung die Zugkraft, die Gewichtskraft und die Anpresskraft.
c) Zeichne die Gegenkräfte zu Zugkraft und Gewichtskraft in die Skizze und benenne sie.

3.
a) Miss den Betrag der Gewichtskraft $\vec{F}_G$ eines Experimentierwagens.
b) Ziehe den Experimentierwagen über ein schräg gestelltes Brett und miss den Betrag der Zugkraft $\vec{F}_Z$ (Bild 2).
c) Vergleiche den Betrag der Gewichtskraft $\vec{F}_G$ mit dem Betrag der Zugkraft $\vec{F}_Z$.
d) Verändere die Masse des Wagens mit Wägestücken und wiederhole die Versuche. Erkläre die Veränderung der Ergebnisse.

Eine schiefe Ebene spart Kraft

Das Auto in Bild 1 hat eine Masse von 0,9 t. Es wirkt also eine **Gewichtskraft** $F_G = 9$ kN in Richtung zum Erdmittelpunkt. Um das Auto senkrecht nach oben zu heben, ist eine Gegenkraft von $F > 9$ kN nötig. Wird eine Rampe benutzt, wird der Betrag der benötigten **Zugkraft** $\vec{F}_Z$ geringer als 9 kN.

Die Rampe wird als **schiefe Ebene** bezeichnet. Der Winkel zwischen der schiefen Ebene und der Waagerechten wird **Steigungswinkel α** genannt (Bild 3).

Die schiefe Ebene ist ein **Kraftwandler,** der die Richtung und den Betrag der wirkenden Kraft ändert.

Kräfte an der schiefen Ebene

Der Zugkraft $\vec{F}_Z$ wirkt eine Kraft entgegen. Sie würde das Zurückrollen des Autos bewirken, wenn eine zu geringe Zugkraft wirkt. Diese Kraft wirkt parallel zur schiefen Ebene und heißt **Hangabtriebskraft** $\vec{F}_H$.
Das Auto wird durch eine weitere Kraft auf die schiefe Ebene gedrückt. Diese Kraft wirkt senkrecht zur schiefen Ebene und damit senkrecht zur Hangabtriebskraft $\vec{F}_H$. Sie heißt **Normalkraft** $\vec{F}_N$ und ist kleiner als die Gewichtskraft $\vec{F}_G$ (Bild 3).

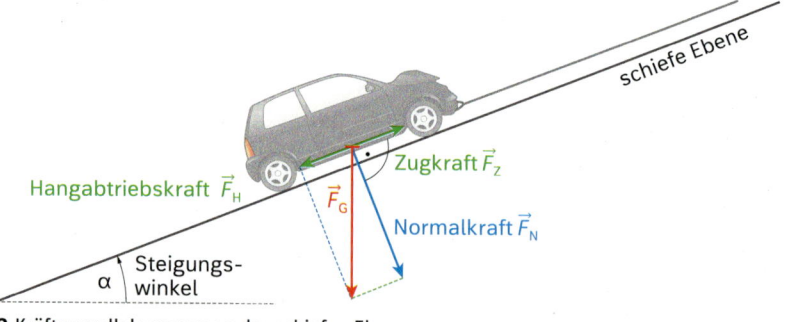

3 Kräfteparallelogramm an der schiefen Ebene

4. ≡ Ⓥ
a) Baue eine schiefe Ebene wie in Bild 4 auf.
b) Ziehe einen Experimentierwagen mit der Masse von 200 g über die schiefe Ebene, miss den Betrag der Hangabtriebskraft $\vec{F}_H$ und die Länge ℓ der schiefen Ebene bis zu ihrem Auflagepunkt. Erstelle eine Wertetabelle.

α	20°	30°	40°	50°
F_H in N	▪	▪	▪	▪
ℓ in cm	▪	▪	▪	▪

c) Vergrößere das Maß des Steigungswinkels α der schiefen Ebene schrittweise um 10° bis 50°. Wiederhole jeweils Versuch b).
d) Formuliere einen Je-desto-Satz für den Zusammenhang zwischen dem Maß des Steigungswinkels α und dem Betrag der Hangabtriebskraft $\vec{F}_H$.
e) Formuliere einen Je-desto-Satz für den Zusammenhang zwischen dem Maß des Steigungswinkels α und der Länge ℓ der schiefen Ebene.
f) Zeichne zu den Messungen die Kräfteparallelogramme. Bestimme jeweils die Beträge der Hangabtriebskraft $\vec{F}_H$ und der Normalkraft $\vec{F}_N$. Vergleiche die Messwerte und die zeichnerisch ermittelten Werte miteinander.

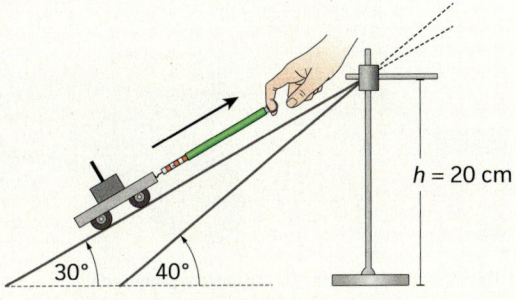

4 Messungen an der schiefen Ebene

5. ≡ Ⓐ
a) Eine schiefe Ebene ist 3,0 m lang und überwindet einen Höhenunterschied von 1,5 m. Zeichne ein geeignetes Dreieck.
b) Über die Ebene wird ein Rollstuhl mit einer Masse von 80 kg geschoben. Gib den Betrag der wirkenden Gewichtskraft an.
c) Zeichne mit dem Geodreieck ein Kräfteparallelogramm zu b) und bestimme den Betrag der zum Schieben benötigten Kraft.

Weniger Kraft – auf Kosten des Weges

Um das Auto mit einer geringeren Zugkraft $\vec{F}_Z$ nach oben ziehen zu können, muss die schiefe Ebene mit einem kleineren Steigungswinkel α angestellt werden. Dazu muss die schiefe Ebene verlängert werden. Bei gleicher Höhe gilt: Je kleiner das Maß des Steigungswinkels α wird, desto länger wird die schiefe Ebene. Die Beträge der Hangabtriebskraft $\vec{F}_H$ und der benötigten Zugkraft $\vec{F}_Z$ werden geringer. Der Betrag der Normalkraft $\vec{F}_N$ wird dagegen größer (Bild 5). Bei einem Steigungswinkel von α = 0° ist der Betrag der Normalkraft $\vec{F}_N$ genauso groß wie der Betrag der Gewichtskraft $\vec{F}_G$, allerdings ist es dann keine schiefe Ebene mehr.

Kräfte grafisch ermitteln

Sind von einer schiefen Ebene zwei der Größen Länge, Höhe oder Steigungswinkel bekannt, kannst du sie als rechtwinkliges Dreieck maßstabsgerecht mit dem Geodreieck zeichnen. Aus der Masse ermittelst du den Betrag der Gewichtskraft $\vec{F}_G$. Zeichne sie als senkrechten Kraftpfeil in Richtung zur Erdoberfläche. Dieser Kraftpfeil bildet die Diagonale des zu ergänzenden Kräfteparallelogramms aus Hangabtriebskraft $\vec{F}_H$ und Normalkraft $\vec{F}_N$. Die Längen der Kraftpfeile geben die Beträge dieser Kräfte an.

> Die schiefe Ebene ist ein Kraftwandler. Beim Einsatz einer schiefen Ebene muss die Hangabtriebskraft $\vec{F}_H$ überwunden werden. Der Betrag der Hangabtriebskraft $\vec{F}_H$ hängt vom Betrag der Gewichtskraft $\vec{F}_G$ und vom Maß des Steigungswinkels α der schiefen Ebene ab.

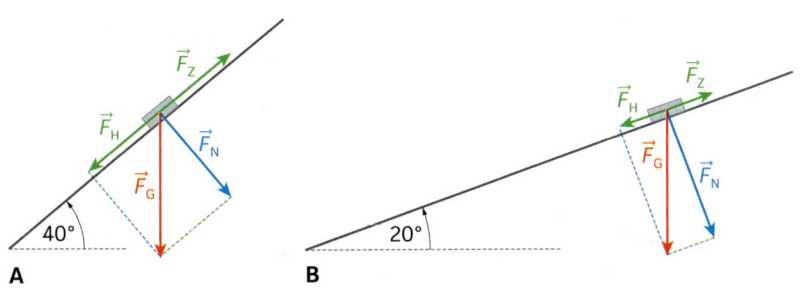

5 Kräfte und Wege: **A** bei großem Steigungswinkel, **B** bei kleinem Steigungswinkel

Der Hebel – ein Kraftwandler Protokoll

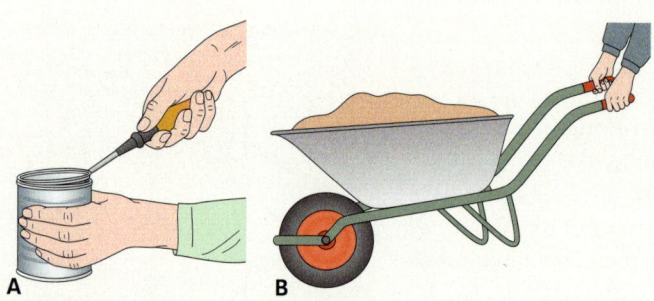

1 Hebel: **A** Dose öffnen, **B** Schubkarre anheben

1.
a) Beschreibe, wie du mit einem Schraubendreher den Deckel einer Farbdose öffnest (Bild 1A).
b) Begründe, dass ein langer Schraubendreher besser zum Öffnen der Farbdose geeignet ist als ein kurzer.

2.
Beschreibe, wo du die Schubkarre anfassen musst, um eine möglichst kleine Kraft aufzubringen (Bild 1B).

3.
Vergleiche das Öffnen der Dose mit einem Schraubendreher als zweiseitigen Hebel mit der Schubkarre als einseitigen Hebel. Nenne Gemeinsamkeiten und Unterschiede.

4.
Nenne Beispiele für einseitige und zweiseitige Hebel und ordne sie in einer Tabelle.

5.
a) Skizziere je zwei deiner Beispiele für einseitige und zweiseitige Hebel aus Aufgabe 4.
b) Zeichne jeweils den Drehpunkt ein.
c) Zeichne die Wirkungslinien der Kräfte ein und stelle die wirkenden Kräfte mit Pfeilen dar. Beachte dabei die Angriffspunkte, Richtungen und die Beträge der Kräfte.
d) Trage die Hebelarme senkrecht zu den Wirkungslinien ein.

Drehpunkt und Hebelarme

Eine Farbdose wie in Bild 1A kannst du leicht öffnen, wenn du einen **starren Körper** wie die Klinge eines Schraubendrehers unter den Deckelrand schiebst und ihn über den Rand der Dose nach unten drückst. Dabei ist der Auflagepunkt des Schraubendrehers der **Drehpunkt D**. Drückst du den Schraubendreher mit einer Kraft $\vec{F}_1$ nach unten, übt der Deckel eine Kraft $\vec{F}_2$ aus, die ebenfalls nach unten wirkt. Die Abstände der jeweiligen **Wirkungslinien** der Kräfte zum Drehpunkt D des Hebels sind die **Hebelarme** a_1 und a_2 (Bild 2A). Die Kräfte wirken senkrecht zu den Hebelarmen. Es gilt: $\vec{F} \perp a$. Da die Kräfte auf verschiedenen Seiten des Drehpunktes wirken, ist der Schraubendreher ein **zweiseitiger Hebel**.
Die Schubkarre ist ein **einseitiger Hebel**, da die Kräfte nur auf einer Seite des Hebels wirken. Beide Hebelarme befinden sich auf derselben Seite des Drehpunktes D (Bild 2B).

Ein Hebel spart Kraft

Um die Farbdose zu öffnen, muss eine große Kraft $\vec{F}_2$ auf den Deckelrand wirken. Wie du in Bild 2A sehen kannst, ist der Hebelarm a_2 sehr kurz. Je länger der Hebelarm a_1 ist, desto kleiner ist die von dir aufzubringende Kraft $\vec{F}_1$.

Um beim Anheben einer Schubkarre mit einer möglichst kleinen Kraft $\vec{F}_1$ auszukommen, musst du am Ende der Griffe anfassen. Der Hebelarm a_1 ist dann lang. Der Angriffspunkt, der durch den Sand bewirkten größeren Gewichtskraft $\vec{F}_2$, ist viel näher am Drehpunkt, der Abstand a_2 ist also klein (Bild 2B).
Ein **Hebel** ist ein Kraftwandler, bei dem sich die Bestimmungsstücke der Kraft (Angriffspunkt, Betrag, Richtung) ändern können.

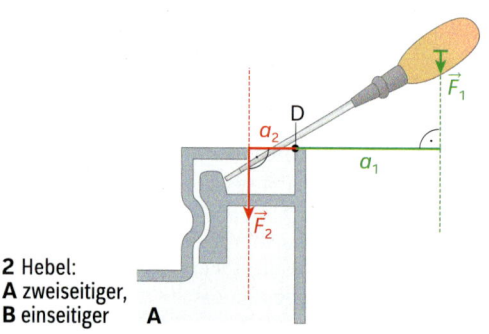
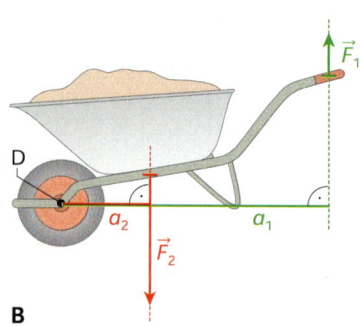

D - Drehpunkt
a_1 - Hebelarm zu $\vec{F}_1$
------ Wirkungslinie von $\vec{F}_1$
a_2 - Hebelarm zu $\vec{F}_2$
------ Wirkungslinie von $\vec{F}_2$

2 Hebel: **A** zweiseitiger, **B** einseitiger

Basiskonzepte S. 69

6.

a) Hänge an einen zweiseitigen Hebel wie in Bild 3A an eine Stelle des linken Hebelarms ein Wägestück mit der Masse $m = 100$ g. Notiere die Länge des Hebelarms a_1 und den Betrag der Gewichtskraft $\vec{F}_1$ in einer Wertetabelle.

b) Miss an sechs verschiedenen Stellen des rechten Hebelarms den Betrag der Kraft $\vec{F}_2$, die du für das Halten des Wägestückes aufbringen musst.

c) Berechne für alle Messungen den Wert des Produktes aus der aufzubringenden Kraft F_2 und der Länge des rechten Hebelarmes a_2. Formuliere eine Gesetzmäßigkeit.

linke Seite		rechte Seite		
F_1 in N	a_1 in m	F_2 in N	a_2 in m	$F_2 \cdot a_2$ in Nm
■	■	■	■	■

7.

a) Stelle die Messwerte aus Versuch 6 in einem a_2-F_2-Diagramm dar.

b) Beschreibe den Verlauf des Graphen und formuliere für den Zusammenhang zwischen dem Hebelarm a_2 und der aufzubringenden Kraft F_2 einen Je-desto-Satz.

8.

Führe Versuch 6 an einem einseitigen Hebel durch (Bild 3B).

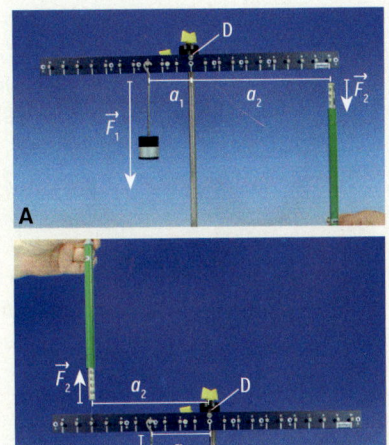

3 Messungen: **A** am zweiseitigen Hebel, **B** am einseitigen Hebel

Abstände und Kräfte entscheiden

An einem zweiseitigen Hebel wie in Bild 3A hängt links ein Wägestück. Am rechten Hebelarm wird an verschiedenen Stellen die aufzubringende Kraft F gemessen. Der Hebel ist dabei im Gleichgewicht. Der Betrag der Kraft $\vec{F}$ wird kleiner, wenn sich die Länge des Hebelarms a vergrößert. Die Produkte aus dem Betrag der jeweils wirkenden Kraft $\vec{F}$ und der dazugehörenden Länge des Hebelarmes a sind immer gleich groß. Das gleiche Ergebnis erhältst du auch bei einem einseitigen Hebel wie in Bild 3B. Das Produkt aus den beiden Größen wird als **Drehmoment M** bezeichnet. Bei der Berechnung eines Drehmomentes ergibt sich die Einheit Nm (gelesen: Newtonmeter).

Größensymbol: M
Berechnung: $M = F \cdot a$ ($\vec{F} \perp a$)
Maßeinheit:
$[M] = [F] \cdot [a] = 1$ N $\cdot$ 1 m $= 1$ Nm (Newtonmeter)

Darstellung im Diagramm

Stellst du den Zusammenhang zwischen den jeweils wirkenden Kräften und den dazugehörigen Hebelarmen in einem a-F-Diagramm dar, erhältst du einen **Hyperbelast** (Bild 4). Der Verlauf des Graphen zeigt, dass der Betrag der aufzubringenden Kraft $\vec{F}$ kleiner wird, wenn sich die Länge des Hebelarms a vergrößert. Der Betrag der Kraft $\vec{F}$ und die Länge des Hebelarms a sind **indirekt proportional** zueinander. Der Wert des Produktes der Größen ist konstant.

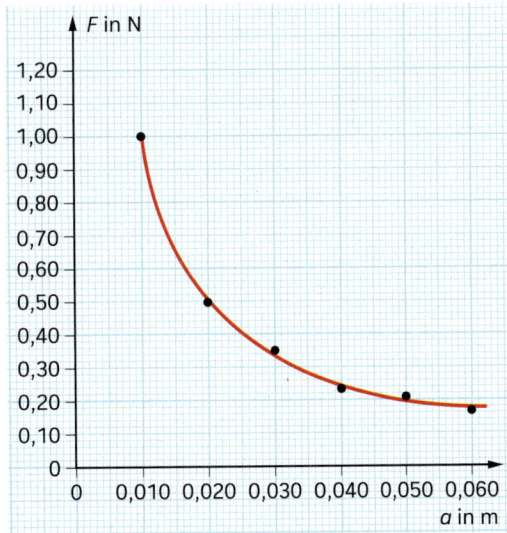

4 a-F-Diagramm

Jeder drehbar gelagerte, starre Körper ist ein Hebel. Dabei sind die Hebelarme die Abstände des Drehpunktes zu den Wirkungslinien der Kräfte. Das Produkt aus dem Betrag der jeweils wirkenden Kraft $\vec{F}$ und der dazugehörigen Länge des Hebelarmes a heißt Drehmoment: $M = F \cdot a$. Dabei wirkt die Kraft immer senkrecht zum Hebelarm.

Hebel im Gleichgewicht und im Ungleichgewicht

1 Die Wippe ist ein Hebel.

1. Beschreibe die Änderungen von Jörg und Anna, damit die Wippe ins Gleichgewicht kommt (Bild 1).

2.
a) Nenne eine Bedingung für ein Gleichgewicht eines zweiseitigen Hebels.
b) Die Beträge der wirkenden Kräfte verhalten sich wie 1:4. Gib das Verhältnis der Länge der Hebelarme an.

3. Entscheide und begründe, ob sich der Hebel im Gleich- oder im Ungleichgewicht befindet.
a) Du hebst eine Schubkarre an.
b) Du schiebst eine Schubkarre.
c) Du schneidest mit der Schere.
d) Du drehst einen Hahn auf.
e) Du hältst etwas mit einer Zange.
f) Du drückst eine Türklinke.

Die Wippe im Gleichgewicht

Anna wiegt nur halb so viel wie Jörg. Die Kinder wollen die Wippe ins Gleichgewicht bringen. Jörg muss näher an den Drehpunkt der Wippe rücken. Ist er noch halb so weit vom Drehpunkt entfernt wie Anna, kommt die Wippe ins Gleichgewicht und bewegt sich nicht mehr. Das Drehmoment auf der rechten Seite der Wippe für Anna heißt **rechtsdrehendes Drehmoment** $\widehat{M}_A$. Steht die Wippe still, ist es genau so groß wie das **linksdrehende Drehmoment** $\widehat{M}_J$ für Jörg.

Sind die Drehmomente $\widehat{M}_1$ und $\widehat{M}_2$ eines Hebels gleich groß, befindet sich der Hebel im Gleichgewicht. Der Hebel bewegt sich nicht, er befindet sich in Ruhe. Dieser Zusammenhang wird als **Hebelgesetz** bezeichnet.

Hebelgesetz: $\widehat{M}_1 = \widehat{M}_2$

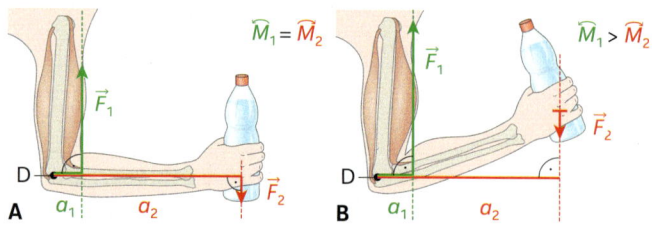

2 **A** Flasche halten, **B** Flasche anheben

Gleichgewicht halten

Der Arm in Bild 2A ist ein einseitiger Hebel. Solange er nicht bewegt wird, befindet er sich im Gleichgewicht. Das linksdrehende Drehmoment $\widehat{M}_1$ und das rechtsdrehende Drehmoment $\widehat{M}_2$ sind gleich groß.

Verschiedene Drehmomente

Wenn du deinen Arm wie in Bild 2B nach oben bewegst, vergrößerst du den Betrag der Kraft $\vec{F}_1$. Somit wird auch das linksdrehende Drehmoment $\widehat{M}_1$ größer als das rechtsdrehende Drehmoment $\widehat{M}_2$. Der Größenunterschied zwischen den Drehmomenten bewirkt die gewünschte Bewegungsänderung.

Nach fest kommt ab!

In Bild 3A ist das Festziehen einer Mutter beim Radwechsel zu sehen. Das rechtsdrehende Drehmoment $\widehat{M}_2$ ist dabei größer als das linksdrehende Drehmoment $\widehat{M}_1$. Sobald die Mutter fest angezogen ist, darf das rechtsdrehende Drehmoment nicht mehr erhöht werden. Dies würde das Gewinde beschädigen oder zu Rissen im Material führen. Die Mutter wird überdreht und ist unbrauchbar. An einem **Drehmomentschlüssel** kann das maximale Drehmoment vorher eingestellt werden (Bild 3B).

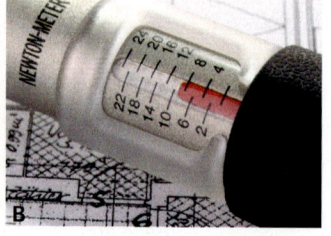

3 Drehmomentschlüssel: **A** beim Radwechsel, **B** mit Anzeige in Nm

> Ein Hebel befindet sich im Gleichgewicht, wenn die links- und rechtsdrehenden Drehmomente gleich groß sind. Der Hebel ist in Ruhe.
> Der Hebel befindet sich im Ungleichgewicht, wenn die Drehmomente verschieden sind. Es kommt zu einer Bewegungsänderung.

Schiefe Ebene und Hebel im Alltag

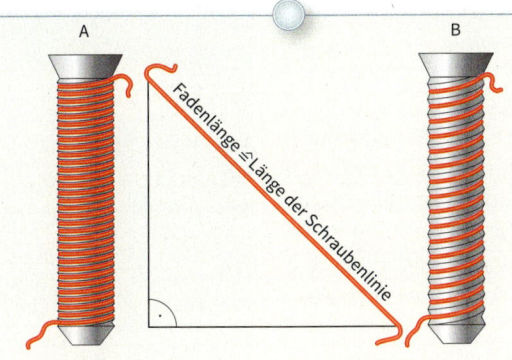

1.
a) Miss die Länge der Schraubenlinie der Schraube A. Zeichne ein rechtwinkliges Dreieck, bei dem ein Schenkel des rechten Winkels die Länge des Schraubengewindes, die lange Seite des Dreiecks die Länge der Schraubenlinie hat.
b) Zeichne das entsprechende rechtwinklige Dreieck für Schraube B. Vergleiche den Anstieg der langen Seite mit dem Anstieg für Schraube A. Begründe den Unterschied.
c) Begründe, bei welcher Schraube du mehr Kraft zum Festdrehen einer Mutter aufwenden musst.

2.
Erkläre das Prinzip der schiefen Ebene bei einer Nadel, beim Messer und bei der Spindel eines Schraubstocks.

3.
a) Skizziere zwei Beispiele für Hebel mit vier Hebelarmen. Orientiere dich an der Astschere.
b) Kennzeichne in deinen Skizzen die Drehpunkte, die Hebelarme und die wirkenden Kräfte.

4.
Betrachte den rechten Zettel mit der Aussage von ARCHIMEDES. Nimm Folgendes an: Die Erde bewirkt eine Kraft von $5{,}86 \cdot 10^{25}$ N auf den Hebel. ARCHIMEDES bringt eine Kraft von $7{,}50 \cdot 10^2$ N auf. Der Abstand zwischen der Erde und dem Mond beträgt $3{,}84 \cdot 10^8$ m. Berechne die Entfernung von der Erde bis zu dem Punkt im Weltall, wo ARCHIMEDES mit seiner Kraft wirken müsste. Benutze das Hebelgesetz in der Form: $F_E \cdot a_{EM} = F_A \cdot a_{MA}$.

A

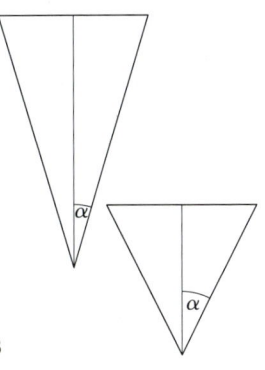

B

Spalten von Holz mit einer Axt
Die Klinge einer Axt ist ein **Keil.** Du kannst dir den Keil aus zwei schiefen Ebenen zusammengesetzt vorstellen. Bei einem längeren Keil ist der Steigungswinkel kleiner als bei einem kürzeren Keil mit gleicher Aufschlagsfläche. Deshalb benötigst du beim Einschlagen eines schmaleren Keils weniger Kraft als beim Einschlagen eines entsprechend breiteren in das gleiche Material.

Zwei in Eins
Zum Schneiden dicker Zweige benutzt du eine **Astschere.** Sie hat vier Hebelarme. An den zwei längeren Hebeln fasst du an und bringst zwei Kräfte auf. Auf der anderen Seite des Drehpunktes liegen zwei kurze Hebel links und rechts vom Ast. Sie bestehen aus scharfen Messern mit sehr schmalen Keilen. Zwei große wirkende Kräfte zerschneiden den Ast.

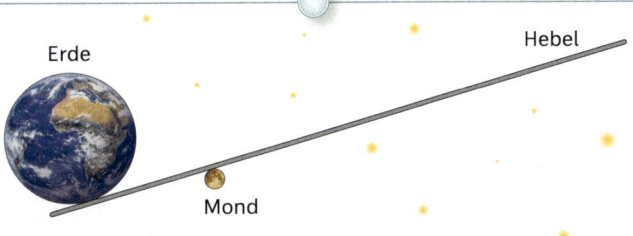

Die Welt aus den Angeln heben
„Gib mir einen festen Punkt im All und ich werde die Welt aus den Angeln heben.", so soll ARCHIMEDES (287 v. Chr. – 212 v. Chr.), ein griechischer Gelehrter, sein Hebelgesetz veranschaulicht haben.

Feste und lose Rolle

1. ≣ Ⓥ
Wähle bei den folgenden Teilversuchen eine Gesamtmasse (Wägestücke, Gewichtsteller, lose Rolle) von 200 g.
a) Miss die Kraft F, die du zum Halten des 200 g-Wägestückes benötigst.
b) Halte das 200 g-Wägestück mithilfe einer festen Rolle und miss den Betrag der dafür benötigten Haltekraft (Bild 1A).
c) Wiederhole Versuch b) mit einer losen Rolle (Bild 1B).
d) Wiederhole Versuch b) mit einer festen und einer losen Rolle.
e) Trage alle gemessenen Beträge in die Tabelle ein und vergleiche die Richtungen, die Angriffspunkte und die Beträge der jeweils benötigten Haltekräfte.

	F in N	Richtung der Kraft $\vec{F}$
ohne Rolle	■	■
feste Rolle	■	■
lose Rolle	■	■
feste und lose Rolle	■	■

2. ≣ Ⓐ
Ein 10 kg-Eimer wird nach oben gezogen
a) mit einem Seil.
b) mit einem Seil und einer festen Rolle.
c) mit einem Seil und einer losen Rolle.
d) mit einem Seil, einer festen und einer losen Rolle.
Gib die jeweils aufzubringende Haltekraft und deine Position an.

3. ≣ Ⓐ
a) Ein Kind hat eine Masse von 50 kg. Es möchte mit seiner Masse, einer festen und einer losen Rolle einen Sack (m = 90 kg) ein Stück anheben. Zeige, ob es gelingen wird.
b) Ein älteres Kind hat eine Masse von 80 kg. Ermittle die Masse, die es mit einer festen und einer losen Rolle geradeso anheben könnte.

4. ≣ Ⓐ ⦿
Du hebst einen Körper (m = 600 g) über eine feste und eine lose Rolle 3,00 m an. Gib deine notwendige Haltekraft F an.

Feste Rolle
Zum Halten eines 100 g-Wägestückes musst du eine Kraft von 1 N einsetzen. Eine gleich große Kraft musst du einsetzen, wenn du das Wägestück wie in Bild 1A mittels eines Seils über eine Rolle hältst. Eine solche Rolle, die ihre Position nicht ändert, heißt **feste Rolle.**
Die feste Rolle mit Seil ändert die Richtung und den Angriffspunkt, aber nicht den Betrag der **Haltekraft** $\vec{F}$. Deshalb heißt eine feste Rolle auch **Umlenkrolle**.

Lose Rolle
Die Wägestücke und die Rolle in Bild 1B haben zusammen eine Masse von 100 g. Beim Anheben des Wägestückes wird die Rolle mit hochgezogen. Eine solche Rolle heißt **lose Rolle.** Die benötigte Haltekraft F ist halb so groß wie die wirkende Gewichtskraft F_G, also 0,5 N. Die andere Hälfte der Kraft wirkt über das zweite Seilstück auf das Stativ. Es gibt also zwei **tragende Seilstücke.** Die lose Rolle mit Seil ist ein Kraftwandler, der den Angriffspunkt, den Betrag, aber nicht die Richtung der Haltekraft $\vec{F}$ ändert.

Feste und lose Rolle
Nimmst du eine feste und eine lose Rolle wie in Bild 1C, wird die Kraft auf zwei tragende Seilstücke verteilt. Der Betrag der aufzubringenden Haltekraft $\vec{F}$ wird halbiert. Die Richtung und der Angriffspunkt der Haltekraft ändern sich.

> Mit einer festen Rolle werden die Richtung und der Angriffspunkt der Haltekraft geändert.
> Lose Rollen sind Kraftwandler, bei denen sich der Betrag und der Angriffspunkt der Haltekraft ändern.

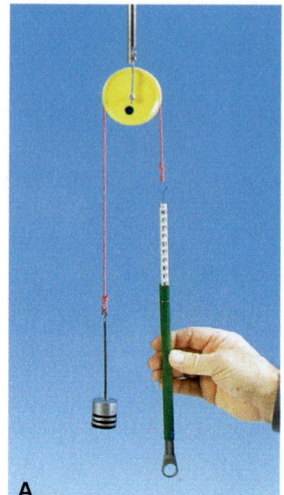

A

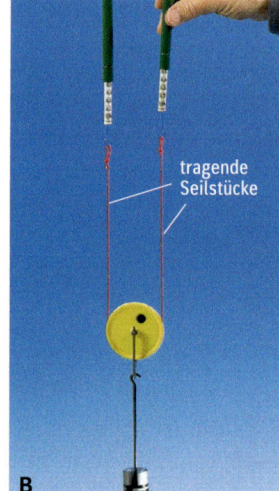

tragende Seilstücke

B

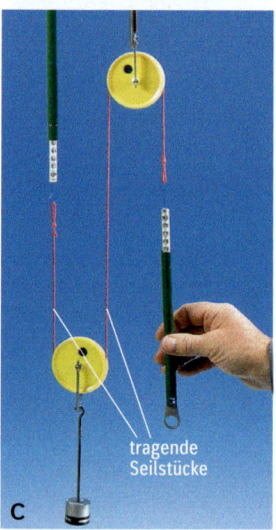

tragende Seilstücke

C

1 Rollen: **A** feste Rolle, **B** lose Rolle, **C** lose und feste Rolle

Mechanische Arbeit, Energie, Leistung und Druck | 27

Ein Informationsplakat entsteht

Auf den Punkt gebracht!
Plakate begegnen uns ständig. Mit großen auffallenden Bildern werben sie für Produkte, Firmen, Vereine, Parteien oder für Veranstaltungen. In Arztpraxen oder Behörden findest du auch Plakate, die zu einem bestimmten Thema informieren. Alle Plakate haben Eines gemeinsam: Sie sind auffällig, damit der Betrachter schnell erkennt, worum es geht.

Regeln zur Erstellung eines Plakates
Beachte beim Erstellen eines Informationsplakates folgende wichtige **Regeln:**
- Sammle zuerst Informationen zu deinem Thema und suche geeignete Bilder.
- Fertige eine Skizze an, die zeigt, wie das Plakat aussehen soll.
- Ordne die zu zeigenden Inhalte nach Wichtigkeit. Beachte, der Platz ist begrenzt.
- Klebe die einzelnen Teile erst auf, wenn du dir über ihren Platz ganz sicher bist.
- Achte auf die richtige Schreibweise, vor allem bei Fachbegriffen.

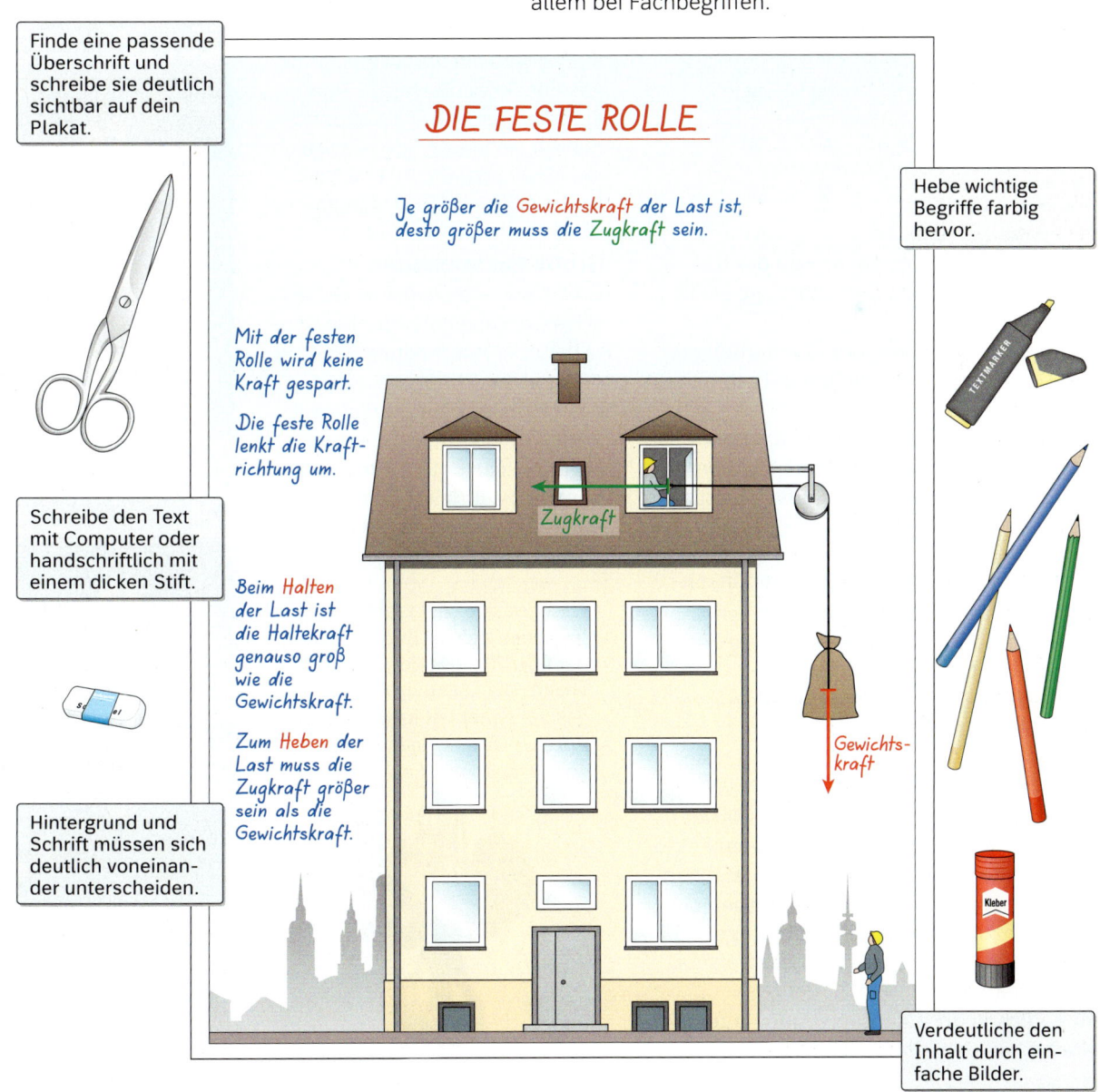

METHODE

Der Flaschenzug – ein Kraftwandler 🖱Protokoll

1. 📋 Ⓐ
Ordne den Rollen in den Bildern 2A bis 2C die Begriffe feste Rolle oder lose Rolle zu.

2. 📋 Ⓥ
a) Baue die Flaschenzüge wie in den Bildern 1A-1C und in der Tabelle angegeben auf. Wägestücke, Gewichtsteller und lose Rollen sollen zusammen eine Masse von 300 g haben.
b) Miss jeweils die Haltekraft F, die du zum Halten der Wägestücke aufbringen musst. Trage die Beträge in die Tabelle ein.

Flaschenzug mit	F_G in N	F in N	n	$\frac{F_G}{F}$
4 versetzt angebrachten Rollen		■	■	
4 übereinanderliegenden Rollen	2,94	■	■	
je 3 nebeneinanderliegenden Rollen		■	■	

c) Bestimme jeweils die Anzahl der tragenden Seilstücke n und übertrage sie in die Tabelle.
d) Berechne den Wert des Quotienten aus der Gewichtskraft F_G und der aufgebrachten Haltekraft F.
e) Vergleiche die Anzahl der tragenden Seilstücke n mit dem Wert des Quotienten aus F_G und F. Ziehe eine Schlussfolgerung.

3. 📋 Ⓥ
a) Zeichne einen Flaschenzug mit 4 Rollen. Die Haltekraft $\vec{F}$ soll nach oben wirken.
b) Kennzeichne in deiner Zeichnung die Anzahl der tragenden Seilstücke.
c) Wiederhole für diesen Flaschenzug Versuch 2.

4. 📋 Ⓐ 🖱
a) In einer Autowerkstatt soll ein 200 kg schwerer Motor aus einem Auto ausgebaut werden. Die Monteurin benutzt einen Flaschenzug mit 4 Rollen. Der Antrieb des Flaschenzuges ist an der Decke angebracht. Bestimme die Anzahl der tragenden Seilstücke.
b) Berechne die aufzubringende Haltekraft F, um den Motor zu halten.

Aufbau des Flaschenzuges 🖱
Ein **Flaschenzug** besteht aus einer Kombination fester und loser Rollen. Der zu haltende Gegenstand hängt an den losen Rollen. Die Bilder 2A bis 2C zeigen, dass sich der Angriffspunkt und die Richtung der Haltekraft ändern.

Anzahl der tragenden Seilstücke und Krafteinsparung
In den Bildern 2A bis 2B hängt das Wägestück an $n = 4$ tragenden Seilstücken. Auf jedes dieser Seilstücke wird ein Viertel des Betrages der Gewichtskraft $\vec{F}_G$ übertragen. Der Betrag der Haltekraft $\vec{F}$ beträgt ein Viertel des Betrages der Gewichtskraft $\vec{F}_G$. Der Flaschenzug ist ein Kraftwandler.

Große Lasten heben
Große Kräne dienen zum Heben schwerer Gegenstände, wie Container oder Windradflügel. Siehst du dir einen Kran genauer an, kannst du viele Seile erkennen. Sie laufen über nebeneinander liegende lose Rollen. An diesen Rollen ist der Haken des Kranes und die Last befestigt (Bild 1).

> Flaschenzüge sind Kraftwandler, bei denen sich die Richtung und der Angriffspunkt der Haltekraft ändert. Die Änderung des Betrages der Haltekraft hängt von der Anzahl n der tragenden Seilstücke ab. Es gilt: $F = \frac{1}{n} \cdot F_G$.

1 Flaschenzug mit Kranhaken

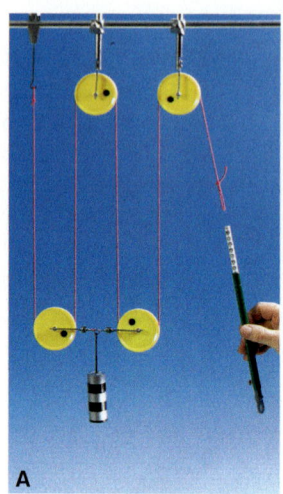

A

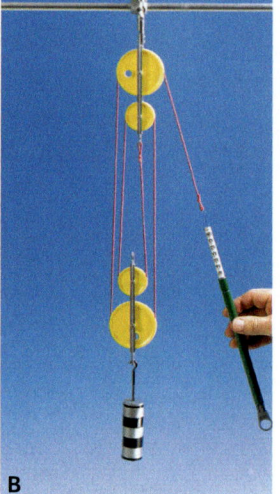

B

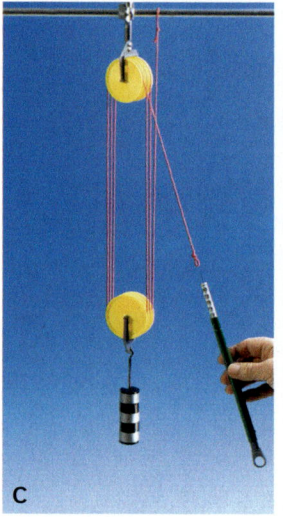

C

2 Flaschenzug:
A versetzt angebrachte Rollen,
B übereinanderliegende Rollen,
C nebeneinanderliegende Rollen

Wie viel Kraft musst du einsetzen?

Die feste Rolle – ein Kraftrichtungswandler

An einem Seil hängt ein Sack ($m = 3{,}0$ kg) über eine feste Rolle. Dieser soll 3,0 m nach oben gezogen werden. Die Gewichtskraft F_G beträgt dann 29 N.
Damit du die Masse gegen die Erdanziehung halten kannst, musst du eine ebenso große Kraft F als Muskelkraft einsetzen. Für die feste Rolle gilt: $F_G = F$.
Willst du die Masse um die Höhe h heben, musst du die gleiche Seillänge s ziehen. Es gilt: $h = s$.

Du sparst bei der festen Rolle keine Kraft, es ändert sich aber die Kraftrichtung.

Die lose Rolle – ein einfacher Kraftwandler

Ziehst du über eine lose Rolle einen Sack ($m = 3{,}0$ kg) eine Höhe von $h = 3{,}0$ m hoch, so musst du als Haltekraft F nur die Hälfte der Gewichtskraft F_G einsetzen. Es gilt bei der losen Rolle: $F = \frac{1}{2} \cdot F_G$.
Willst du die Masse um die Höhe h heben, musst du die doppelte Seillänge s ziehen. Es gilt: $s = 2 \cdot h$.

Beispielaufgabe
geg.: $m = 3{,}0$ kg; $F_G = 29$ N; $h = 3{,}0$ m
ges.: F; s
Lösung: $F = \frac{1}{2} \cdot F_G$; $F = 15$ N
$s = 2 \cdot h$; $s = 6{,}0$ m
Antwort: Du musst eine Haltekraft von 15 N aufbringen und 6,0 m Seil ziehen.

1.
Eine Masse von 40,0 kg soll über eine feste Rolle, eine lose Rolle und einen Flaschenzug mit vier tragenden Seilen um 6,00 m hochgezogen werden. Bestimme jeweils die Haltekraft F und die Seillänge s, die gezogen werden muss.

2.
Bestimme die Haltekraft F und die Seillänge s, wenn eine Masse von 40,0 kg über einen Flaschenzug mit fünf tragenden Seilen um 3,00 m hochgezogen wird.

Der Flaschenzug – ein raffinierter Kraftwandler

Ein Flaschenzug hat gleichviele lose Rollen wie feste Rollen. Ziehst du über diesen Flaschenzug mit 4 tragenden Seilen einen Sack ($m = 3{,}0$ kg) eine Höhe von $h = 3{,}0$ m hoch, so musst du zum Halten nur noch $\frac{1}{4}$ der Gewichtskraft F_G aufbringen. Es gilt: $F = \frac{1}{4} \cdot F_G$.
Du musst aber jetzt die 4-fache Seillänge s ziehen, da jedes Seilstück der vier tragenden Seilstücke des Flaschenzuges verkürzt werden muss. Es gilt: $s = 4 \cdot h$.

Beispielaufgabe
geg.: Flaschenzug mit 4 tragenden Seilen
$m = 3{,}0$ kg; $F_G = 29$ N; $h = 3{,}0$ m
ges.: F; s
Lösung: $F = \frac{1}{4} \cdot F_G$; $F = 7{,}3$ N
$s = 4 \cdot h$; $s = 12$ m
Antwort: Du musst eine Haltekraft von 7,3 N aufbringen und eine Seillänge von 12 m ziehen.

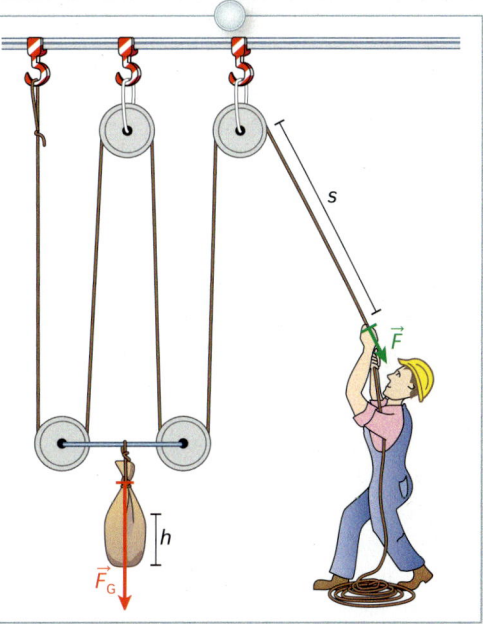

PINNWAND

Hebel und Rollen in der Technik und in der Natur

In diesem Projekt sollen verschiedene Einsatzmöglichkeiten von Rollen und Hebeln in Technik und Natur untersucht werden.
Durch Anwendungen von Rollen und Hebeln wird entweder Kraft gespart oder es wird mit der zur Verfügung stehenden Kraft mehr erreicht.

Bei euren Untersuchungen und Ausführungen der Aufträge helfen euch Bücher aus den Bereichen Physik, Technik, Basteln und Biologie sowie Informationen aus dem Internet. Auch Kataloge aus Spielzeugläden können euch wertvolle Hinweise und Anregungen geben.

1 Hebelwirkung bei Werkzeugen

TEAM ❶
Hebel in der Technik

❶ a) Ihr seht in Bild 1 einige Werkzeuge, bei denen zur Kraftersparnis die Hebelwirkung ausgenutzt wird. Nennt jeweils den Verwendungszweck der Werkzeuge, die Hebelart und beschreibt die Hebelarme.
b) Sucht nach weiteren Werkzeugen, bei denen zur Kraftersparnis die Hebelwirkung genutzt wird. Zeichnet sie auf, beschreibt die Hebelarme und nennt die Hebelart.

❷ a) Bindet um eine Türklinke eine Schlaufe und befestigt daran einen Kraftmesser.
Bestimmt nun an verschiedenen Stellen der Klinke die zum Herunterziehen der Klinke aufzuwendende Kraft.
b) Wiederholt den Versuch bei anderen Türklinken und Fenstergriffen.
Erklärt die Ergebnisse. Welche Hebelart liegt jeweils vor?

TEAM ❷
Rollen und Flaschenzüge

❶ Baut mithilfe von Technikkästen verschiedene Modelle von Baukränen. Gebt jeweils die Art und Aufgabe der verwendeten Rollen an. Welche Aufgabe haben die Seile bei den Kränen? Messt jeweils die zum Heben eines Wägestücks notwendige Kraft. Bei welchem Kran braucht ihr die wenigste Kraft? Begründet eure Beobachtungen.

❷ Schaut euch einen Autokran oder einen Eisenbahnkran an. Welche Arten von Rollen könnt ihr bei diesen Kränen erkennen? Welche Aufgabe haben sie? Fertigt Skizzen der Kräne mit den Rollen und der Seilführung an.

❸ Besorgt euch ein Paar Schnürsenkel und zieht sie so auf ein Paar Schuhe mit Metallösen, dass bei einem Schuh jede Öse, bei dem anderen Schuh nur jede zweite Öse benutzt wird. Befestigt an den Enden der Schnürsenkel je einen Kraftmesser und messt die zum Zusammenziehen der Schuhteile erforderliche Kraft. Wiederholt den Versuch mit einem Paar Schuhe ohne Metallösen. Begründet die unterschiedlichen Messergebnisse.

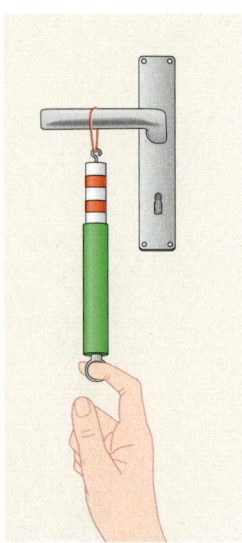

2 Noch ein Hebel

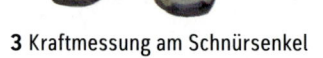

3 Kraftmessung am Schnürsenkel

Basiskonzepte S. 69

Mechanische Arbeit, Energie, Leistung und Druck | **31**

TEAM ❸
Hebel in der Natur

❶ Schneidet Papierstücke in Form verschieden großer Baumkronen. Befestigt sie an unterschiedlich langen und dicken Strohhalmen. Klebt die Halme an die Tischkante, lasst mithilfe des Föhns einen kräftigen Wind wehen. Welchen Einfluss haben Baumkronengröße, Länge und Dicke der Halme auf die Wirkung des Windes? Wo und wodurch treten hier unterschiedliche Hebelwirkungen auf? Ihr könnt einen Wald nachbauen, indem ihr die Halme an einen Tisch klebt oder einen Schuhkartondeckel mit Gips ausgießt, die Halme in den Gips steckt und den Gips trocknen lasst. Dann könnt ihr die Versuche durchführen. Sucht weitere Beispiele für Hebel in der Natur.

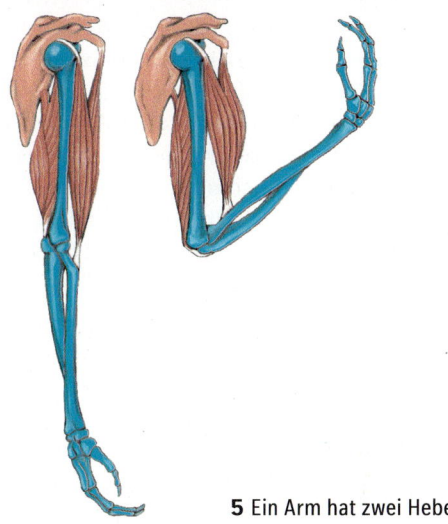

5 Ein Arm hat zwei Hebelarme.

4 Der Wald bei Sturm

❷ Die Katze fährt ihre Krallen mithilfe eines Hebels ein und aus. Schlagt im Biologiebuch nach und erklärt die Funktionsweise. Welche Hebelart liegt hier vor? Wie funktioniert beim Menschen das Beugen und Strecken des Arms? Welche Hebelart ist das?

TEAM ❹
Hebel am Fahrrad

❶ Befestigt die Kraftmesser wie auf Bild 6. Vergleicht die am Pedal wirkende Kraft mit der am Hinterrad wirkenden Kraft. Befestigt den Kraftmesser an einer anderen Stelle des Pedals und vergleicht wieder. Wie ändert sich die Kraft am Hinterrad, wenn bei gleicher Kraft am Pedal unterschiedliche Gänge eingeschaltet werden? Erklärt eure Messungen.

❷ Funktionstüchtige Bremsen beim Fahrrad sind für die Sicherheit unbedingt notwendig. Durch die verstärkende Wirkung des Bremshebels kann das Fahrrad mit Muskelkraft abgebremst werden. Plant einen Versuch, wie ihr die eingesetzte Kraft am Bremshebel und die auf die Felge wirkende Kraft messen könnt und führt den Versuch aus. Sucht beim Fahrrad weitere Anwendungen des Hebels und erklärt die Funktionen.

6 Kraftübertragung beim Fahrrad

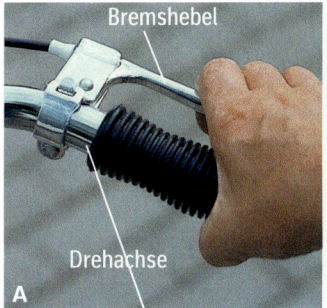
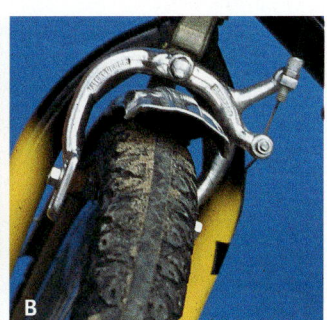

7 Handbremse: **A** oben, **B** unten

Basiskonzepte S. 69

Die Goldene Regel der Mechanik

1.

a) Baue einen Flaschenzug mit zwei losen und zwei festen Rollen auf. Die Wägestücke und die losen Rollen sollen zusammen eine Masse von 300 g haben.
b) Hebe die Wägestücke und die losen Rollen um die Strecke s_{Hub} = 10 cm nach oben. Miss den Betrag der Haltekraft $\vec{F}$ und die einzuholende Seillänge s.
c) Erstelle eine Wertetabelle und berechne die Werte der Produkte aus F_G und s_{Hub} sowie aus F und s.

F_G in N	s_{Hub} in m	$F_G \cdot s_{Hub}$ in Nm	F in N	s in m	$F \cdot s$ in Nm
■	■	■	■	■	■

d) Vergleiche die Gewichtskraft F_G mit der Haltekraft F sowie die Strecke s_{Hub} mit der eingezogenen Seillänge s.
e) Vergleiche die Werte der Produkte. Ziehe eine Schlussfolgerung daraus.

2.

a) Nenne Vorteile beim Einsatz von Hebeln im Alltag.
b) Vergleiche für eine große Gartenschere den zurückgelegten Weg s_{Wirk} auf der Seite der wirkenden Kraft und den zurückgelegten Weg s auf der Seite der aufzubringenden Kraft.
c) Formuliere einen Je-desto-Satz für den Zusammenhang zwischen dem Betrag der aufzubringenden Kraft $\vec{F}$ und dem zurückgelegten Weg s.

3.

a) Nenne Vorteile beim Einsatz von schiefen Ebenen.
b) Formuliere für eine schiefe Ebene einen Je-desto-Satz für den Zusammenhang zwischen dem Betrag der aufzubringenden Kraft $\vec{F}$ und dem zurückgelegten Weg s.

Flaschenzug
Benutzt du zum Halten einer Last einen Flaschenzug mit 4 tragenden Seilstücken, musst du nur noch ein Viertel des Betrages der Gewichtskraft $\vec{F}_G$ aufbringen. Die eingezogene Seillänge s ist viermal so lang wie die Strecke, um die die Last angehoben wurde (Bild 1). Verwendest du noch mehr lose Rollen, wird der Betrag der aufzubringenden Kraft $\vec{F}$ immer kleiner und die einzuholende Seillänge s entsprechend länger.

Hebel
Willst du mit einem Hebel den Betrag der aufzubringenden Kraft $\vec{F}$ verringern, musst du die Länge des Hebelarms a verlängern. Einige Astscheren haben dafür Teleskopgriffe. Der Weg s, den du mit diesen längeren Hebelarmen zurücklegen musst, wird ebenfalls größer (Bild 2). Es gilt also, dass für eine Verringerung des Betrages der aufzubringenden Kraft $\vec{F}$ der zurückgelegte Weg s größer werden muss.

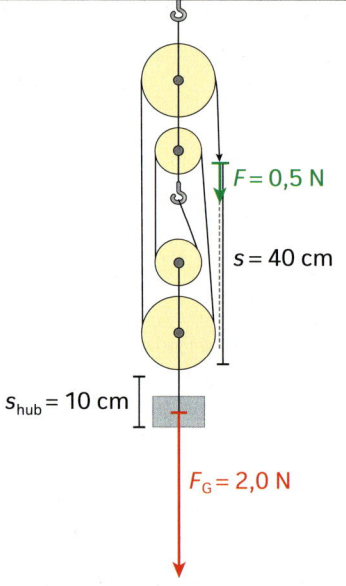

1 Wege und Kräfte am Flaschenzug

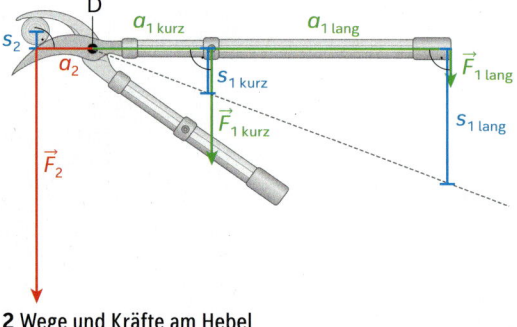

2 Wege und Kräfte am Hebel

Schiefe Ebene
Bei einer schiefen Ebene verringerst du den Betrag der aufzubringenden Kraft $\vec{F}$, indem du die Länge s der schiefen Ebene bei gleicher Höhe vergrößerst.

Eine wichtige Regel
Die Produktwerte aus dem Betrag der Kraft $\vec{F}$ und dem Weg s sind für einen Kraftwandler immer gleich groß. Daraus folgt: Bei allen Kraftwandlern verringert sich der Betrag der aufzubringenden Kraft $\vec{F}$ nur, wenn der zurückzulegende Weg s größer wird. Dieser Zusammenhang wird als **Goldene Regel der Mechanik** bezeichnet.

> Für alle Kraftwandler gilt die Goldene Regel der Mechanik: Bei einer Verringerung des Betrages der aufzubringenden Kraft $\vec{F}$ verlängert sich der zurückzulegende Weg s.

Basiskonzepte S. 69

Mechanische Arbeit, Energie, Leistung und Druck | 33

Anwendungen zur Goldenen Regel der Mechanik

Mit dem Auto zum Oberjochpass im Allgäu ...

Zeit zum Reifenwechsel

... oder doch mit dem Fahrrad?

3.
a) Baue einen Flaschenzug auf. Miss die Kraft und die Länge des einzuholenden Seiles, wenn ein Gegenstand 20 cm hoch gezogen wird.
b) Bestätige deine Messergebnisse durch Rechnungen.

Selbst gebauter Flaschenzug

1.
Gib an, welchen Gang du bei einer Bergfahrt wählst, welchen bei einer Fahrt auf der Ebene. Begründe deine Antworten mit den Begriffen Kraft und Weg.

2.
a) Begründe, welche Art von Schraubenschlüssel sich am besten zum Lösen der Radschrauben eignet.
b) Beschreibe einen Trick, wenn du die Schrauben nicht lösen kannst.

4.
Begründe, warum Straßen in den Bergen als Serpentinen gebaut werden. Das ist doch nicht der kürzeste Weg über den Berg (Bild 1).

5.
Gib jeweils zwei weitere Beispiele für die Verwendung von Hebel, schiefer Ebene und Rollen an.

PINNWAND

Mechanische Arbeit – eine abgeleitete Prozessgröße

1.

a) Baue eine 1,00 m lange schiefe Ebene auf. Ihr Auflagepunkt hat eine Höhe von 0,20 m.
b) Ziehe einen Experimentierwagen mit der Masse $m = 200$ g über die schiefe Ebene und miss die aufzubringende Kraft F.

s in m	1,00	■	■	■
F in N	■	■	■	■
$F \cdot s$ in Nm	■	■	■	■

c) Verkürze die schiefe Ebene bei gleicher Höhe schrittweise um 0,10 m bis 0,50 m. Wiederhole jeweils Versuch b).
d) Übertrage die Werte in ein s-F-Diagramm und beschreibe den Verlauf des Graphen.
e) Berechne in der dritten Zeile der Tabelle den Wert des Produktes aus F und s.
f) Formuliere mit dem Ergebnis aus e) einen mathematischen Zusammenhang.

2.

a) Befestige einen Federkraftmesser am äußeren Ende einer Türklinke wie in Bild 2A.
b) Miss den Betrag der Kraft $\vec{F}$, die du zum Bewegen der Klinke benötigst, und die Strecke s, die der äußere Punkt der Klinke bis zum Öffnen der Tür zurücklegt.
c) Berechne die an der Klinke verrichtete Arbeit W.
d) Befestige den Federkraftmesser in der Mitte der Klinke wie in Bild 2B. Wiederhole Versuch b). Berechne erneut die verrichtete Arbeit W.
e) Vergleiche die Ergebnisse aus den Aufgaben c) und d) und ziehe eine Schlussfolgerung.

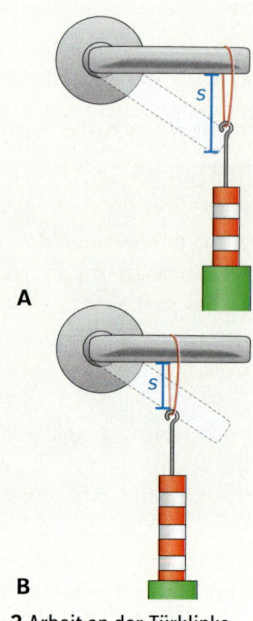

2 Arbeit an der Türklinke

Kraft und Weg entscheiden

Ein Motorrad wird über eine 2,00 m lange schiefe Ebene auf einen 0,50 m hohen Anhänger geschoben. Die aufzubringende Kraft F beträgt 250 N. Wird die Länge der schiefen Ebene und somit der Weg s verdoppelt oder verdreifacht, beträgt die Kraft F nur noch die Hälfte oder ein Drittel der Kraft. Die Werte der Produkte aus der Kraft F und dem zurückgelegten Weg s sind immer gleich groß. Kraft und Weg sind indirekt proportional zueinander.

Das Weg-Kraft-Diagramm

Überträgst du die Weg-Kraft-Wertepaare in ein Diagramm, entsteht ein Hyperbelast (Bild 1). Auch daran erkennst du, dass Kraft und Weg indirekt proportional zueinander sind.

Mechanische Arbeit berechnen

Die Werte der Produkte aus der wirkenden Kraft F und dem zurückgelegten Weg s geben den Wert der verrichteten **mechanischen Arbeit W** an. Dabei muss die Kraft in Richtung des Weges wirken. Die mechanische Arbeit ist eine **abgeleitete Größe,** die einen Prozess beschreibt. Als Einheit ergibt sich 1 Nm = **1 J (Joule),** zu Ehren des englischen Physiker JAMES PRESCOTT JOULE (1818 – 1898).

> Größensymbol: W
> Berechnung: $W = F \cdot s$ $(\vec{F} \parallel s)$
> Maßeinheit: $[W] = [F] \cdot [s] = 1$ N $\cdot$ 1 m = 1 Nm = 1 J (Joule)
> weitere Maßeinheiten: Kilojoule 1 kJ = $1 \cdot 10^3$ J
>   Megajoule 1 MJ = $1 \cdot 10^3$ kJ = $1 \cdot 10^6$ J

Mechanische Arbeit mit Kraftwandlern verrichten

Das Motorrad ($m = 100$ kg) wird mit verschiedenen Kraftwandlern auf den 0,50 m hohen Anhänger geladen. Dabei gilt die Goldene Regel der Mechanik. Es kann aber keine mechanische Arbeit eingespart werden, wie Tabelle 3 zeigt.

Kraftwandler	verrichtete Arbeit W
ohne	1000 N $\cdot$ 0,500 m = 500 Nm
schiefe Ebene	250 N $\cdot$ 2,00 m = 500 Nm
lose Rolle	500 N $\cdot$ 1,00 m = 500 Nm
...	$F \cdot s$ = 500 Nm

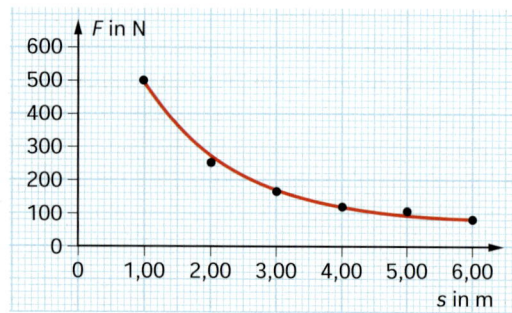

1 s-F-Diagramm

3 Es kann keine mechanische Arbeit eingespart werden.

Mechanische Arbeit, Energie, Leistung und Druck | 35

3.
a) Auf einer Baustelle werden mithilfe eines Flaschenzuges mit 4 tragenden Seilen Paletten mit einer Masse $m = 200$ kg um die Strecke $s = 3{,}00$ m nach oben gezogen. Berechne die mechanische Arbeit.
b) Berechne die mechanische Arbeit, wenn die Paletten um $s = 6{,}00$ m nach oben gezogen werden.

4.
Entscheide, ob mechanische Arbeit verrichtet wird und begründe deine Entscheidung.
a) Du hebst eine Getränkekiste ins Auto.
b) Du stehst mit einem Korb an der Kasse.
c) Du schreibst einen Text.
d) Du schiebst einen Einkaufswagen.
e) Du gehst entlang eines waagerechten Weges und trägst dabei eine Tasche.

5.
Der Begriff Arbeit wird im Alltag häufig verwendet. Nenne Beispiele und entscheide, ob es sich um mechanische Arbeit handelt.

6.
a) Bestimme die Masse m deines Schulrucksacks. Stelle den Rucksack neben dich und miss die Strecke s, um die du ihn bis zu deiner Schulter anheben musst (Bild 4).
b) Berechne mit den Werten aus a) deine verrichtete Arbeit.
c) Überschlage, wie viel Arbeit du in einer Woche an deinem Schulrucksack beim Auf- und Absetzen verrichtest.

4 Arbeit mit dem Rucksack

Mechanische Arbeit mit einem Hebel verrichten

Versuch 2 zeigt, dass beim Einsatz von Hebeln der Wert des Produktes aus der in Richtung des Weges s wirkenden Kraft F ($\vec{F} \parallel s$) und des zurückgelegten Weges s immer gleich groß ist. Mit einem Hebel kannst du ebenfalls keine mechanische Arbeit einsparen (Bild 5A).

Die verrichtete Arbeit darfst du aber nicht mit dem Drehmoment $M = F \cdot a$ eines Hebels verwechseln, da die Länge des Hebelarms a senkrecht zur Wirkungslinie der Kraft $\vec{F}$ steht: $\vec{F} \perp a$ (Bild 5B).

Ist jede Arbeit mechanische Arbeit?

Das Lernen von Vokabeln bezeichnest du in der Alltagssprache als Arbeit. Im physikalischen Sinne arbeitest du dabei nicht. Hebst du eine Kiste hoch, wirkt auf sie eine Kraft $\vec{F}$ und sie legt eine Strecke s zurück. Es läuft ein Prozess ab. Du verrichtest mechanische Arbeit. Hältst du die Kiste nur hoch, bringst du zwar eine Kraft auf, verrichtest aber keine mechanische Arbeit, da kein Weg s in Richtung der wirkenden Kraft zurückgelegt wird.

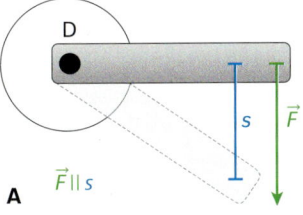 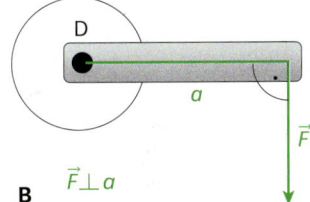

5 A Mit dem Hebel Arbeit verrichten, **B** Drehmoment eines Hebels

Formen mechanischer Arbeit

Spannst du einen Bogen, legen dein Arm und die Bogensehne eine Strecke s zurück. Deine aufgebrachte Kraft $\vec{F}$ bewirkt eine elastische Verformung. Biegst du einen Draht, bringst du ebenfalls eine Kraft $\vec{F}$ auf und deine Hände legen eine Strecke s zurück. In beiden Fällen verrichtest du **Verformungsarbeit**. An jedem Gegenstand, der durch Wirken deiner Kraft $\vec{F}$ seine Höhe h verändert, verrichtest du **Hubarbeit**. Sprintest du die 100 m-Strecke und bringst dabei die Kraft $\vec{F}$ in Bewegungsrichtung auf, verrichtest du **Beschleunigungsarbeit**. Schleifst du ein Stück Holz, reiben zwei Körper aneinander. Es wirkt eine Kraft $\vec{F}$ in Richtung eines Weges s. Du verrichtest **Reibungsarbeit**.

> Wenn auf einen Körper eine Kraft F wirkt und er einen Weg s in Richtung dieser Kraft zurücklegt, wird an dem Körper mechanische Arbeit W verrichtet. Sie ist eine abgeleitete Größe, die einen Prozess beschreibt. Sie ergibt sich aus dem Wert des Produktes aus der eingesetzten Kraft $\vec{F}$ und des zurückgelegten Weges s. Die Einheit der mechanischen Arbeit ist 1 Nm oder 1 J.

Mechanische Energie – eine abgeleitete Zustandsgröße

1.
a) Dein Bruder hebt die schwere Einkaufskiste, du eine Tüte mit Äpfeln. Ihr verrichtet beide mechanische Arbeit. Vergleiche die Kräfte, die jeder von euch einsetzt.
b) Dein Bruder behauptet: „Wenn ich die Einkaufskiste hochhebe, wird in ihr mehr Energie gespeichert als in der Tüte mit den Äpfeln." Begründe diese Behauptung.
c) Nenne Beispiele, bei denen durch das Verrichten mechanischer Arbeit Energie in einem Körper gespeichert wird.

2.
Drei Schüler helfen bei der Verteilung von Arbeitsheften. Ali trägt 42 Hefte und Lea 37 Hefte in die 3. Etage, Azra trägt 64 Hefte in die 2. Etage. Die Hefte haben etwa die gleiche Masse. Vergleiche die verrichteten Arbeiten und die in den Heftpaketen gespeicherten Energien.

3.
Eine mit Sand gefüllte Schubkarre hat eine Masse von 50,0 kg. Du hebst sie 30,0 cm an und schiebst sie 25,0 m weit. Berechne die gespeicherte Energie der Schubkarre während des Schiebens.

Energie ist ein Zustand des Körpers

Du spannst die Sehne eines Bogens, um einen Pfeil abzuschießen. Dabei bringst du eine Kraft F auf und dein Arm legt einen Weg s in Richtung dieser Kraft zurück. Du verrichtest Verformungsarbeit W am Bogen und setzt dabei die gespeicherte **Energie E** aus deinen Muskeln ein. Die Energie ist durch das Verrichten von Arbeit am Bogen in dem gespannten Bogen gespeichert (Bild 1A). Der **Energiezustand** des Bogens hat sich verändert. Der gespannte Bogen kann mithilfe dieser Energie jetzt Beschleunigungsarbeit am Pfeil verrichten. Der Pfeil bewegt sich entlang des Weges s in Richtung der Kraft $\vec{F}$ und speichert dadurch selbst Energie. Die Energie des Bogens wird mittels der Arbeit auf den Pfeil übertragen (Bild 1B).

Wie viel Energie wird gespeichert?

Hebst du eine 2,0 kg-Hantel um 1,0 m hoch, verrichtest du eine Hubarbeit von W_{hub} = 20 Nm an der Hantel. Hebst du die Hantel doppelt so hoch, verrichtest du doppelt so viel Arbeit an der Hantel. Die Hantel speichert doppelt so viel Energie. Die der Hantel zusätzlich zugeführte Energie E und der zurückgelegte Weg s sind direkt proportional zueinander: $E \sim s$.

Hebst du eine 4,0 kg-Hantel um 1,0 m hoch, speichert die Hantel doppelt so viel Energie. In der Hantel ist dann die doppelte Energiemenge gespeichert. Die zusätzlich zugeführte Energie E und die aufgebrachte Kraft F sind direkt proportional zueinander: $E \sim F$.

Mechanische Energie berechnen

Der Wert der **mechanischen Energie E** ist direkt proportional zum Wert des Produktes aus der in Richtung des Weges wirkenden Kraft $\vec{F}$ und dem zurückgelegten Weg s: $E \sim F \cdot s$. Damit ergibt sich: $E = F \cdot s$. Als Einheit ergibt sich 1 Nm = 1 J. Die mechanische Energie ist eine **abgeleitete Größe,** die den **Zustand** eines Körpers beschreibt.

Hebst du die 2,0 kg schwere Hantel um 1,0 m hoch, hat die Hantel eine zusätzliche Energie gespeichert von
E = 20 N · 1,0 m = 20 Nm
E = 20 J.

> **Größensymbol:** E
> **Berechnung:** $E = F \cdot s$ ($\vec{F} \parallel s$)
> **Maßeinheit:**
> $[E] = [F] \cdot [s]$ = 1 N · 1 m = 1 Nm = 1 J (Joule)
> **weitere Maßeinheiten:** Kilojoule 1 kJ = 1 · 10³ J
>   Megajoule 1 MJ = 1 · 10³ kJ = 1 · 10⁶ J

1 Energiespeicher: **A** Bogen, **B** Pfeil

4. A

Die rechte Tabelle zeigt die eingesetzten Kräfte beim Aufbau des Turmes einer Windkraftanlage, der aus 5 Segmenten zu je 20 m besteht, an. Das 1. Segment wird auf einen 2,0 m hohen Sockel aus Beton gehoben.
a) Berechne jeweils die Energie, die in den Segmenten 2 bis 5 nach dem Anheben gespeichert ist.
b) Formuliere eine Gesetzmäßigkeit, die die Proportionalität bei der Speicherung von Energie beschreibt.
c) Auf die fünf Segmente wird die Gondel mit dem Generator gehoben. Berechne die Energie, die dann in der Gondel gespeichert ist, wenn sie eine Masse von 3,0 t hat.

Segment	F_G in N	h in m	$E = F_G \cdot h$ in MJ
1	300 000	2,0	0,60
2	250 000	■	■
3	250 000	■	■
4	200 000	■	■
5	200 000	■	■

Der Unterschied zwischen Arbeit und Energie

In Bild 3 wird ein Segment auf den Turm einer Windkraftanlage gesetzt. Der Motor des Kranes zieht das Segment über Rollen und Seile nach oben. Aus dem Betrag der entlang des Weges eingesetzten Kraft $\vec{F}$ und der Länge des dabei zurückgelegten Weges s lässt sich die verrichtete Hubarbeit W_{hub} ableiten. Während dieser Arbeitsprozess abläuft, speichern die Segmente Energie. Die Energie E wird durch die Arbeit am Segment auf das Segment übertragen. Damit ist die Arbeit W eine **abgeleitete Übertragungsgröße,** die einen Prozess beschreibt. Je höher das Segment gehoben wird, desto mehr Energie E wird durch die an ihm verrichtete Arbeit W in ihm gespeichert. Der Energiezustand des Segments ändert sich solange, bis keine Arbeit W mehr an ihm verrichtet wird. Die Energie E ist eine **abgeleitete Speichergröße,** die diesen Zustand beschreibt.

3 Aufbau einer Windkraftanlage

Energie im Vergleich

In deinem Körper ist Energie für das Verrichten mechanischer Arbeit gespeichert. Du hast sie über deine Nahrung aufgenommen. Wenn du eine Tafel Schokolade naschst, speicherst du die Energie $E = 2200$ kJ.

2 Lecker, aber...!

Hebst du eine 2,0 kg schwere Hantel um 1,0 m an, verrichtest du die Arbeit $W = 20$ J. Dein Energiegehalt verringert sich und der der Hantel steigt um die Energiemenge von 20 J. Setzt du die Hantel ab, gibt sie die Energie wieder ab, ihr Energiegehalt sinkt um den gleichen Wert.
Du müsstest die Hantel also insgesamt 110 000-mal anheben und absetzen, um an ihr insgesamt die Arbeit $W = 2200$ kJ zu verrichten. Damit hast du dann die Energie $E = 2200$ kJ schrittweise an die Hantel abgegeben.

Energie im Alltag

„Ich habe jetzt keine Energie mehr", mit diesem Satz meinst du, es fehlt dir die Lust oder der Elan, etwas zu tun. Du sprichst nicht von Energie im mechanischen Sinn. Der Begriff Energie hat in der Alltagssprache oft eine andere Bedeutung als in der Fachsprache.

> Das Verrichten von mechanischer Arbeit an einem Körper ist ein Prozess, durch den sich der Energiegehalt des Körpers ändert. Die mechanische Arbeit ist eine Übertragungs- oder Prozessgröße.
> Die in einem Körper gespeicherte Energie ist eine Zustands- oder Speichergröße. Die zugeführte Energie ergibt sich als Wert des Produktes aus dem Betrag der wirkenden Kraft $\vec{F}$ und dem zurückgelegten Weg s. Die Einheit der Energie ist 1 Nm oder 1 J.

Die mechanischen Energieformen

1. **A**
Der Waggon einer Achterbahn wird nach oben gezogen.
a) Nenne die Energieform, die in dem Wagen am höchsten Punkt der Bahn gespeichert ist.
b) Erkläre, wodurch der Wagen diese Energie erhalten hat.
c) Berechne die Energie des Waggons, wenn er eine Masse $m = 800$ kg hat und auf eine Höhe $h = 50$ m gezogen wird.

2. **A**
Ein Achterbahnwaggon hat seinen höchsten Punkt erreicht und beginnt seine Fahrt.
a) Beschreibe die Bewegung des Waggons bis zum nächsten tiefen Punkt.
b) Benenne die Arbeit, die der Waggon verrichtet, und die Energie, die er dabei speichert.

3. **A**
Ein Blechfrosch kann enorm hüpfen. Beschreibe, wie du ihm die notwendige Energie für das Verrichten dieser Arbeit überträgst.

4. **A**
Ordne jedem der folgenden Beispiele eine der drei mechanischen Energieformen zu:
a) rutschende Lawine,
b) gedehntes Gummiband,
c) Turmspringer vor dem Sprung,
d) fallende Hagelkörner,
e) am Baum hängender Apfel,
f) gespannter Sportbogen,
g) Wind weht.

Potenzielle Energie
Hebst du einen Körper an, musst du eine Kraft $\vec{F}_{hub}$ aufbringen. Sie hat einen größeren Betrag als die Gewichtskraft $\vec{F}_G$ und wirkt in entgegengesetzter Richtung. Der Betrag der Gewichtskraft $\vec{F}_G$ ergibt sich aus dem Produkt der Masse m und des Ortsfaktors g. Beim Anheben des Körpers legt er einen Weg h in Richtung deiner Kraft $\vec{F}_{hub}$ zurück. Du verrichtest Hubarbeit W_{hub} und überträgst auf den Körper Energie, die als **Lageenergie** oder **potenzielle Energie** E_{pot} in ihm gespeichert wird. Der Wert der potenziellen Energie E_{pot} ergibt sich aus dem Produkt der Masse m, des Ortsfaktors g und der Höhe h.

> **Größensymbol:** E_{pot}
> **Berechnung:** $E_{pot} = F_G \cdot h = m \cdot g \cdot h$
> **Maßeinheit:**
> $[E_{pot}] = [m] \cdot [g] \cdot [h] = 1 \text{ kg} \cdot 1 \frac{N}{kg} \cdot 1 \text{ m} = 1 \text{ Nm} = 1 \text{ J}$

Kinetische Energie
Ein Radfahrer verrichtet Hubarbeit, bis er den höchsten Punkt eines Berges erreicht hat, er hat jetzt eine größere potentielle Energie als beim Start. Er lässt sich wieder hinunterrollen, wird schneller und verrichtet Beschleunigungsarbeit. Dadurch wandelt der Radfahrer seine potenzielle Energie in **Bewegungsenergie** oder **kinetische Energie** E_{kin} um. Je höher die Geschwindigkeit wird, desto größer wird die im Radfahrer gespeicherte kinetische Energie.

Spannenergie
Beim Spannen eines Bogens verrichtest du Verformungsarbeit. Du überträgst auf den Bogen **Spannenergie.** In allen elastisch verformten Körpern ist Spannenergie gespeichert. Sie ist eine Form der potenziellen Energie.

> Es gibt drei Formen der mechanischen Energie: potenzielle Energie E_{pot}, kinetische Energie E_{kin} und Spannenergie E_{spann}.

1 Ganz schön anstrengend! **2** So fährt es sich bequemer!

Umwandlungen mechanischer Energien

1.
a) Ein 50 g-Wägestück liegt auf dem Tisch. Hebe es auf einen Stapel Bücher. Beschreibe den Vorgang mit den Begriffen Kraft, Arbeit und Energie.
b) Stoße das Wägestück an, sodass es herabfällt. Beschreibe deine Beobachtungen wie in a).
c) Verbinde ein 50 g-Wägestück durch einen Faden mit schwereren Wägestücken. Hänge den Faden über eine feste Rolle. Beschreibe deine Beobachtungen beim Loslassen.

2.
a) Lass einen Hartgummiball aus etwa 1 m Höhe fallen. Beschreibe deine Beobachtungen.
b) Erkläre deine Beobachtung mithilfe der verschiedenen Formen mechanischer Energie.

3. Wiederhole Versuch 2 mit einer Plastilinkugel. Vergleiche deine Ergebnisse.

4. Beim Schwingen eines Pendels finden ständig Energieumwandlungen statt.
a) Zeichne das Pendel, wenn es sich
- in der Ausgangslage,
- zwischen Ausgangslage und tiefstem Punkt und
- im tiefsten Punkt befindet.

b) Schreibe in jede Zeichnung die Formen der Energie, die das Pendel gespeichert hat, und der mechanischen Arbeit, die es verrichtet.

Von einer Energie in die andere

Du hebst einen Gummiball nach oben, verrichtest also Hubarbeit. In dem Gummiball wird mit zunehmender Höhe mehr potenzielle Energie gespeichert. Nun lässt du den Gummiball fallen. Mithilfe der potenziellen Energie verrichtet der Gummiball Beschleunigungsarbeit.
Die gespeicherte potenzielle Energie wird mit abnehmender Höhe geringer und zunehmend in kinetische Energie umgewandelt. Der Gummiball wird immer schneller. Trifft der Gummiball auf den Boden, wird er elastisch verformt. Die kinetische Energie wird zum Verrichten der Verformungsarbeit genutzt und in Spannenergie umgewandelt. Die Verformung des Gummiballes geht sofort zurück und bewirkt, dass er nach oben geschleudert wird. Die Spannenergie wird in kinetische Energie und diese wieder zunehmend in potenzielle Energie umgewandelt. Während der Umwandlung wird Beschleunigungsarbeit und Hubarbeit verrichtet.

Artisten fliegen

Oleg steht auf einem Schleuderbrett. Ob es wohl möglich ist, ihn so hoch zu schleudern, dass er genau auf dem Sitz landet? Viktor will den Sprung auf das Schleuderbrett wagen. Er ist auf die Schultern des Obermannes hinaufgeklettert und hat so potenzielle Energie gespeichert. Ein Trommelwirbel erschallt. Jetzt springt Viktor, er verrichtet Beschleunigungsarbeit. Seine potenzielle Energie wandelt sich in kinetische Energie um. Beim Fallen nimmt die potenzielle Energie ab, die kinetische Energie nimmt zu. Er landet auf dem Schleuderbrett. Es biegt sich nach unten und spannt sich. Viktors Körper verrichtet Verformungsarbeit und überträgt seine kinetische Energie auf das Brett. Sie wird in Spannenergie umgewandelt. Die andere Seite des Brettes schnellt nach oben, verrichtet an Oleg Beschleunigungsarbeit und Hubarbeit. Die Spannenergie des Brettes wird in kinetische und potenzielle Energie umgewandelt. Oleg wirbelt durch die Luft und landet genau auf dem Sitz. Die Zuschauer applaudieren begeistert.

> Die potenzielle, die kinetische und die Spannenergie können ineinander umgewandelt werden. Eine Energieform geht in eine andere Form von Energie über. Während der Umwandlung wird immer mechanische Arbeit verrichtet.

Bungeespringen – energetisch betrachtet

1 Ein toller Sprung

Ein toller Sprung in die Tiefe!
Bevor der Bungeespringer springt, muss er zur hoch gelegenen Brücke gelangen. Er speichert dabei potenzielle Energie in seinem Körper. Auf der Absprungplattform wird das Bungeeseil an seinen Füßen befestigt.

Er springt und fällt immer schneller. Dabei nimmt seine potenzielle Energie ab und seine kinetische Energie nimmt zu. Während des Falls wird er plötzlich vom Seil abgebremst. Er fällt langsamer, gleichzeitig wird das Gummiseil gedehnt. Dabei wird kinetische Energie in Spannenergie umgewandelt. Am tiefsten Punkt seines Sprunges ist die Spannenergie am größten und die kinetische Energie null. Danach zieht sich das Seil zusammen. Die Spannenergie des Seils wird wieder in kinetische Energie umgewandelt. Der Bungeespringer steigt erst schneller, dann immer langsamer hoch. Dabei wird kinetische Energie zu potenzieller Energie. Dann beginnt wieder alles von vorne.
Er erreicht aber nicht mehr die alte Höhe, da ein Teil der vorhandenen Energie durch Reibung mit der Luft und im Seil in innere Energie umgewandelt und als Wärme an die Umgebung abgegeben wird.

Schwimmtraining

Ein Gummiband hilft beim Muskelaufbau
Ein Gummiband verbindet Martin beim Schwimmtraining mit dem Beckenrand. Dadurch werden Kondition und Muskulatur besonders gefordert und aufgebaut.
Die vom Sportler eingesetzte Energie wird nur zum Teil in kinetische Energie umgewandelt und dient zur Fortbewegung. Der andere Teil wird in **Spannenergie** umgewandelt, das Gummiband wird gedehnt. Dabei wird die Spannenergie umso größer, je mehr Kraft der Sportler einsetzt und je länger die Strecke ist, die er dabei zurücklegt. Die Spannenergie E_{Spann} hängt ab von der eingesetzten Kraft F und dem Weg s, längs dessen die Kraft wirkt.
Du kannst die Spannenergie mit folgender Gleichung berechnen:

$$E_{Spann} = \tfrac{1}{2} \cdot F \cdot s$$

Legt der Schwimmer keine zusätzliche Strecke zurück, muss er trotzdem Kraft einsetzen, um seine Position zu halten. Setzt er keine Kraft ein, so wandelt sich die Spannenergie des Gummibandes wieder in kinetische Energie um und zieht den Schwimmer zum Startblock zurück.

2 Zurück geht's schneller!

Mechanische Arbeit, Energie, Leistung und Druck

Verschiedene Energieformen

Chemische Energie E_{ch}
Chemische Energie ist zum Beispiel in einer Batterie, in Kohle und Gas, aber auch in Getreide und Gemüse gespeichert. Nutzen kannst du sie auf verschiedene Weisen
• Bereitstellung von Elektrizität zur Beleuchtung
• Verbrennen eines Stoffes zum Wärmen
• Nahrungsaufnahme zum Leben

Elektrische Energie E_{el}
Elektrische Energie nutzt du, um mit dem Tablet zu arbeiten, mit deinem Smartphone zu telefonieren oder wenn eine Lampe Licht abgibt. Die Wirkungen von elektrischer Energie kannst du in der Natur bei einem Gewitter sehen und hören.

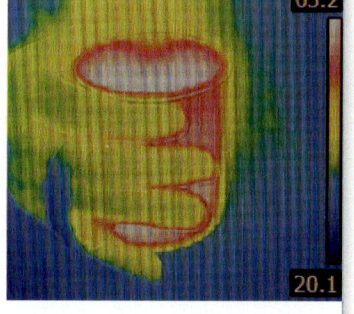

Innere Energie E_i
Du kannst deine kalten Hände durch Halten einer warmen Tasse Tee aufwärmen. Die erwärmten Hände haben anschließend eine größere **innere Energie.** Erwärmst du einen Körper, so steigt seine innere Energie. Kühlt ein Körper ab, so verringert sich seine innere Energie. Bei zwei Körpern mit gleich großer Masse hat der Körper die größere innere Energie, der wärmer ist.

Strahlungsenergie
Die bekanntesten Formen der **Strahlungsenergie** sind die Infrarotstrahlung und das Licht der Sonne. Dein Smartphone sendet und empfängt Daten in Form von Strahlungsenergie. In der Technik wird ultraviolette Strahlung verwendet. Damit können beispielsweise gefälschte Geldscheine erkannt werden.

1.
Recherchiere die Masse in g an Burgern (Nudeln, Brot, Schokolade, Müsliriegel, Äpfel),
a) die ein 14-jähriger Junge (1,60 m, 60 kg) essen kann, damit sein Energiebedarf (6 700 kJ) für einen Tag gedeckt ist.
b) die ein 14-jähriges Mädchen (1,60 m, 50 kg) essen kann, damit ihr Energiebedarf (5 700 kJ) für den Tag gedeckt ist.
c) Ziehe Schlussfolgerungen mit den Ergebnissen aus a) oder b) für eine gesunde Ernährung.

Kernenergie
Kernenergie ist im Atomkern gespeichert. Noch bis 2021 wurde diese Energie in Deutschland aufwendig in Kernkraftwerken in elektrische Energie umgewandelt. Die Kernenergie spielt aber auch in der Strahlungsmedizin eine wichtige Rolle.

PINNWAND

Energie geht nicht verloren

1.
Die Rutsche ist ein Highlight im Spaßbad. Beschreibe alle auftretenden Formen der Arbeit und der Energie und ihre Umwandlungen beim Rutschen. Beginne am Fuß der Treppe.

2.
a) Baue ein Pendel wie in Bild 1 vor einer Pappwand auf. Lenke es parallel zur Wand nach links aus. Markiere die Starthöhe. Lass es los und markiere rechts und links die Höhe, die die Kugel nach jeder Schwingung erreicht.
b) Vergleiche die erreichte Höhe h nach jedem Durchgang und erkläre deine Beobachtung.
c) Zeichne das Bild 1 in dein Heft und beschrifte die Stellen, an denen die Kugel die größte potenzielle Energie besitzt mit $E_{pot\,max}$ und die größte kinetische Energie mit $E_{kin\,max}$.
d) Ergänze in deinem Bild aus c) die Stellen, an denen die Kugel die kleinste potenzielle Energie besitzt mit $E_{pot\,min}$ und die kleinste kinetische Energie mit $E_{kin\,min}$.

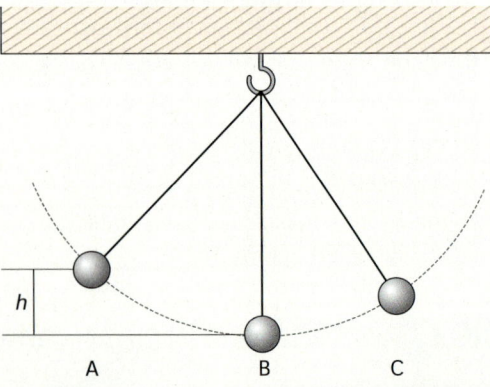

1 Fadenpendel

3.
a) Fahre mit deinem Fahrrad auf einer waagerecht verlaufenden Straße mit einer Geschwindigkeit von 15 $\frac{km}{h}$. Beschreibe deine Erfahrungen, wenn du dem Fahrrad immer die gleiche Menge Energie zuführst.
b) Nenne die Energieumwandlungen, die während der Fahrt in Versuch a) stattfinden.
c) Beschreibe, was passiert, wenn du bei Versuch a) keine Energie mehr zuführst.

4.
a) Bei den Versuchen 2 und 3 ist zu erkennen, dass Energien beteiligt sind, die nicht wieder in kinetische oder potenzielle Energie zurückgewandelt werden können. Benenne diese entwerteten Energien.
b) Formuliere einen Satz, der etwas über die beteiligten Energien beim Start und am Ende der Versuche 2 und 3 aussagt.

5.
Zeichne Energieflussdiagramme für folgende Vorgänge:
a) eine Sportlerin beim Stabhochsprung,
b) ein Blumentopf fällt vom Balkon,
c) ein Papierflieger wird geworfen.

6.
a) Überlege mögliche Vorgänge, zu denen die folgenden Energieflussdiagramme passen könnten.
b) Nenne jeweils den Energiewandler.

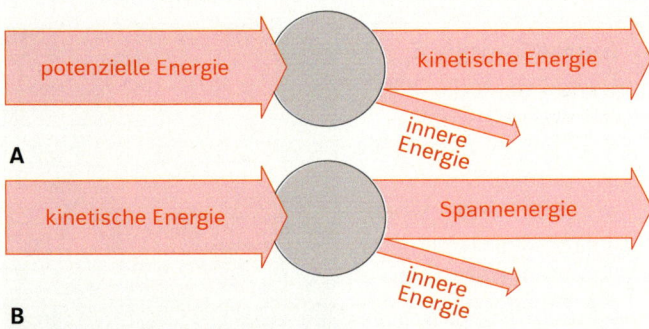

2 Energieflussdiagramme

7.
Zeichne ein Energieflussdiagramm zu dem Trampolinspringer in Bild 3.

3 Spaß beim Trampolinspringen

Mechanische Arbeit, Energie, Leistung und Druck

4 Die Schaukel als Energiewandler

Energieumwandlung

Beim Schaukeln musst du deine Beine und deinen Körper geschickt hin und her bewegen. So verrichtest du Beschleunigungsarbeit und Hubarbeit an der Schaukel. Dabei wandelst du chemische Energie deiner Muskeln in kinetische und potenzielle Energie der Schaukel um. Die Schaukel gewinnt an Höhe.

Hörst du auf, dich aktiv zu bewegen, wandelt die Schaukel potenzielle Energie in kinetische Energie sowie kinetische Energie in potenzielle Energie um. Die Schaukel kann die Energie also in beide Richtungen umwandeln.

Diese Vorgänge kannst du in **Energieflussdiagrammen** darstellen (Bild 5). Darin steht auf der linken Seite die **zugeführte Energie** E_{zu} und auf der rechten Seite die **nutzbare Energie** E_{nutz}. Der **Energiewandler** wird durch einen Kreis dargestellt.

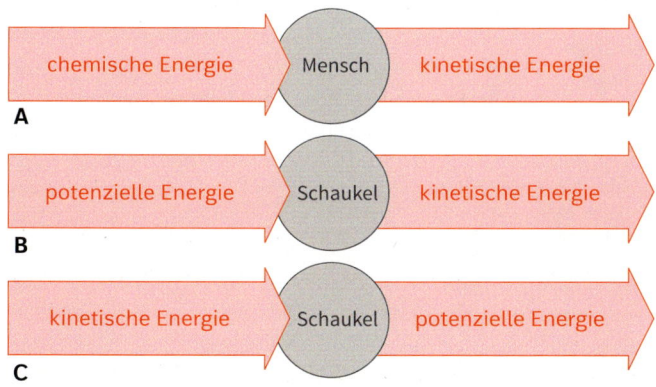

5 Einfache Energieflussdiagramme

Dein Körper stellt zum Schwungholen chemische Energie E_{chem} bereit. Diese wird von dir der Schaukel zur Verfügung gestellt, somit ist $E_{chem} = E_{zu}$. So kannst du mechanische Arbeit an der Schaukel verrichten. Am oberen Umkehrpunkt besitzt die Schaukel die maximale potenzielle Energie $E_{pot\,max}$. Diese ist die von der Schaukel nutzbare Energie, somit ist $E_{pot} = E_{nutz}$.

Beim Zurückschwingen wird diese genutzt, um Beschleunigungsarbeit zu verrichten. Die Schaukel wandelt so die gespeicherte potenzielle Energie E_{pot} bis zum unteren Umkehrpunkt in maximale kinetische Energie $E_{kin\,max}$ um.

Verschwindet Energie?

Die Energie ist eine **Erhaltungsgröße.** Trotzdem nimmt beim Schaukeln die erreichte Höhe ab, sobald sie nicht weiter angestoßen wird. Beim Schaukeln wird auch immer Reibungsarbeit an der Luft und an der Aufhängung der Schaukel verrichtet. Ein Teil der kinetischen Energie wird in innere Energie E_i umgewandelt. Sie wird in Form von Wärme abgegeben. Die Energie steht dir nicht mehr zum Schaukeln zur Verfügung und wird daher als **entwertete Energie** bezeichnet. Das Energieflussdiagramm muss also erweitert werden (Bild 6).

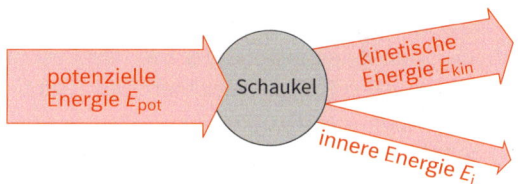

6 Erweitertes Energieflussdiagramm der Schaukel

Das Energieflussdiagramm kennzeichnet den Wandler

Ein erweitertes Energieflussdiagramm stellt den realistischen Umwandlungsprozess des Energiewandlers dar. Ihm wird Energie zugeführt, die er in nutzbare Energie und entwertete Energie in Form von innerer Energie wandelt. Entwertete Energie tritt bei allen Prozessen auf, bei denen Energie gewandelt wird.

Mit der Pfeilbreite gibst du an, welcher Anteil der zugeführten Energie der Energiewandler in nutzbare Energie und entwertete Energie umwandelt. Beachte, dass die Breite der Pfeile auf der rechten Seite insgesamt genau so groß ist, wie die Breite des Pfeils auf der linken Seite.

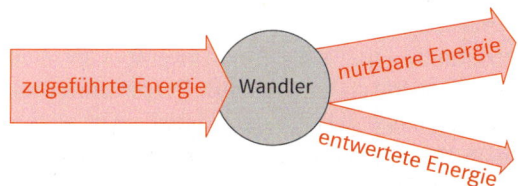

7 Allgemeines Energieflussdiagramm eines Wandlers

> Der Zusammenhang zwischen zugeführter, nutzbarer und entwerteter Energie eines Energiewandlers lässt sich mithilfe eines Energieflussdiagrammes darstellen.

Mechanische Arbeit, Energie, Leistung und Druck

Energieerhaltung

1. Lass einen Softball und einen Basketball aus etwa 1 m Höhe auf einen ebenen festen Grund fallen. Beschreibe und erkläre deine Beobachtungen.

2. Nenne alle Energieformen, die beim Dribbeln des Basketballs vorkommen.

1 Springender Tischtennisball

Der springende Ball

Der Tischtennisball in Bild 1 hat zunächst potenzielle Energie gespeichert. Wird er losgelassen, fällt er nach unten und verrichtet Beschleunigungsarbeit an sich selbst, bis der Tischtennisball den Boden berührt.
Beim Aufprall wird die kinetische Energie genutzt, um elastische Verformungsarbeit zu verrichten. Diese Arbeit wird in Spannenergie gespeichert. Die vom Ball gespeicherte Spannenergie nutzt der Ball, um Beschleunigungsarbeit an sich selbst zu verrichten. Der Tischtennisball springt wieder nach oben.
In dem Moment, indem er den Boden verlässt, besitzt der Ball die größte kinetische Energie und die kleinste potenzielle Energie. Direkt danach verrichtet der Ball Hubarbeit an sich selbst. Dabei wird er immer langsamer. An seinem höchsten Punkt ist seine Geschwindigkeit $v = 0\,\frac{m}{s}$. Somit hat der Ball auch keine kinetische Energie mehr.
Die Ausgangshöhe kann der Ball jedoch nicht wieder erreichen. Dieser Verlust an Höhe liegt daran, dass er einen Teil der zugeführten Energie in entwertete Energie umwandelt. Bei jeder Bewegung verrichtet der Ball zusätzlich Reibungsarbeit an der Luft. Dadurch erhöht sich die innere Energie des Balls und der Umgebungsluft. Genau diese Energie fehlt dem Ball, um seine Ausgangshöhe zu erreichen.

Energieerhaltungssatz

Vergleichst du beim springenden Ball die gesamte Energie bei den Umwandlungen mit den Mengen der auftretenden einzelnen Energien einschließlich der entwerteten Energie, stellst du fest, dass keine Energie verloren geht und keine Energie hinzukommt. Dies wird allgemein als **Energieerhaltungssatz** bezeichnet. Es gilt:

$$E_{ges} = E_{pot} + E_{kin} + E_i = \text{konstant}$$

Bei Energieumwandlungen bleibt der Gesamtbetrag der Energie erhalten.

Perpetuum mobile

LEONARDO DA VINCI and the perpetuum mobile

A machine which receives energy only once and then moves constantly – that's the dream inventors and scientists have been working on for centuries. **Perpetuum mobile** (Latin) means constantly moving and that's why all these constructions are called like that. The perpetuum mobile in picture was constructed by LEONARDO DA VINCI (1452 – 1519) but it didn't work – like all other machines of this type. So DA VINCI showed the influence of friction on the movement of the device. In consequence of the friction the kinetic energy is converted into internal energy. Finally, the wheel has to stop. Only if the amount of energy which was converted into internal energy is compensated by a permanent input of energy, a permanent motion is possible.
Even today inventors submit drafts for perpetuum mobiles at the German Patent Office in Munich. These designs are not examined anymore because they certainly won't work.

vocabulary
- **to receive** – erhalten
- **scientist** – Wissenschaftler
- **constructed** – gebaut
- **influence** – Einfluss
- **friction** – Reibung
- **converted** – umgewandelt
- **motion** – Bewegung

Basiskonzepte S. 69

Mechanische Arbeit, Energie, Leistung und Druck | 45

Der Wirkungsgrad

1.
a) Baue einen Flaschenzug wie in Bild 1 auf. Dabei soll ein Körper um $h = 0{,}30$ m angehoben werden. Wähle die Länge des Seils so, dass die Zugstrecke $s = 0{,}60$ m beträgt.
b) Bestimme die Gewichtskraft F_G des Körpers und miss die Zugkraft F_{Zug}, um den Körper auf die gewünschte Höhe zu ziehen. Führe den Versuch mit Körpern unterschiedlicher Masse durch und trage die Werte in die Tabelle ein.

F_G in N				
W_{Hub} in J				
F_{Zug} in N				
W_{Zug} in J				
$\frac{W_{Hub}}{W_{Zug}}$				

c) Berechne die zugeführte Arbeit W_{Zug} und die nutzbare Arbeit W_{Hub} der Körper. Bilde anschließend jeweils den Quotientenwert $\frac{W_{Hub}}{W_{Zug}}$.
d) Ziehe Schlussfolgerungen aus deinem Ergebnis und begründe diese.

2.
Übertrage die Tabelle in dein Heft und vervollständige sie.

	zugeführte Energie	nutzbare Energie	Wirkungsgrad
Wasserkraftwerk	36,0 kJ	32,4 kJ	▪
Windkraftrad	6,8 kJ	▪	51 %
Fahrrad	▪	480 J	40 %

3.
Erkläre, warum ein Verbrennungsmotor nicht die gesamte chemische Energie des Treibstoffs in kinetische Energie umwandeln kann.

4.
Eine Powerbank wandelt 6,00 kJ ihrer zur Verfügung stehenden Energie von 66,6 kJ beim Laden des Akkus eines Smartphones in innere Energie. Berechne den Wirkungsgrad.

Der Flaschenzug

Bei allen Vorgängen treten Reibungskräfte auf, beim Flaschenzug zwischen Seil, Rolle und Aufhängung. Du musst zusätzlich zur Hubarbeit Reibungsarbeit verrichten, um den Körper zu heben. Die Energie, die dem Flaschenzug zugeführt werden muss, ist damit $E_{zu} = F_{Zug} \cdot s_{Zug}$.
Die Energie, die genutzt werden kann, ist $E_{nutz} = F_{Hub} \cdot s_{Hub}$.
Die entwertete Energie wird in Form von Wärme an die Umgebung abgegeben. Je geringer der Anteil der entwerteten Energie ist, desto mehr Energie kann für das Anheben des Körpers genutzt werden (Bild 2).

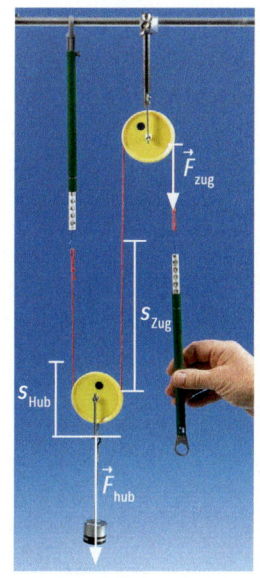

1 Einfacher Flaschenzug

Den Wirkungsgrad berechnen

Das Maß, wie effektiv Arbeit verrichtet oder wie gut Energie übertragen wird, beschreibt der **Wirkungsgrad η** (griech., gesprochen: eta). Der Wirkungsgrad ist der Quotient aus nutzbarer Arbeit und zugeführter Arbeit. Wenn Energien betrachtet werden, berechnet sich der Wirkungsgrad als Quotient aus nutzbarer Energie und zugeführter Energie. Der Wirkungsgrad wird als Dezimalzahl berechnet und oft in Prozent angegeben. Er hat **keine Maßeinheit.**
Ein Wirkungsgrad von 1 oder 100 % ist nicht möglich. In diesem Fall würden keine Reibungskräfte und damit keine entwertete Energie beim Wandlungsprozess auftreten.

> **Größensymbol:** η (eta)
> **Berechnung:** $\eta = \frac{W_{nutz}}{W_{zu}}$ oder $\eta = \frac{E_{nutz}}{E_{zu}}$
> **Maßeinheit:** keine
> **Angabe:** als Dezimalzahl oder in Prozent
> **Größenordnung:** $0 < \eta < 1$; $0\% < \eta < 100\%$

> Der Wirkungsgrad η ist ein Maß für die Qualität der Energieumwandlung. Er gibt an, wie effektiv Arbeit verrichtet oder wie gut Energie gewandelt wurde.

2 Energieflussdiagramm zum Flaschenzug

Der Wirkungsgrad einer schiefen Ebene Protokoll

1.
Auf einer schiefen Ebene mit einer Länge $\ell = 0{,}50$ m und einer Höhe $h = 0{,}30$ m wird ein Körper mit der Gewichtskraft von 5,0 N hinaufgezogen.
a) Stelle die wirkenden Kräfte mit einem Kräfteparallelogramm dar.
b) Berechne die Hubarbeit, um den Körper senkrecht nach oben zu heben.
c) Du benötigst eine Zugkraft von $F_{zug} = 3{,}8$ N, um diesen Körper die schiefe Ebene hinaufzuziehen. Berechne die verrichtete Arbeit am Körper.
d) Bestimme den Wirkungsgrad der schiefen Ebene.

2.
Zeichne in dein Kräfteparallelogramm aus Aufgabe 1 a) in unterschiedlichen Farben die Auswirkungen ein, wenn
a) der Wirkungsgrad erhöht wird.
b) der Wirkungsgrad verschlechtert wird.

3.
Um herauszufinden, wie die alten Ägypter ihre Pyramiden gebaut haben, errichteten Wissenschaftler eine schiefe Ebene nach gefundenen Überlieferungen. Sie zogen dabei einen Stein ($m_{Stein} = 100$ kg) über eine schiefe Ebene mit einer Länge von $\ell = 100$ m auf eine Höhe von $h = 8{,}50$ m mit einer Kraft von $F = 170$ N.
a) Berechne die Energie, die der Stein am oberen Ende der schiefen Ebene hat.
b) Berechne die Energie, die dem Stein zugeführt wurde.
c) Berechne den Wirkungsgrad.
d) Um den Wirkungsgrad aus c) zu erhöhen, wurde auf die schiefe Ebene ein feuchter Schlick aufgetragen. Dieser erhöhte den Wirkungsgrad auf $\eta = 55{,}0\,\%$. Berechne die nun nötige Zugkraft.

Die schiefe Ebene in der Theorie

Kraftwandler wie die schiefe Ebene findest du überall in deiner Umgebung, beispielsweise den Wanderweg zum Gipfelkreuz oder die Rampe zum Beladen. Um den Wirkungsgrad dieses Kraftwandlers zu berechnen, ist es notwendig, die zugeführte Arbeit W_{zu} und die nutzbare Arbeit W_{nutz} zu berechnen. Die zugeführte Arbeit ergibt sich aus dem Betrag der eingesetzten Kraft $\vec{F}$ und dem Weg s, entlang dessen diese Kraft wirkt.

$$W_{zu} = F \cdot s$$

Der Körper kann nur den Teil nutzen, der als Hubarbeit an ihm verrichtet wurde:

$$W_{nutz} = W_{hub}$$
$$\text{mit } W_{hub} = F_G \cdot h \Rightarrow W_{nutz} = F_G \cdot h$$
$$\text{mit } F_G = m \cdot g \Rightarrow W_{nutz} = m \cdot g \cdot h$$

Der Wirkungsgrad η der schiefen Ebene kann nun mit dem Quotienten aus der nutzbaren Arbeit W_{nutz} und der zugeführten Arbeit W_{zu} berechnet werden:

$$\eta = \frac{W_{nutz}}{W_{zu}}$$
$$\text{mit } W_{nutz} = m \cdot g \cdot h \text{ und}$$
$$\text{mit } W_{zu} = F \cdot s$$
$$\Rightarrow \eta = \frac{m \cdot g \cdot h}{F \cdot s}$$

1 Familie Hub

Beispielaufgabe

Familie Hub ist in den Voralpen wandern. Dabei zieht Herr Hub seine beiden Kinder mit einem Bollerwagen ($m_{ges} = 60$ kg) auf einer schiefen Ebene mit einer Strecke von 2,5 km mit einer Kraft von 120 N. Am Ende des Berges haben sie eine Höhe von 170 m überwunden. Berechne den Wirkungsgrad der schiefen Ebene.

geg.: $m = 60$ kg; $s = 2{,}5 \cdot 10^3$ m   ges.: η
$h = 170$ m; $F = 120$ N
$g = 9{,}81\,\frac{N}{kg}$

Lösung: $W_{nutz} = m \cdot g \cdot h$
$W_{nutz} = 60\text{ kg} \cdot 9{,}81\,\frac{N}{kg} \cdot 170\text{ m} = 1{,}0 \cdot 10^5$ Nm
$W_{zu} = F \cdot s$
$W_{zu} = 120\text{ N} \cdot 2{,}5 \cdot 10^3\text{ m} = 3{,}0 \cdot 10^5$ Nm
$\eta = \frac{W_{nutz}}{W_{zu}}$
$\eta = \frac{1{,}0 \cdot 10^5\text{ Nm}}{3{,}0 \cdot 10^5\text{ Nm}} = 0{,}33$

Antwort: Der Wirkungsgrad der schiefen Ebene beträgt 0,33 oder 33%.

Bei jedem mechanischen Vorgang kann der Wirkungsgrad ermittelt werden. Dabei müssen die zugeführten und nutzbaren Arbeiten oder Energien bestimmt werden.

Mechanische Arbeit, Energie, Leistung und Druck

Energienutzung – im Wandel der Zeit

1.
a) Beschreibe die Bilder und ordne sie geschichtlich ein.
b) Beschreibe die Aussagen, die die Bilder über die Nutzung der kinetischen Energie von Wasser und Luft machen.
c) Diskutiert in der Klasse die Entwicklung des technischen Fortschritts und die Vor- und Nachteile der Energienutzung.

2.
a) Bis zum Jahr 2030 sollen bereits bis zu 40 % der benötigten elektrischen Energie mit Windkraftwerken bereitgestellt werden. Recherchiere, mit welchen Maßnahmen dieses Ziel verwirklicht werden soll.
b) Überlege, wie die kinetische Energie des Wassers noch stärker als heute schon genutzt werden kann.

A

B

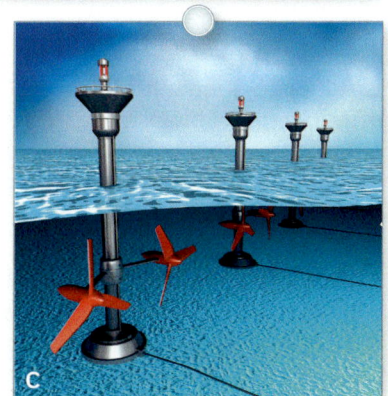
C

D

E

F

G

H

PINNWAND

Mechanische Leistung – eine abgeleitete Größe  Protokoll

1.
a) Lass einen Körper ($m = 1{,}0$ kg) durch einen elektrischen Motor mit einem Seil nach oben ziehen. Markiere in gleichen Zeitabschnitten die Höhe, die der Körper erreicht (Bild 1). Übertrage die erreichten Höhen in deine Tabelle.
b) Berechne die verrichtete Hubarbeit W_{hub}.

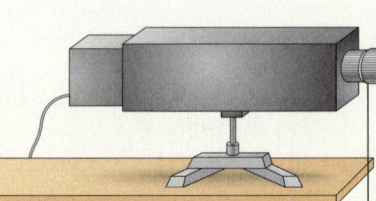

1 Wie schnell verrichtet der Motor am Körper Hubarbeit?

t in s	0	3,0	6,0	■	■	■
h in m	0	■	■	■	■	■
W_{hub} in J	0	■	■	■	■	■
$\frac{W}{t}$ in $\frac{J}{s}$	–	■	■	■	■	■

c) Bilde die Quotientenwerte $\frac{W}{t}$.
d) Zeichne ein t-W-Diagramm.
e) Formuliere mit deinen Ergebnissen einen mathematischen Zusammenhang.

2.
a) Wiederhole Versuch 1 mit einem anderen Motor. Trage den Graphen in das t-W-Diagramm von Versuch 1 d) ein.
b) Interpretiere das Diagramm und treffe eine Aussage zu den Leistungen der Motoren in den Versuchen 1 und 2.

3.
Berechne die Leistung eines Motors, der in 10 s eine Arbeit von 530 J verrichten kann.

Arbeit und Zeit sind entscheidend

Wird ein Körper durch einen Elektromotor nach oben gezogen, so verrichtet der Motor in gleichen Zeiten die gleiche Hubarbeit W_{hub} an diesem Körper. Hebt der Motor beispielsweise in 10 s den Körper 15 cm an, so wird er ihn in der doppelten oder dreifachen Zeit den doppelten oder dreifachen Weg hinaufziehen. Die Quotientenwerte aus der verrichteten Arbeit W und der dazu benötigten Zeit t sind immer gleich groß.

Mit zunehmender Höhe speichert der Körper mehr potenzielle Energie E_{pot}. Damit speichert der Körper in der doppelten oder dreifachen Zeit auch die doppelte oder dreifache Energiemenge. Allgemein gilt: Die verrichtete Arbeit oder die zusätzlich zugeführte Energie sind direkt proportional zur Zeit: $W \sim t$ oder $E \sim t$.

Die Berechnung der Leistung

Hebt der Motor in der gleichen Zeit den Körper höher, so vergrößert sich der Wert des Quotienten $\frac{W}{t}$ oder $\frac{E}{t}$. Der Motor verrichtet eine größere Hubarbeit am Körper, der dadurch mehr potenzielle Energie speichert. Der Motor leistet physikalisch mehr. Der Wert der Quotienten wird daher als **mechanische Leistung P** (engl.: power) bezeichnet. Die Leistung ist eine **abgeleitete Größe**. Ihre Einheit ist **1 W (Watt)** zu Ehren des schottischen Erfinders JAMES WATT (1736 – 1819).

Das Zeit-Arbeit-Diagramm

Überträgst du die Zeit-Arbeit-Wertepaare in ein Diagramm, entsteht eine Ursprungshalbgerade (Bild 2). Auch daran erkennst du, dass die Arbeit W und die Zeit t direkt proportional zueinander sind. Sind mehrere Graphen im t-W-Diagramm eingezeichnet, zeigt die steilere Ursprungshalbgerade die größere Leistung an.

2 t-W-Diagramm zweier Motoren

Größensymbol: P
Berechnung: $P = \frac{W}{t}$ oder $P = \frac{E}{t}$
Maßeinheit: $[P] = \frac{[W]}{[t]} = \frac{[E]}{[t]}$
$[P] = \frac{1 \text{ Nm}}{1 \text{ s}} = 1 \frac{\text{Nm}}{\text{s}} = 1 \frac{\text{J}}{\text{s}} = 1$ W (Watt)

Weitere Maßeinheiten:
Milliwatt   1 mW = $1 \cdot 10^{-3}$ W
Kilowatt   1 kW = $1 \cdot 10^{3}$ W
Megawatt 1 MW = $1 \cdot 10^{3}$ kW = $1 \cdot 10^{6}$ W
Gigawatt   1 GW = $1 \cdot 10^{3}$ MW = $1 \cdot 10^{6}$ kW = $1 \cdot 10^{9}$ W
Terawatt   1 TW = $1 \cdot 10^{6}$ MW = $1 \cdot 10^{9}$ kW = $1 \cdot 10^{12}$ W

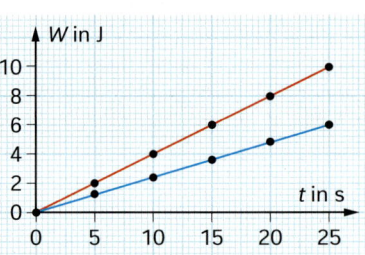

Die mechanische Leistung P gibt an, welche mechanische Arbeit in einer bestimmten Zeit an dem Körper verrichtet wird oder welche Energiemenge ein Körper in dieser Zeit speichert. Die Leistung ist eine abgeleitete Größe. Ihre Einheit ist 1 W.

Bestimmung deiner physischen Leistung

Mechanische Arbeit, Energie, Leistung und Druck

Spitzenleistung oder Dauerleistung?
Bestimmst du experimentell eine physikalische Größe, so weißt du bereits, dass du für wiederholbare Ergebnisse die Versuchsbedingungen beachten musst. Dies ist bei der Bestimmung deiner physischen Leistung nicht anders. Du musst dir aber über einige Dinge vorher Gedanken machen. Bei der Bestimmung deiner Leistung musst du dich entscheiden, ob du in einer kurzen Zeit deine **Spitzenleistung** oder über einen längeren Zeitraum deine **Dauerleistung** bestimmen möchtest. Du kennst dies vom Sportunterricht. Bei der Kurzstrecke mit einer Länge von 60 m rennst du so schnell wie möglich, verglichen mit einer Langestrecke wie die 1000 m, bei der du eher langsamer, aber gleichmäßig läufst.

Vorbereitung
Bei dem Leistungstest „Auf den Stuhl steigen!" muss die Steighöhe Boden–Sitzfläche eines Stuhls für jede Teilnehmerin und für jeden Teilnehmer geeignet sein. Wähle einen Stuhl, auf den du problemlos auf die Sitzfläche steigen kannst. Du kannst die Steighöhe variieren, indem du die Höhe beispielsweise mit Büchern veränderst. Ist dir die Höhe zu hoch, lege so viele Bücher auf den Boden, bis die Steighöhe Buch–Sitzfläche für dich angenehm ist. Du kannst die Steighöhe aber auch vergrößern, indem du ein Buch auf die Sitzfläche des Stuhls legst.

Festlegen der Wettbewerbsregeln
Bei jedem Wettbewerb gibt es **Regeln,** die von allen Teilnehmerinnen und Teilnehmern befolgt werden müssen. Nur so ist ein Wettbewerb fair und vergleichbar.
1. Das Bein muss beim Aufsteigen auf den Stuhl durchgestreckt werden.
2. Der 2. Fuß muss die Sitzfläche kurz berühren.
3. …

Legt weitere Regeln fest und stimmt diese Regeln untereinander ab!

❶ Wettbewerb „Auf den Stuhl steigen!"
Bestimme deine Leistung! Führt den Versuch zu zweit durch. Steige über eine bestimmte Zeit immer wieder auf deinen Stuhl. Deine Partnerin oder dein Partner misst die Zeit und zählt die gültigen Wiederholungen. Anschließend tauscht ihr. Schreibt die Anzahl der Wiederholungen in die Tabelle.

t in s	10	30	60	120
n Wiederholungen	▪	▪	▪	▪
W in J	▪	▪	▪	▪
P in W	▪	▪	▪	▪

❷ Auswertung
a) Berechne die Arbeit, die du verrichtest, wenn du einmal auf den Stuhl steigst.
b) Berechne entsprechend deiner Wiederholungen, die von dir verrichtete Arbeit und anschließend deine erbrachte Leistung.
c) Begründe, warum du in diesem Versuch keine direkte Proportionalität bestimmen konntest.

❸ Analyse und Optimierung
a) Betrachtet alle physikalischen Größen, die bei dem Versuch eine Rolle spielen. Diskutiert mögliche Fehlerquellen und versucht diese zu minimieren, um damit euren Leistungstest zu optimieren.
c) Führt den Wettbewerb „Auf den Stuhl steigen!" mit den neuen Bedingungen erneut durch und vergleicht eure Ergebnisse mit dem 1. Wettbewerb.

❹ Neuer Wettbewerb
a) Überlegt euch einen weiteren Wettbewerb, um eure physische Leistung zu testen.
b) Diskutiert, welche physikalischen Größen wie bestimmt werden. Erstellt eine Anleitung.
c) Führt den neuen Leistungstest durch und versucht ihn anschließend wieder zu optimieren.

PRAKTIKUM

1 Unterschiedliche Voraussetzungen – gleiche Bedingungen

Berechnungen zu Arbeit, Energie, Leistung, Wirkungsgrad

1.
a) Esma ($m = 36$ kg) erklettert in einer Kletterhalle die Route A mit 17 m Höhe. Berechne die verrichtete Arbeit.
b) Sie ist in 4,50 min am höchsten Punkt. Berechne ihre Leistung.
c) Ihre mittlere Leistung beträgt 36 W. Berechne die Höhe der Route B, wenn Esma diese in gleicher Zeit wie Route A erklettert.

2.
Die Firma Reifen-Redl hat sich eine neue Hebebühne angeschafft. Die elektrische Leistung liegt dabei bei 3,4 kW. Die Kosten von 3 500 € sollen durch die Einnahmen in vier Reifenwechselsaisons wieder eingenommen werden. Dafür schaltet die Firma Reifen-Redl eine Werbung mit dem Slogan „Reifenwechsel besonders günstig – im Oktober und April nur 25,00 €!"
a) Berechne die Anzahl der Autos, die in jeder Saison zum Reifenwechsel kommen müssen, damit die Hebebühne bezahlt ist.
b) Fahrlehrer Claus entschließt sich, bei Reifen-Redl die Räder seines Autos wechseln zu lassen. Dabei wird sein Kraftfahrzeug mit einer Masse von 1,2 t in einer Zeit von 15 s um 1,60 m angehoben. Berechne die mechanische Leistung der Hebebühne.
c) Bewerte den Wirkungsgrad der Hebebühne.
d) Berechne die verrichtete Arbeit von Peter Redl beim Räderwechsel, wenn ein Rad eine Masse von 18,8 kg aufweist.

3.
Gibt es im elektrischen Netz einen Energieüberschuss, so wird die Energie genutzt, um Wasser in das Oberbecken eines Pumpspeicherkraftwerkes zu pumpen. Muss mehr Energie im elektrischen Netz bereitgestellt werden, läuft das Wasser einen Berg hinab auf eine Turbine, die den Generator in Gang setzt und die kinetische Energie in elektrische Energie wandelt.
a) Zeichne das Energieflussdiagramm, das alle Wandlungen vom elektrischen Energieüberschuss bis zur Abgabe der elektrischen Energie in das Versorgungsnetz zeigt.
b) Eine Pumpe benötigt 2,6 h um 2 500 l Wasser vom Unterbecken in das 80 m höher gelegene Oberbecken zu befördern. Berechne die Leistung der Pumpe.
c) Der Wirkungsgrad des Kraftwerkes beträgt 54 %. Berechne mit den Angaben aus b) die elektrische Energie, die es maximal zur Verfügung stellen kann.

4.
Pedro wandert von der Talstation Spitzingsee (1060 m üNHN) auf die Rotwand (1878 m üNHN). Zusammen mit seinem Rucksack hat er eine Gewichtskraft von 680 N.
a) Berechne die potenzielle Energie, die Pedro am Gipfel zusätzlich erhalten hat.
b) Er benötigt dafür 4,2 h. Berechne seine erbrachte Leistung.

	Mechanische Arbeit
Formel	$W = F \cdot s$
Einheit	1 Nm = 1 J
Beispielaufgabe	Carola zieht ihre Cousine Marlene mit einer konstanten Kraft von 15 N über eine Strecke von 450 m. Dabei wirkt die Kraft in Richtung des Weges. Berechne die verrichtete Arbeit.
Rechnung	geg.: $F = 15$ N; $s = 450$ m
	ges.: W
	Lösung: $W = F \cdot s$ $W = 15$ N $\cdot$ 450 m = 6 750 Nm $W = 6{,}8 \cdot 10^3$ J $= 6{,}8$ kJ
	Antwort: Carola verrichtet eine Arbeit von 6,8 kJ.

	Potenzielle Energie
Formel	$E_{pot} = m \cdot g \cdot h$ mit $F_G = m \cdot g$
Einheit	1 kg $\cdot$ 1 $\frac{N}{kg}$ $\cdot$ 1 m = 1 Nm = 1 J
Beispielaufgabe	Berechne die potenzielle Energie eines mit Wasser gefüllten Ballons mit einer Masse von 300 g in einer Höhe von 3,0 m.
Rechnung	geg.: $m = 0{,}300$ kg; $h = 3{,}0$ m; $g = 9{,}81$ $\frac{N}{kg}$
	ges.: E_{pot}
	Lösung: $E_{pot} = m \cdot g \cdot h$ $E_{pot} = 0{,}300$ kg $\cdot$ 9,81 $\frac{N}{kg}$ $\cdot$ 3,0 m $E_{pot} = 8{,}829$ Nm $\approx 8{,}8$ J
	Antwort: Der Ballon hat eine potenzielle Energie von 8,8 J.

5. A

a) Aus dem Stand beschleunigt Ivy mit ihrem Rad 27 s lang mit einer Leistung von 38 W. Berechne ihre kinetische Energie nach der Beschleunigung.
b) Berechne die Strecke nach der Beschleunigung, die Ivy (m = 48 kg) mit ihrem Fahrrad (m = 11 kg) bei einer Reibungskraft von 14,00 N ausrollen kann.

6. A

Berechne die Zeit, die ein Dachdeckerlift benötigt, um Dachziegel mit einer Masse von 180 kg 12 m nach oben zu heben. Die Leistung des Lifts wird mit 1,3 kW angegeben.

7. A

Gärtner Gustav (m = 83,7 kg) schneidet seine quaderförmige 3,26 m hohe, 25,3 m lange und 2,46 m tiefe Hecke in 6,59 h. Dabei verwendet er eine elektrische Heckenschere mit einer 0,520 m langen Klinge. Beim Schneiden übt er eine mittlere Kraft von 56 N aus. Überlege, was du berechnen kannst.

Autoklasse	PS	kW
Kleinwagen	54	40
Mittelklassewagen	150	111
SUV	200	148

8. A

a) Werte die Tabelle mit den Leistungsdaten der Autoklassen aus und gib jeweils den Umrechnungsfaktor PS in kW und kW in PS an. Runde auf zwei sinnvolle Ziffern.
b) Fertige ein PS-kW-Diagramm an.
c) Lies aus dem Diagramm ab, welche kW-Angabe 100 PS und welcher PS-Wert 100 kW entsprechen.
d) Bei einem Supersportwagen wird die Leistung mit 1500 PS angegeben. Gib die Leistung in kJ an.

9. A

Erik und Alex heben Mineralwasserkisten auf die Ladefläche eines Lkws. Eine Kiste hat eine Masse von 17,0 kg, die Ladefläche hat eine Höhe von 1,60 m.

a) Beide Jungen laden 5 Kisten auf. Berechne jeweils die übertragene Energie.
b) Erik hat die 5 Kisten in 40,0 s aufgeladen, Alex hat eine Leistung von 27,2 W erbracht. Vergleiche die Leistungen und die Zeiten der beiden.

	Mechanische Leistung
Formel	$P = \frac{W}{t}$ mit $W = m \cdot g \cdot h$
Einheit	$1 \frac{Nm}{s} = 1 \frac{J}{s} = 1$ W
Beispielaufgabe	Bestimme die Leistung eines Krans, der in 25 s eine Arbeit von 260 kJ verrichten kann.
Rechnung	geg.: t = 25 s; W = 260 kJ ges.: P Lösung: $P = \frac{W}{t}$ $P = \frac{260 \text{ kJ}}{25 \text{ s}}$ $P = \frac{260 \cdot 10^3 \text{ J}}{25 \text{ s}}$ $P = 10,4 \cdot 10^3 \frac{J}{s} \approx 10$ kW **Antwort:** Der Kran hat eine Leistung von 10 kW.

	Wirkungsgrad
Formel	$\eta = \frac{W_{nutz}}{W_{zu}}$
Einheit	–
Beispielaufgabe	Ein Lift kann mit einer bereitgestellten Energie von 1,5 kJ eine Arbeit von 0,98 kJ verrichten. Bestimme den Wirkungsgrad.
Rechnung	geg.: W_{nutz} = 0,98 kJ; W_{zu} = 1,5 kJ ges.: η Lösung: $\eta = \frac{W_{nutz}}{W_{zu}}$ $\eta = \frac{0,98 \text{ kJ}}{1,5 \text{ kJ}}$ $\eta = 0,65$ **Antwort:** Der Lift hat einen Wirkungsgrad von 65 %.

Kraft wirkt auf eine Fläche

1. **A**
a) Julia und ihre Freundin Maite machen eine Schneewanderung. Beide haben die gleiche Masse und üben somit dieselbe Gewichtskraft auf den Schnee aus. Julia trägt Schneeschuhe, Maite Wanderschuhe. Beschreibe die jeweilige Auswirkung auf die Schneeoberfläche.
b) An einer Kreuzung treffen die beiden Dimitri. Er trägt ebenfalls Schneeschuhe. Alle drei spazieren weiter und versinken unterschiedlich stark im Schnee. Diskutiere verschiedene Möglichkeiten des Einsinkens. Variiere dabei die jeweilige Gewichtskraft und die Größe der Schneeschuhe von Dimitri.

2. **A**
a) Beschreibe den Unterschied zwischen einem platten und einem aufgepumpten Fahrradreifen.
b) Diskutiere die Gefahr eines zu stark aufgepumpten Fahrradreifens.

3. **Q**
Finde weitere Beispiele, die den Zusammenhang zwischen Temperatur und Druck bei Gasen beschreiben.

4. **A**
Handelsübliche Luftballons haben nach dem Aufpusten keine Kugelform. Begründe diese Tatsache.

1 Der Luftballon ist nicht rund.

5. **A**
a) Zeichne einen mit Wasser gefüllten Rundkolben. Zeichne die wirkenden Kräfte ein, wenn du den Stempel in den Rundkolben schiebst.
b) Zeichne den Rundkolben erneut, aber jetzt mit Öffnungen wie in Bild 4A. Zeichne auch hier die wirkenden Kräfte ein.
c) Beschreibe den Zusammenhang zwischen dem Betrag der aufgewendeten Kraft und dem Leeren des Rundkolbens.

Schneewandern

Bei einer Schneewanderung versinkst du tief im Schnee. Die Gewichtskraft, die aufgrund deiner Masse wirkt, presst den lockeren Schnee unter deinen Füßen zusammen. Der Schnee enthält Luft. Diese Luft wird durch die wirkende Kraft herausgepresst und der Schnee wird **komprimiert**.

2 Schneewanderung

Fläche verändern

Schnallst du dir Schneeschuhe oder Skier unter deine Füße, sinkst du weniger im Schnee ein als mit normalen Schuhen. Bei Schneeschuhen oder mit Skiern ist die Auflagefläche, mit der du den Schnee betrittst, viel größer als bei normalen Schuhen (Bild 2). Deine senkrecht zur Erdoberfläche wirkende Gewichtskraft ist gleich. Bei Schneeschuhen und Skiern wirkt sie aber auf eine größere Fläche.

Gewichtskraft verändern

Wandern Personen mit verschiedener Masse und gleichem Schuhwerk durch den Schnee, sinken sie unterschiedlich tief in den Schnee ein, wenn sie die gleiche Schuhgröße und damit Auflagefläche haben. Die Person mit der größeren Masse übt eine größere Gewichtskraft auf die Schneeoberfläche aus. Deshalb sinkt sie tiefer in den Schnee ein als eine Person mit einer geringeren Masse. Je größer deine Gewichtskraft ist, die auf die gleiche Fläche wirkt, desto tiefer sinkst du in den Schnee ein.

Fläche und Gewichtskraft

Sowohl über die Fläche als auch über die Gewichtskraft lässt sich beeinflussen, wie tief ein Körper in den Schnee einsinkt. Je größer die Gewichtskraft ist, desto größer ist auch die Wirkung auf die gleiche Fläche. Je kleiner die Fläche ist, desto größer ist die Wirkung bei gleicher Gewichtskraft.

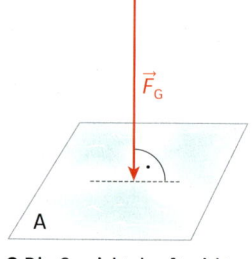

3 Die Gewichtskraft wirkt senkrecht auf die Fläche.

Flüssigkeiten sind inkompressibel

Hältst du bei einer vollständig mit Wasser gefüllten Spritze die Spitze zu und versuchst, den Stempel hineinzuschieben, wird dir das nicht gelingen. Egal, wie viel Kraft du aufbringst, du wirst diese **eingeschlossene Flüssigkeitsmenge** nicht komprimieren können. Denn Wasser ist **inkompressibel**, das Volumen ist nicht veränderbar.

Kraft wirkt senkrecht und allseitig

In Flüssigkeiten können sich die Teilchen gegeneinander verschieben. Deshalb passen sich Flüssigkeiten auch stets der jeweiligen Gefäßform an. Schiebst du einen Stempel in einen mit Wasser gefüllten Rundkolben, wirkt die ausgeübte Kraft überall gleich stark und **senkrecht** auf die Innenseite des Kolbens. Schiebst du den Stempel in einen Rundkolben, der mit Öffnungen wie in Bild 4A versehen ist, spritzt das Wasser überall senkrecht und gleichmäßig nach allen Seiten heraus. Es gibt keine Vorzugsrichtung, in die das Wasser stärker spritzt. Die Kraft wirkt von innen **gleichmäßig** und **allseitig** auf die Innenseite des Kolbens.

Je größer die Kraft ist, die du bei dem Rundkolben mit Öffnungen aufbringst, desto weiter spritzt das Wasser heraus und desto schneller ist der Rundkolben leer.

Der Zustand Druck

Wenn du einen schlappen Wasserball wieder aufpustest, ändert sich sein Volumen kaum, der Ball wird aber praller. Nach dem Aufpusten befinden sich im gleichen Volumen viel mehr Gasteilchen. Die Teilchen der eingeschlossenen Gasmenge bewegen sich ungeordnet und jeweils geradlinig bis zum nächsten Zusammenstoß mit anderen Teilchen oder mit der Innenwand des Balls. Je mehr Luftteilchen im Ball vorhanden sind, desto größer ist die Kraft, die von innen gegen die Ballhaut wirkt. Der Zustand im Innern dieses Balls beschreibt den **Druck** im Ball. Je größer die auf die Ballhaut wirkende Kraft ist, desto größer ist der Druck im Ball.

5 Ein praller Wasserball

Temperatur beeinflusst den Druck

Nimmst du den prallen Ball mit ins Wasser, wird er wieder schlapp. Obwohl sich die Anzahl der Teilchen nicht verändert hat, ändert sich der Zustand im Ball. Der Druck im Inneren hat sich verringert. Der Grund ist die Wassertemperatur. Sie ist geringer als die Temperatur der Luft im Ball. Die Luft im Ball wird durch den Kontakt des Balls mit dem Wasser abgekühlt. Je geringer die Temperatur der Luft ist, desto geringer ist die Teilchenbewegung und desto kleiner ist der Druck der eingeschlossenen Luftmenge.

Druck bei Gasen

Wird ein Gas eingeschlossen, greift an jeder Stelle der Begrenzungsfläche die gleiche Kraft an. Da die Kraft allseitig, gleichmäßig und senkrecht auf die Begrenzungsfläche wirkt, nimmt das Volumen immer eine Kugelform an, wenn die Beschaffenheit der Hülle an jeder Stelle gleich ist. Besonders gut kannst du das an Seifenblasen erkennen (Bild 6).

6 Seifenblasen sind rund.

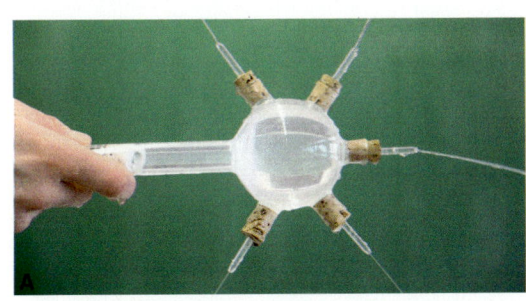

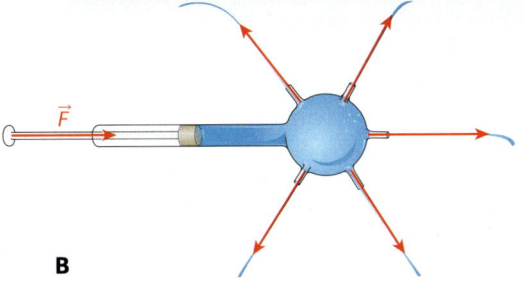

4 A Rundkolben mit Öffnungen, **B** Kraftwirkung

> Der Druck in einer eingeschlossenen Flüssigkeits- oder Gasmenge wird durch eine Kraft verursacht, die stets gleichmäßig, allseitig und senkrecht auf die Begrenzungsfläche wirkt. Der Druck beschreibt den Zustand dieses geschlossenen Systems.

Druck – eine abgeleitete Zustandsgröße

1.
Erkläre mithilfe des Teilchenmodells den Zusammenhang zwischen der wirkenden Gewichtskraft, der Stempelfläche und dem Druck in Bild 2.

2.
Zeichne anhand der Angaben in Bild 2 ein A-F-Diagramm. Diskutiere den Verlauf des Graphen und ziehe Schlussfolgerungen.

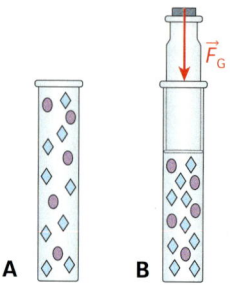

1 A offener Zylinder, **B** geschlossener Zylinder

Luft wird komprimiert

In einem offenen Zylinder befindet sich eine bestimmte Anzahl an Luftteilchen (Bild 1A). Wenn du in diesen Zylinder einen passenden Stempel hineinschiebst, wird die Luft komprimiert. Der Stempel nimmt einen Teil des ursprünglichen Volumens ein (Bild 1B). Du wirst es aber nie schaffen, dass der Stempel das Volumen des gesamten Zylinders einnimmt, auch wenn du die wirkende Kraft erhöhst. Denn die Luftteilchen benötigen Platz. Sie bewegen sich gegeneinander und üben eine Kraft gegen den Stempel aus. Die Einschubtiefe des Stempels ist ein Maß für den Druck, der in dem Zylinder herrscht. Je größer die Kraft ist, die auf den Stempel wirkt, desto kleiner wird das Volumen, in dem sich die Luftteilchen befinden, und desto höher ist der Druck im Zylinder.

Zusammenhang zwischen Kraft und Fläche

Beim Zylinder in Bild 2A wirkt eine Gewichtskraft auf den Stempel und erzeugt einen Druck im Zylinder. Ein Zylinder mit derselben Einschubtiefe und der doppelten Fläche besitzt ein doppeltes Volumen (Bild 2B). Damit der Druck ebenso groß ist wie in Zylinder A, müssen sich in Zylinder B doppelt so viele Luftteilchen befinden. Du benötigst eine doppelt so große Gewichtskraft, die auf den Stempel wirkt. Verdoppelst du die Zylinderfläche nochmals, benötigst du wiederum die doppelte Gewichtskraft, um den Stempel auf die gleiche Einschubtiefe zu bringen. Die Gewichtskraft muss nun viermal so groß sein wie bei Zylinder A (Bild 2C). Eine n-fache Fläche erfordert eine n-fache Gewichtskraft. Kraft und Fläche sind also direkt proportional zueinander.

3 A-F-Diagramm

Druck mathematisch

In einer geschlossenen Gasmenge herrscht ein Druck. Dabei gilt der Zusammenhang: $F \sim A$ und damit $\frac{F}{A}$ = konstant. Dies erkennst du auch im zugehörigen A-F-Diagramm. Der Graph ist eine Ursprungshalbgerade (Bild 3). Diese direkte Proportionalität gilt aber nur, wenn die Temperatur in dem geschlossenen System konstant bleibt.

Der Wert des Quotienten aus Kraft und Flächeninhalt entspricht dem **Druck p** (engl.: pressure). Die Maßeinheit des Druckes ist **Pascal (Pa)**. Sie ist nach dem französischen Physiker BLAISE PASCAL (1623 – 1662) benannt. 1 Pa ist der Druck, den eine Kraft von 1 N auf eine Fläche von 1 m² ausübt.

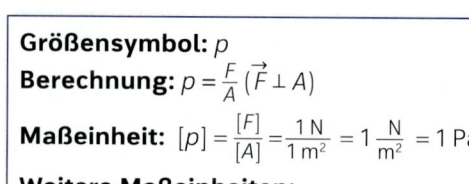

Größensymbol: p
Berechnung: $p = \frac{F}{A}$ ($\vec{F} \perp A$)

Maßeinheit: $[p] = \frac{[F]}{[A]} = \frac{1\,N}{1\,m^2} = 1\,\frac{N}{m^2} = 1\,Pa$

Weitere Maßeinheiten:
  1 bar = 1 · 10⁵ Pa = 1 · 10³ hPa
  1 mbar = 1 · 10² Pa = 1 hPa

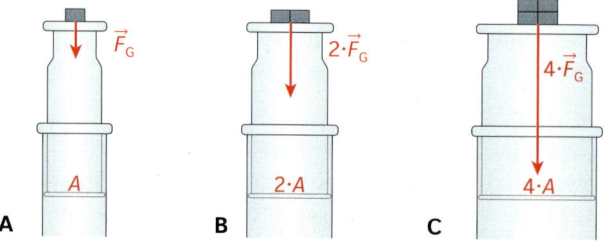

2 Zylinder mit: **A** einfacher, **B** doppelter, **C** vierfacher Fläche

Der Druck p ist eine abgeleitete Zustandsgröße. Er beschreibt die direkt proportionale Zuordnung von einer senkrecht wirkenden Kraft auf eine bestimmte Fläche bei konstanter Temperatur.

Mechanische Arbeit, Energie, Leistung und Druck

Das Messgerät für den Druck: Manometer

1.
a) Miss mit einem mit Wasser gefüllten Manometer den Luftdruck im Erdgeschoss und in der höchsten Etage deiner Schule. Notiere jeweils die Messwerte.
b) Berechne die Druckdifferenz, wenn 1 cm Höhendifferenz 1 hPa entspricht.
c) Vergleicht eure Messwerte und diskutiert mögliche Messungenauigkeiten.

2.
a) Verbinde wie in Bild 1 einen Zylinder samt Stempel mit einem Manometer. Beschwere den Stempel mit Wägestücken. Trage in eine Tabelle jeweils die Gewichtskraft auf dem Stempel ein und lies die Höhendifferenz am Manometer ab.
b) Bestimme den jeweiligen Druck, wenn 1 cm Höhendifferenz 1 hPa entspricht.

Offenes U-Rohr-Manometer

Ein Glasrohr, das u-förmig gebogen und mit einer Flüssigkeit gefüllt ist, ist ein **offenes U-Rohr-Manometer.** Es dient der Anzeige des Druckes. Sind die beiden Flüssigkeitssäulen im U-Rohr gleich hoch, ist der Druck in beiden Schenkeln gleich groß (Bild 1A). Wird die eine Seite des Manometers mit einem Zylinder verbunden und der Stempel mit einem Massestück beschwert, wirkt eine größere Kraft auf die Oberfläche der Flüssigkeit, bis eine gleichgroße Kraft im U-Rohr entgegenwirkt. Dadurch verschiebt sich die Flüssigkeit im U-Rohr. Der Flüssigkeitspegel im anderen Schenkel steigt. Es entsteht eine Höhendifferenz zwischen den beiden Flüssigkeitssäulen (Bild 1B). Bei einer Verdoppelung der Gewichtskraft verdoppelt sich auch die Höhendifferenz (Bild 1C).

Aus der Höhendifferenz der beiden Schenkel lässt sich die **Druckdifferenz** zwischen den beiden Seiten ablesen. Ist das Manometer mit Wasser gefüllt, so entspricht eine Höhendifferenz von 1 cm einem Druck von 1 hPa.

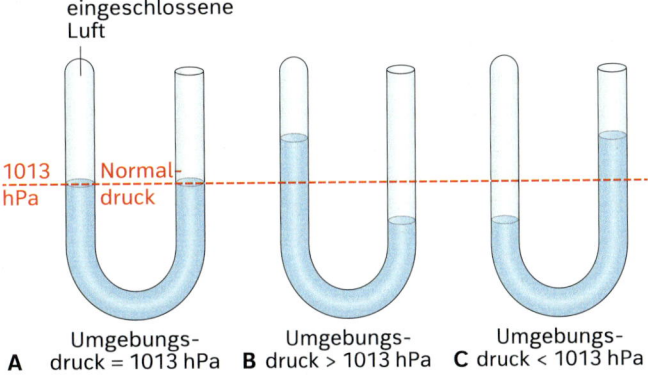

2 Ein geschlossenes U-Rohr-Manometer zeigt den Absolutdruck an.

Geschlossenes U-Rohr-Manometer

Bei einem **geschlossenen U-Rohr-Manometer** ist Luft in einem der Schenkel eingeschlossen (Bild 2). Das Manometer ist auf den **Normaldruck** von **1013 hPa** eingestellt. Dies entspricht dem Luftdruck auf Meereshöhe. Ist die Höhe in beiden Schenkeln ausgeglichen, entspricht der Umgebungsdruck dem Normaldruck (Bild 2A). Sobald der Umgebungsdruck auf der offenen Seite des Manometers vom Normaldruck abweicht, verschiebt sich die Flüssigkeit. Ist der Umgebungsdruck erhöht, steigt die Flüssigkeit auf der geschlossenen Seite nach oben und komprimiert das Gas. Wenn sich das Volumen des eingeschlossenen Gases halbiert, hat sich der Umgebungsdruck am offenen Ende verdoppelt (Bild 2B).
Bei niedrigerem Umgebungsdruck dehnt sich das Gas in der geschlossenen Seite aus, bis es den Umgebungsdruck angenommen hat. Dabei verschiebt das eingeschlossene Gas die Flüssigkeitssäule zur offenen Seite hin (Bild 2C). Der aktuell herrschende Umgebungsdruck wird auch als **Absolutdruck** bezeichnet.

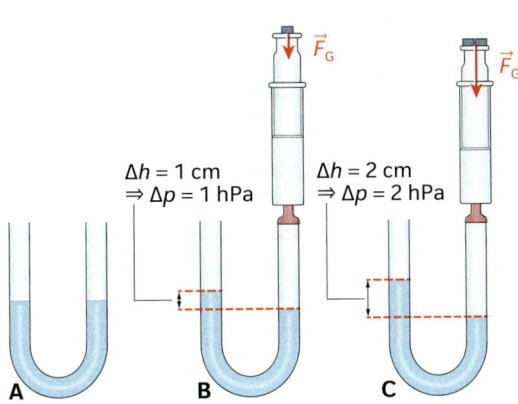

1 Zusammenhang zwischen Höhen- und Druckdifferenz

> Mit einem offenen U-Rohr-Manometer werden Druckdifferenzen gemessen. Mit einem geschlossenen Manometer kann der Absolutdruck ermittelt werden.

Hydraulische und pneumatische Kraftwandler  Protokoll

1.
a) Fülle eine große Spritze und einen Gummischlauch mit Wasser. Verbinde die Spritze über den Schlauch mit einer kleinen Spritze. Drücke das Wasser aus der großen Spritze in die kleine Spritze und wieder zurück.
b) Vergleiche die Kraft, mit der du bei beiden Spritzen auf den Stempel drückst, und den Weg, den die beiden Stempel zurücklegen.

2.
a) Berechne die notwendige Kraft F_1, wenn in Bild 2 $A_1 = 20$ cm², $A_2 = 90$ cm² und $F_2 = 13{,}5$ kN betragen.
b) Auf den Arbeitskolben in Bild 2 wirkt eine Kraft von $F_1 = 160$ kN. Berechne F_2.

3.
Beschreibe detailliert die Funktionsweise der Hebebühne in Bild 3. Gehe dabei besonders auf die Wirkung der Ventile ein.

4.
Das Auto in Bild 3 wird 1,60 m angehoben. Berechne
a) die Kraft F_1, die die Hydraulikpumpe aufbringen muss.
b) das Ölvolumen, das die Pumpe pumpen muss.
c) die Pumpdauer, wenn die Hydraulikpumpe eine Pumpleistung von $25 \frac{l}{min}$ hat.
d) die Anzahl der notwendigen Pumpzyklen, wenn die Hydraulikpumpe ein Pumpvolumen von 0,15 l hat.
e) den Druck, der in dem System herrscht.

5.
Die folgenden Bilder zeigen die Funktionsweise eines Presslufthammers. Erläutere die einzelnen Schritte. Gehe dabei besonders auf die Rolle der Ventile ein.

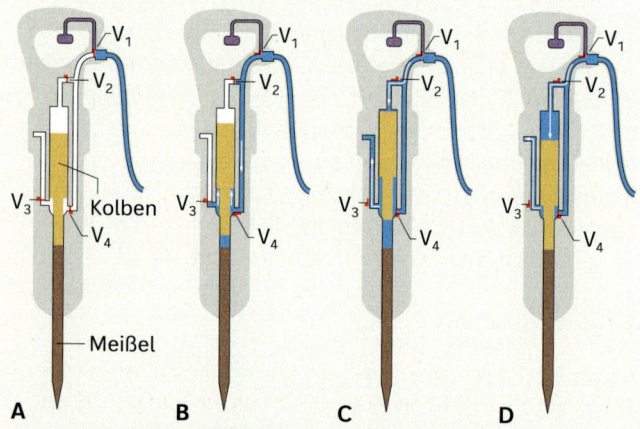
1 Aufbau und Funktionsweise eines Presslufthammers

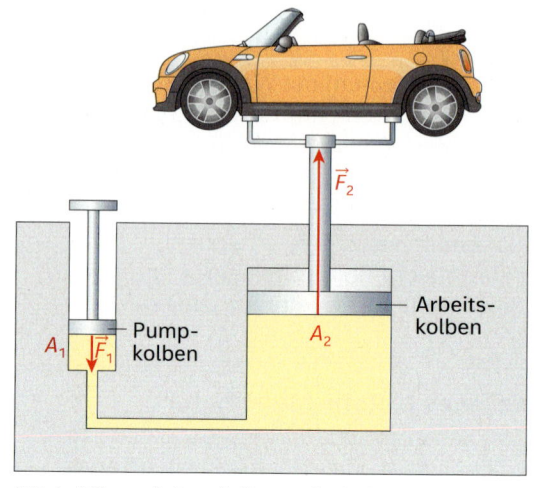
2 Hebebühne mit Pumpkolben und Arbeitskolben

In der Autowerkstatt
Ein Auto kommt in der Autowerkstatt auf eine **Hebebühne**. Die Hebebühne hebt das Auto an und die Monteurin oder der Monteur kann problemlos unter das Auto schauen.
Eine Hebebühne ist ein **geschlossenes hydraulisches System** (altgriech.: hýdor; Wasser und aulós; Rohr), das mit Hydrauliköl gefüllt ist. Es besteht aus einem **Pumpkolben** und einem **Arbeitskolben** (Bild 2). Wirkt eine Kraft $\vec{F}_1$ auf den Pumpkolben, so wird dieser nach unten gedrückt. Die verdrängte Ölmenge wirkt mit der Kraft $\vec{F}_2$ gegen den Arbeitskolben und hebt ihn zusammen mit dem Auto an. Die Hebebühne ist ein **Kraftwandler**. Sie hebt mit einer kleinen Kraft eine große Masse an.

Auf der Hebebühne
Der Pumpkolben hat eine Fläche A_1, die Fläche des Arbeitskolbens beträgt A_2. In einem geschlossenen System ist der Druck an jeder Stelle gleich groß. Es gilt: $p = p_1 = p_2$ mit $p = \frac{F}{A}$
Damit gilt für die Hebebühne:

$$p_1 = p_2 \Leftrightarrow \frac{F_1}{A_1} = \frac{F_2}{A_2}$$

Ventile sind Schaltelemente
Häufig stammt das Öl für das Hydrauliksystem aus einem Vorratsbehälter (Bild 4). Aus dem Behälter wird Öl in das System eingebracht oder daraus abgelassen. **Ventile** steuern diesen Ölfluss, indem sie die Leitung sperren und nur bei Bedarf öffnen.

Basiskonzepte S. 69

Mechanische Arbeit, Energie, Leistung und Druck

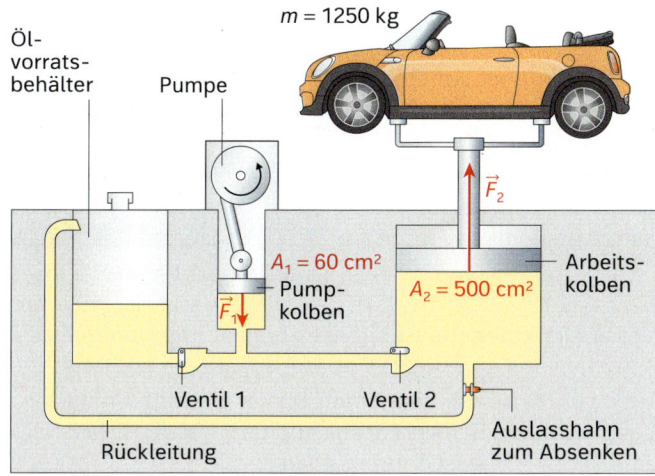

3 Hebebühne mit Ölvorratsbehälter

Beispielaufgabe
Der Pumpkolben einer Hebebühne hat eine Fläche von 10 cm², die Fläche des Arbeitskolbens beträgt 1,0 m². Berechne die benötigte Kraft F_1, um ein Auto mit der Masse von 750 kg anzuheben.

geg.: $A_1 = 10$ cm², $A_2 = 1,0$ m², $m = 750$ kg, $g = 9,81 \frac{N}{kg}$
ges.: F_1
Lösung: $\frac{F_1}{A_1} = \frac{F_2}{A_2} \Leftrightarrow F_1 = \frac{F_2 \cdot A_1}{A_2}$ mit $F_2 = m \cdot g$

$$F_2 = m \cdot g = 750 \text{ kg} \cdot 9{,}81 \tfrac{N}{kg} = 7{,}36 \text{ kN}$$

$$F_1 = \frac{7{,}36 \text{ kN} \cdot 10 \text{ cm}^2}{1{,}0 \cdot 10^4 \text{ cm}^2} = 0{,}0074 \text{ kN} = 7{,}4 \text{ N}$$

Antwort: Um das Auto anzuheben, wird eine Kraft von 7,4 N benötigt.

Pneumatik: Energieübertragung mittels Druckluft
In vielen Werkstätten befinden sich **pneumatische Leitungen** (griech.: pneuma; Hauch, Wind). In diesen Druckluftleitungen herrscht ein Druck von mehr als $2 \cdot 10^6$ Pa. Dieser Druck wird eingesetzt, um mit pneumatischen Werkzeugen mechanische Arbeit zu verrichten. Aus Sicherheitsgründen werden beispielsweise in Autowerkstätten Druckluftschrauber für die Reifenmontage eingesetzt. Die Energie der Druckluft wird genutzt, um Schrauben zu lösen oder festzudrehen.

Für den Außeneinsatz von Druckluftwerkzeugen wie einem Presslufthammer werden **mobile Kompressoren** eingesetzt (Bild 4). Sie verdichten die Umgebungsluft und leiten sie über Schläuche an den Presslufthammer weiter. Druckluftwerkzeuge sind geschlossene **pneumatische Systeme**, die als Kraftwandler eingesetzt werden.

Pneumatische Ventile
Um den Druck innerhalb des Systems zu steuern, gibt es auch in der Pneumatik Ventile. Wird das Ventil geöffnet, strömt die Luft mit hohem Druck aus und verrichtet dabei mechanische Arbeit. Anschließend wird die Luft an die Umgebung abgegeben.

Die goldene Regel der Mechanik
Bei der Hebebühne wirkt die Kraft des Pumpkolbens nach unten, während die Kraft des Arbeitskolbens nach oben wirkt. Ebenso verändert sich der Betrag der Kraft und auch der Angriffspunkt der Kraft. So kann eine kleine Kraft eine große Kraft bewirken, indem der Weg der kleinen Kraft verlängert wird. Denn bei einem Kraftwandler hat eine Verringerung der Kraft immer eine Verlängerung des Weges zufolge.
Bei allen Kraftwandlern gilt die goldene Regel der Mechanik. Der zufolge kann keine mechanische Arbeit eingespart werden.

Mit $W = F \cdot s$ gilt
für den Pumpkolben $\quad W_1 = F_1 \cdot s_1$
und für den Arbeitskolben $\quad W_2 = F_2 \cdot s_2$
aus $W_1 = W_2 \quad \Rightarrow \quad F_1 \cdot s_1 = F_2 \cdot s_2$
Aus dieser Gleichung folgt:
Ist $F_1 < F_2$, muss $s_1 > s_2$ sein und umgekehrt.

4 Druckluft aus einem mobilen Kompressor

Mit hydraulischen und pneumatischen Kraftwandlern werden der Angriffspunkt, die Richtung und der Betrag der Kraft in Abhängigkeit von der Fläche geändert. Dabei ändert sich jeweils mindestens ein Bestimmungsstück.

Basiskonzepte S. 69

Der Schweredruck in Flüssigkeiten

1.
Puste einen kleinen Wasserballon leicht auf, knote ihn zu und binde ihn an einen Stab. Tauche den Ballon mithilfe des Stabes in unterschiedliche Tiefen eines hohen mit Wasser gefüllten Glasgefäßes. Beschreibe deine Beobachtungen.

2.
Berechne jeweils den Absolutdruck und den Schweredruck, dem ein Taucher
a) in 10 m Tiefe,
b) in 17 m Tiefe,
c) in 25 m Tiefe ausgesetzt ist.

3.
Eine Staumauer von Speicherseen ist unten am Fuß stets dicker gebaut als oben an der Krone. Erkläre die Notwendigkeit dieser Bauweise.

1 Staudamm am Biggesee

4.
Der höchstgelegene Gebirgssee liegt in Argentinien in 6390 m Höhe und heißt Ojos-del-Salado. Er hat eine Tiefe von 10 m. Der Umgebungsdruck beträgt 440 hPa. Bestimme den Schweredruck und den Absolutdruck für eine Taucherin am Grund des Sees.

Schweredruck im Wasser
Wenn du einen aufgepusteten Luftballon unter Wasser tauchst, wird er immer kleiner, je tiefer er eintaucht. Auf den Ballon wirkt die Gewichtskraft der Wassersäule über ihm. Es entsteht ein Druck, der von allen Seiten auf den Ballon wirkt. Dieser Druck wird **Schweredruck** oder **hydrostatischer Druck** genannt.
In einer bestimmten Wassertiefe ist der Schweredruck immer gleich groß. Das gilt unabhängig vom Ort. Außerdem nimmt der Schweredruck mit zunehmender Tiefe zu.

Schweredruck und Absolutdruck
Der Normaldruck auf Meereshöhe beträgt 1013 hPa oder rund 1 bar. Dieser Druck lastet in Meereshöhe immer auf der Wasseroberfläche. Schwimmt ein Körper an der Wasseroberfläche, wirkt nur der Normaldruck auf ihn. Das entspricht dem Schweredruck in Flüssigkeiten, wenn der Körper eine **freie Oberfläche** besitzt.
Mit jeweils 10 m Tiefe nimmt der Schweredruck um je $1{,}0 \cdot 10^3$ hPa oder 1,0 bar zu. Im h-p-Diagramm ist der Graph für den Schweredruck eine Ursprungshalbgerade. $1{,}0 \cdot 10^3$ hPa entspricht dem Druck einer Wassersäule von 10 m über dem Körper. Dies spürt auch ein Taucher, der sich im Wasser befindet. In 10 m Tiefe wirkt der Schweredruck von $1{,}0 \cdot 10^3$ hPa auf ihn und zusätzlich der Normaldruck auf Meereshöhe von rund $1{,}0 \cdot 10^3$ hPa. Insgesamt ist der Taucher in 10 m Tiefe also einem Druck von $2{,}0 \cdot 10^3$ hPa ausgesetzt. Die Summe aus dem Schweredruck in einer bestimmten Tiefe und dem Normaldruck auf der Wasseroberfläche ergibt den Absolutdruck, dem der Taucher ausgesetzt ist (Bild 2).
Im **h-p-Diagramm** ist der Graph für den Absolutdruck eine gegenüber dem Graph des Schweredrucks nach oben verschobene Parallele (Bild 3).

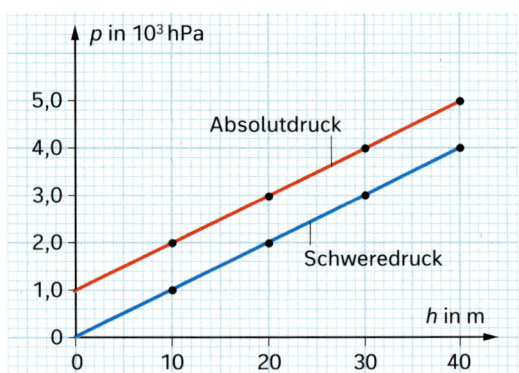
2 Normaldruck, Schweredruck und Absolutdruck

3 h-p-Diagramm für Wasser

> Der Schweredruck von Wasser beschreibt im h-p-Diagramm eine Ursprungshalbgerade. Je 10 m Wassersäule nimmt der Schweredruck um 1 bar = $1 \cdot 10^3$ hPa zu. Schwimmt ein Körper mit freier Oberfläche auf Meereshöhe entspricht der Schweredruck dem Normaldruck 1013 hPa.

Mechanische Arbeit, Energie, Leistung und Druck | 59

Ein Tauchgang muss geplant sein!

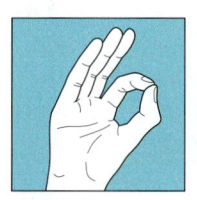
Alles Okay!

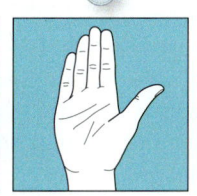
Stop!

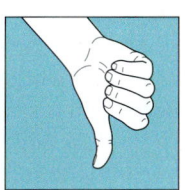
Abtauchen

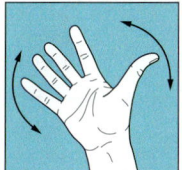
Etwas stimmt nicht

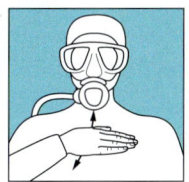
Ich habe keine Luft!

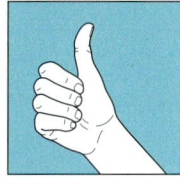
Auftauchen

Zeichensprache
Die wichtigste Tauchregel lautet: **„Tauche nie alleine!"** Damit sich Taucherinnen und Taucher unter Wasser verständigen können, benötigen sie Zeichen. Die Taucherzeichen sind festgelegt. Jede Taucherin und jeder Taucher muss die Unterwasserzeichen beherrschen.

Im Wasser atmen
Auf der Erde atmet ein Mensch etwa 25 l Luft pro Minute ein. Auch im Wasser muss das gesamte Lungenvolumen mit Luft gefüllt werden. Das Lungenvolumen ist im Wasser unverändert. Auch in 10 m Tiefe benötigt ein Mensch 25 l Luft pro Minute. Allerdings befinden sich in diesem Luftvolumen doppelt so viele Luftteilchen wie an der Erdoberfläche. 25 l Luft in 10 m Tiefe entsprechen 50 l Luft an der Erdoberfläche. Der Taucher entnimmt also in 10 m Tiefe mit jedem Atemzug die doppelte Menge Luft aus der Tauchflasche.

Kompressor
Um Tauchflaschen mit Atemluft zu füllen, werden sie an einen **Kompressor** angeschlossen. Dieser presst Luft in die Flaschen. Bei Tauchflaschen wird der Druck immer in bar (10 bar = 1 MPa) angegeben.

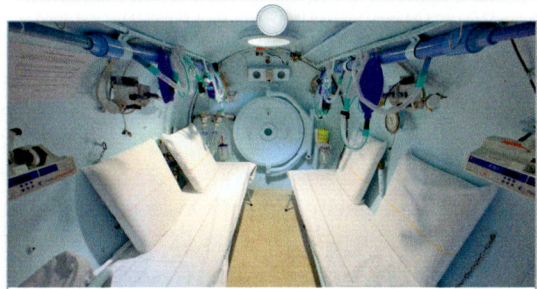

Druckkammer
Unter Wasser herrscht ein größerer Druck als an der Wasseroberfläche. Der Körper passt sich diesen Bedingungen an und bindet mehr Gas im Blut und im Körper. Beim Auftauchen muss das zusätzliche Gas wieder abgegeben werden. Dieser Vorgang heißt **Dekompression.** Wenn der Taucher zu schnell aufsteigt, werden die Gasbläschen immer größer und die Blutbahnen können reißen. Es besteht Lebensgefahr! Ist ein Taucher zu schnell aufgetaucht, muss er sofort in eine **Druckkammer.** Dort wird der Druck langsam dem Umgebungsdruck angepasst. Dieser Vorgang kann mehrere Stunden dauern.

PINNWAND

1.
Eine Taucherin benötigt für jeden Atemzug 25 l Luft pro Minute. Berechne, wie viel Luft sie für einen 10-minütigen Tauchgang in 10 m, in 20 m, in 30 m Tiefe benötigt.

2.
Begründe, wodurch beim Tauchen das unangenehme Gefühl in den Ohren zustande kommt.

3.
a) Ein Tauchunfall wird auch Dekompressionsunfall genannt. Erkläre diesen Begriff.
b) Halte einen Kurzvortrag zur Dekompressionskrankheit.

Das hydrostatische Paradoxon

1.
a) Stelle eine Vermutung auf, bei welchem der Gefäße in Bild 2 der Druck am Boden am stärksten ist, wenn alle Gefäße mit gleicher Grundfläche gleich hoch mit Wasser gefüllt werden.
b) Begründe deine Vermutung.

2.
Fülle verschieden geformte Gefäße mit gleicher Grundfläche wie in Bild 2 gleich hoch mit Wasser und vergleiche die auf die Membran wirkenden Kräfte. Vergleiche die Ergebnisse mit deiner Vermutung aus Aufgabe 1.

3.
Berechne jeweils den Druck am Boden eines hohen Becherglases, das bis zu einer Höhe von 20,0 cm mit Ethanol oder Quecksilber gefüllt wäre.

4.
Recherchiere den Fassversuch von BLAISE PASCAL (Bild 1) und bestätige ihn mit einer Rechnung.

1 Fassversuch

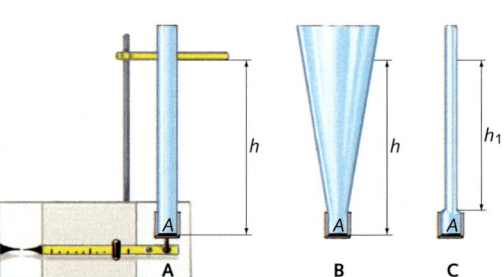

2 Gefäße zum hydrostatischen Paradoxon

Verschiedene Formen – gleiche Grundfläche

Das Gefäß B in Bild 2 enthält bei der Höhe h eine größere Wassermenge als das Gefäß A. Obwohl die Wassermenge in Gefäß B eine größere Gewichtskraft besitzt, ist der Druck in beiden Gefäßen gleich groß. Der hydrostatische Druck wird nur von der über dem Boden liegenden Wassersäule erzeugt. Das Wasser über den schrägen Wänden wird von diesen Wänden getragen. Das Gefäß C ist über die Höhe h_1 mit einer geringeren Wassermenge gefüllt. Sie besitzt eine kleinere Gewichtskraft. Durch den hydrostatischen Druck der Wassersäule mit der Höhe h_1 wird aber auf die waagerechte Wand im Knick des Gefäßes auch eine Kraft nach oben ausgeübt, da der Druck nach allen Seiten wirkt. Nach dem Wechselwirkungsprinzip übt die starre Glaswand eine gleich große und in entgegengesetzter Richtung wirkende Kraft auf das Wasser aus.

Hydrostatischer Druck – mathematisch

Wie groß ist der hydrostatische Druck oder Schweredruck p_S des Wassers in einer bestimmten Tiefe h?
Für einen Glaszylinder wie in Bild 2A mit der Grundfläche A und einer Höhe h, der mit Wasser gefüllt ist, gilt folgendes:
- Gewichtskraft des Wassers: $F_G = m \cdot g$
- Masse des Wassers: $m = \varrho_{Fl} \cdot V$
- Volumen des Zylinders: $V = A \cdot h$

Damit gilt für den Schweredruck: $p_S = \frac{F_G}{A}$

mit $F_G = m \cdot g$ $\Rightarrow$ $p_S = m \cdot \frac{g}{A}$
mit $m = \varrho_{Fl} \cdot V$ $\Rightarrow$ $p_S = \varrho_{Fl} \cdot V \cdot \frac{g}{A}$
mit $V = A \cdot h$ $\Rightarrow$ $p_S = \varrho_{Fl} \cdot A \cdot h \cdot \frac{g}{A}$

$$\Rightarrow p_S = \varrho_{Fl} \cdot h \cdot g$$

Folglich ist der hydrostatische Druck oder der Schweredruck einer Flüssigkeitssäule abhängig von der Dichte der Flüssigkeit, ihrer Höhe und dem Ortsfaktor, nicht aber von ihrer Grundfläche.

Beispielaufgabe

Berechne den Druck am Boden eines Glases, das mit 25,0 cm Wasser gefüllt ist.

Lösung: $p_S = \varrho_{Wasser} \cdot h \cdot g$ mit $g = 9{,}81 \frac{N}{kg}$

$p_S = 1{,}0 \frac{g}{cm^3} \cdot 25{,}0 \text{ cm} \cdot 0{,}00981 \frac{N}{g}$

$p_S \approx 0{,}25 \frac{N}{cm^2} = 2{,}5 \cdot 10^3 \text{ Pa} = 25 \text{ hPa}$

Antwort: Das Wasser übt einen Druck von 25 hPa auf die Grundfläche des Glases aus.

Hydrostatisches Paradoxon

Die verschieden geformten Gefäße in Bild 2 besitzen alle die gleiche Grundfläche A und sind gleich hoch mit Wasser gefüllt. Somit sind die Gewichtskräfte in den Gefäßen unterschiedlich groß. Jedoch zeigen die Messungen, dass der hydrostatische Druck auf dem Boden gleich groß ist. Dies erscheint auf den ersten Blick paradox und wird deswegen **hydrostatisches Paradoxon** genannt.

> Der hydrostatische Druck ist unabhängig von der Fläche der sich darüber befindlichen Wassersäule.

Mechanische Arbeit, Energie, Leistung und Druck

Der Schweredruck in der Anwendung

1. 🅐
a) Erläutere, woran du an der Schlauchwaage in Bild 1 erkennst, dass das Band nicht waagerecht gespannt ist.
b) Überlege, ob die beiden Gefäße an den Enden der Schlauchwaage Skalen haben müssen. Begründe deine Meinung.
c) Begründe, dass die Schlauchwaage ein besseres Ergebnis ermöglicht als ein Maßband oder eine Wasserwaage.

2. 🅥
a) Beschreibe im Bild 2 das Versuchsgerät und die einzelnen Gefäße.
b) Vermute und begründe, auf welcher Höhe der Wasserstand in den einzelnen Gefäßen stehen wird, wenn das große Glasgefäß zur Hälfte gefüllt ist.
c) Fülle das Gefäß mit Wasser und beschreibe deine Beobachtungen während des Versuches.

1 Schlauchwaage

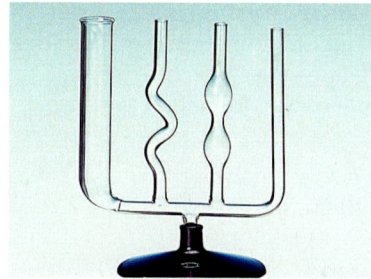
2 Verbundene Gefäße

3 Siphon als Geruchssperre

4 Flüssigkeitsstand

5 Gießkanne

Verbundene Gefäße
Die Bilder auf dieser Seite zeigen Anwendungen des Schweredruckes von Flüssigkeiten. Bei allen Geräten siehst du Gefäße, die miteinander verbunden sind, oben offen sind und in denen Wasser oder Öl enthalten ist. Es sind **verbundene Gefäße**.
Wird ein Gefäß gefüllt, steigt die Flüssigkeit im benachbarten Gefäß so lange, bis beide Flüssigkeitsspiegel gleich hoch sind. Die Flüssigkeit im Verbindungsschlauch oder -rohr kommt dann zur Ruhe, wenn an jeder Stelle derselbe Druck herrscht. Der Schweredruck hängt nur von der Flüssigkeitshöhe, nicht aber vom Durchmesser des Schlauches oder des Rohres ab. Daher steht in verbundenen Gefäßen die Flüssigkeit immer gleich hoch.

Anwendung in der Technik
Das gebrauchte Wasser aus Waschbecken wird ins Abwassernetz eingeleitet. Damit der Geruch aus dem Abwasserkanal nicht in die Wohnung gelangt, befindet sich unter den meisten Waschbecken ein u-förmiges Rohr, das mit Wasser gefüllt ist. Es dient als Geruchssperre und heißt **Siphon** (Bild 3). Da die beiden Schenkel des Rohres miteinander verbunden sind, ist der Schweredruck in beiden Rohren gleich groß.

In Bild 4 siehst du die Anzeige eines Ölstandes. Der Kessel ist verschlossen, hat aber nach außen ein Glasrohr, in dem der Flüssigkeitsstand im Innern angezeigt wird.

Auch bei der Gießkanne wirkt das Prinzip der verbundenen Gefäße. Der Ausguss der Gießkanne sollte deshalb gleich hoch oder höher sein als die Einfüllöffnung (Bild 5).

> Der Druck in offenen, verbundenen Gefäßen ist an jeder Stelle gleich groß. Daher ist der Flüssigkeitsspiegel immer gleich hoch.

Berechnungen zu Druck, Schweredruck, Kraftwandler

Druck

Gleichung	$p = \dfrac{F}{A}$
Beispielaufgabe	Eine Kraft von 2,0 N wirkt auf eine Grundfläche von 200 mm². Berechne den Druck.
Rechnung	geg.: $F = 2{,}0$ N, $A = 200$ mm²
	ges: p
	Lösung: $p = \dfrac{F}{A}$ $p = \dfrac{F}{A} = \dfrac{2{,}0\,\text{N}}{200\,\text{mm}^2}$ $p = 0{,}010\,\dfrac{\text{N}}{\text{mm}^2}$
	Antwort: Es herrscht ein Druck von $0{,}010\,\dfrac{\text{N}}{\text{mm}^2}$.

Schweredruck

Gleichung	$p_S = \varrho \cdot h \cdot g$
Beispielaufgabe	Berechne den Schweredruck von Wasser in 15,0 m Tiefe.
Rechnung	geg.: $\varrho_{\text{Wasser}} = 1{,}00\,\dfrac{\text{g}}{\text{cm}^3} = 1{,}00 \cdot 10^3\,\dfrac{\text{kg}}{\text{m}^3}$, $h = 15{,}0$ m, $g = 9{,}81\,\dfrac{\text{N}}{\text{kg}}$
	ges: p_S
	Lösung: $p_S = \varrho \cdot h \cdot g$ $p_S = 1{,}00 \cdot 10^3\,\dfrac{\text{kg}}{\text{m}^3} \cdot 15{,}0\,\text{m} \cdot 9{,}81\,\dfrac{\text{N}}{\text{kg}}$ $p_S = 147\,\dfrac{\text{N}}{\text{m}^2} = 147$ Pa
	Antwort: Der Schweredruck in 15,0 m Tiefe beträgt 147 Pa.

Kraftwandler

Gleichung	$\dfrac{F_1}{A_1} = \dfrac{F_2}{A_2}$
Beispielaufgabe	Berechne die Kraft auf eine Fläche von 8,0 cm², die eine Pumpe mit der Kraft von 5,0 N und einer Fläche von 5 mm² aufbringen kann.
Rechnung	geg.: $F_1 = 5{,}0$ N, $A_1 = 5$ mm², $A_2 = 8{,}0$ cm²
	ges: F_2
	Lösung: $F_2 = \dfrac{F_1 \cdot A_2}{A_1}$ $F_2 = \dfrac{5{,}0\,\text{N} \cdot 8{,}0 \cdot 10^2\,\text{mm}^2}{5\,\text{mm}^2}$ $F_2 = 0{,}8$ kN
	Antwort: Die Pumpe kann eine Kraft von 0,8 kN aufbringen.

1.
a) Ein Elefant hat eine Masse von 5,5 t. Jeder Fuß hat eine Fläche von 0,10 m². Berechne den Druck, den der Elefant auf den Untergrund erzeugt.
b) Berechne den Druck, der sich beim Laufen ergibt, wenn jeweils ein Fuß des Elefanten in der Luft ist.

2.
Eine Ballerina hat eine Masse von 52 kg. Wenn sie eine Pirouette dreht, steht sie auf dem Ballettschuh mit einer Fläche von 15 cm². Berechne den Druck, der beim Tanzen ausgeübt wird.

3.
Ein Helfer hat eine Masse von 80,0 kg. Die Schuhsolen haben eine Flächeninhalt von 400 cm². Bei der Rettung einer im Eis eingebrochenen Person liegt der Retter auf einer Leiter, die seine Gewichtskraft auf eine Fläche von 1,50 m² verteilt. Berechne den Druck mit und ohne Leiter.

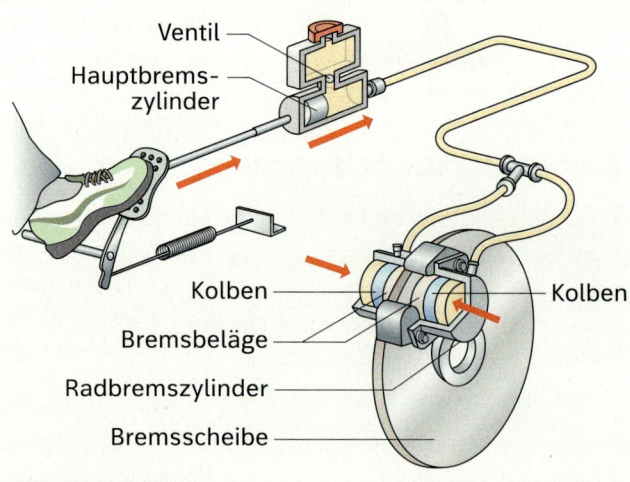

1 Autobremsanlage

4.
a) Erkläre die Funktionsweise einer Autobremsanlage anhand von Bild 1.
b) Erläutere die Folgen eines geplatzten Schlauches zwischen den Zylindern.

5.
Hydraulische Kraftwandler besitzen einen Vorratsbehälter für Hydrauliköl. Erläutere diese Notwendigkeit.

6.
Die Trieste von Jacques Piccard erreichte 1960 den Meeresboden des Marianengrabens in 10916 m Tiefe. Berechne den hydrostatischen Druck auf die Tauchkugel ($d = 2{,}18$ m).

2 Trieste mit Tauchkugel

7.
Eine Wassersäule erzeugt auf einer Fläche von 2,34 m² einen Schweredruck von $28{,}4 \cdot 10^5$ Pa. Berechne die Höhe der Wassersäule.

8.
a) Eine Flüssigkeitssäule mit einer Höhe von 1,24 m erzeugt einen Schweredruck von 15,3 kPa. Bestimme die Flüssigkeit.
b) Berechne den Schweredruck, den diese Flüssigkeitssäule auf dem Mond erzeugen würde.

9.
Die Pumpfläche eines Kraftwandlers beträgt 280 mm². Auf diese Fläche übt Leon eine Kraft von 14 N aus und kann damit eine Kraft von 340 N aufbringen. Berechne die Größe der Arbeitsfläche.

10.
Ein Hubwagen soll eine Masse von 180 kg anheben können. Über eine Fläche von 10 mm² wird auf den Pumpkolben eine Kraft von 8,0 N aufgebracht. Berechne die Hubfläche des Hubwagens.

11.
a) Du drückst den Stempel in eine luftgefüllte, verschlossene Spritze. Begründe, dass der Kolben von selbst herausschnellt, wenn du ihn loslässt.
b) Gib an, wie sich der Stempel verhält, wenn die Spritze voll Wasser ist.

12.
Gib die Kraft an, die jeweils auf den Kolben der drei verbundenen Spritzen in Bild 3 wirkt.

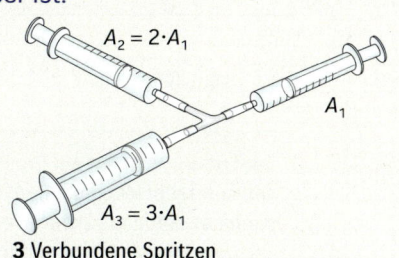

3 Verbundene Spritzen

Beispielaufgabe
Auf einer Hebebühne wird ein Auto mit einer Gewichtskraft von 1,8 kN um 1,60 m angehoben. Der Arbeitskolben hat eine Fläche von 720 cm², die Fläche des Pumpkolbens beträgt 20,0 cm².

a) Berechne die Kraft des Motors auf den Pumpkolben.
geg.: $F_2 = 1{,}8$ kN $= 1{,}8 \cdot 10^3$ N; $A_2 = 720$ cm², $A_1 = 20{,}0$ cm²
ges.: F_1
Lösung: $\dfrac{F_1}{A_1} = \dfrac{F_2}{A_2} \Leftrightarrow F_1 = \dfrac{F_2 \cdot A_1}{A_2}$

$F_1 = \dfrac{1{,}8 \cdot 10^3 \text{ N} \cdot 20{,}0 \text{ cm}^2}{720 \text{ cm}^2} = 50$ N

Antwort: Die Kraft des Motors wirkt mit 50 N auf den Pumpkolben.

b) Gib die Anzahl der Pumpstöße des Pumpkolbens an, wenn dieser einen Weg von 10,0 cm zurücklegen kann.
geg.: $A_1 = 20{,}0$ cm²; $A_2 = 720$ cm²; $s_2 = 1{,}60$ m; $s_1 = 0{,}100$ m
ges.: n
Lösung: $A_1 \cdot s_1 = n \cdot A_2 \cdot s_2$

$n = \dfrac{A_1 \cdot s_1}{A_2 \cdot s_2} = \dfrac{720 \text{ cm}^2 \cdot 1{,}60 \text{ m}}{20{,}0 \text{ cm}^2 \cdot 0{,}100 \text{ m}}$

$n = 576$

Antwort: Es sind 576 Pumpstöße notwendig.

c) Berechne den Druck im Hydrauliköl.
geg.: $F_2 = 1{,}8$ kN $= 1{,}8 \cdot 10^3$ N; $A_2 = 720$ cm² $= 0{,}0720$ m²
ges.: p_2
Lösung: $p_2 = \dfrac{F_2}{A_2} = \dfrac{1{,}8 \cdot 10^3 \text{ N}}{0{,}0720 \text{ m}^2} = 25$ kPa

Antwort: Es herrscht ein Druck von 25 kPa.

d) Zeige, dass die mechanische Arbeit $W_{hub} = 2{,}9$ kJ beträgt. Berechne die benötigte Energie, wenn die Hebebühne einen Wirkungsgrad von 63 % hat.
geg.: $W_{hub} = 2{,}9$ kJ; $\eta = 0{,}63$
ges.: W_{hub}, $E_{zu} = W_{zu}$
Lösung: $W_{hub} = F_2 \cdot s_2 = 1{,}8$ kN $\cdot 1{,}60$ m $= 2{,}9$ kJ

$\eta = \dfrac{W_{nutz}}{W_{zu}} \Leftrightarrow W_{zu} = \dfrac{W_{nutz}}{\eta}$

$W_{zu} = \dfrac{2{,}9 \text{ kJ}}{0{,}63} = 4{,}6$ kJ

Antwort: Die benötigte Energie der Hebebühne beträgt 4,6 kJ.

Luft hält uns unter Druck

1.
Zeichne mithilfe der Messwerte aus der folgenden Tabelle ein *h-p*-Diagramm.

h in 10^3 m	0	1,0	2,0	3,0	4,0	5,0	6,0	7,0	8,0	9,0
p in hPa	1013	891	784	689	606	533	469	413	363	317

2.
Vergleiche den Schweredruck des Wassers mit dem Luftdruck. Zeichne beide Graphen in ein gemeinsames Koordinatensystem. Überlege dir vorher die Maßstäbe der beiden Koordinatenachsen.

3.
Ermittle Luftdruckrekorde, die in Deutschland und weltweit gemessen wurden.

4.
a) Wenn du mit einer Seilbahn auf einen Berg hinauf- oder von ihm hinunterfährst, bekommst du ein unangenehmes Gefühl in den Ohren. Erkläre dieses Phänomen.
b) Durch einen Druckausgleich kannst du dir Linderung verschaffen. Beschreibe dein Vorgehen.

5.
Fülle etwas Wasser in eine leere Getränkedose und bringe das Wasser über einer Flamme zum Sieden. Tauche die Dose mit der Öffnung nach unten in ein Gefäß mit kaltem Wasser. Beschreibe und erkläre deine Beobachtungen.

Der Luftdruck
Zwar spürst du die Gewichtskraft der Luft nicht, sie ist aber trotzdem da. Die Luftsäule, die sich von der Erdoberfläche bis zur äußeren Grenze der Atmosphäre erstreckt, hat eine Höhe von etwa 10 km. Diese Luftsäule lastet auf jedem von uns. Wir leben auf dem Grund eines Luftmeeres.

Der Luftdruck hängt von der Höhe ab
Die Gewichtskraft der Luftsäule wirkt auf die Erdoberfläche. In Meereshöhe beträgt dieser **Luftdruck 1013 hPa.** Je größer der Abstand zum Erdmittelpunkt ist, desto geringer ist die wirkende Gewichtskraft der Luft und damit der herrschende Luftdruck. Deshalb ist der Luftdruck auf einem Berg stets geringer als am Meer.

Die Luft wird dünner
Schon in 3000 m Höhe beträgt der Luftdruck nur noch $0,6 \cdot 10^3$ hPa. Die Dichte der Luft ist geringer als auf Meeresniveau. Die Zusammensetzung der Luft aus den Einzelkomponenten Stickstoff (78 %) und Sauerstoff (21 %) ist auch in dieser Höhe unverändert. Aber in einem bestimmten Volumen befinden sich 40 % weniger Teilchen als auf Meereshöhe. Damit ist auch die Anzahl der Sauerstoffteilchen in 3000 m Höhe auf 60 % reduziert.
Beim Einatmen füllt sich die Lunge mit Luft. Im Gebirge nimmt sie aber weniger Luftteilchen auf. Damit gelangen aber auch weniger Sauerstoffteilchen in die Blutbahn und der Körper wird nicht mehr ausreichend versorgt.
Auf über 8000 m steht nur noch ein Drittel des Sauerstoffs auf Meereshöhe zur Verfügung. Das erklärt, warum die meisten Höhenbergsteigerinnen und -bergsteiger auf Sauerstoff aus Druckflaschen zurückgreifen.

Druckabnahme in der Höhe
Die Druckabnahme der Luft erfolgt nicht linear. Das ***h-p*-Diagramm** (Bild 1) weist einen nichtlinearen und stetig fallenden Verlauf auf. Demnach ist der Luftdruck umso geringer, je höher der Messpunkt liegt.

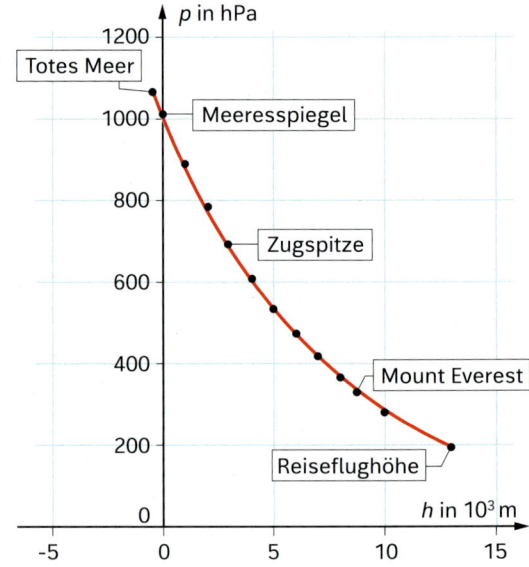

1 *h-p*-Diagramm von Luft

Der Luftdruck ist auf der Erdoberfläche am größten und beträgt in Meereshöhe 1013 hPa. Mit der Höhe nimmt er stetig ab. Die prozentuale Zusammensetzung der Luft bleibt mit der Höhe gleich.

Höhenkrankheit

Wanderung im Hochgebirge

Wenn Wanderer hoch hinauswollen, können sie im Hochgebirge nicht gleich den Gipfel erklimmen. In großen Höhen ist die Luft viel dünner und es steht dem Körper viel weniger Sauerstoff zur Verfügung. Daran muss sich der Körper zunächst gewöhnen und sich dem Klima anpassen. Dieses **Akklimatisieren** kann mehrere Tage dauern. Je mehr Zeit sich der Wanderer nimmt, desto besser ist es für seine Gesundheit. Während dieser Zeit passt sich der Körper an die niedrigere Sauerstoffmenge an.

Bergsteigen mit Sauerstoff

Die meisten Expeditionen auf den Mount Everest (8848 m) werden mit Sauerstoffflaschen unternommen. Mit diesen Druckflaschen steht der Bergsteigerin oder dem Bergsteiger auch in großen Höhen genug Sauerstoff zur Verfügung, damit das Blut ausreichend versorgt ist.

Höhenkrankheit

Ist der Körper mit Sauerstoff unterversorgt, kann es zu Symptomen wie Schwindel, Kopfschmerzen, Konzentrationsschwierigkeiten, Benommenheit, Kurzatmigkeit und erhöhtem Puls kommen. Im weiteren Verlauf kommt es zu Appetitlosigkeit, Übelkeit und Erbrechen. Wenn die Bergsteigerin oder der Bergsteiger jetzt nicht absteigt, drohen lebensgefährliche Lungen- und Hirnödeme.

1 Flugzeug in Reisehöhe

Höhenkrankheit im Flugzeug?

Die typische Reisehöhe von Langstreckenflugzeugen beträgt 11000 m. Trotzdem leiden die Passagiere nicht unter der Höhenkrankheit. Das liegt an dem Druck, der im Flugzeug herrscht. Der Druck im Flugzeug ist höher als in der Umgebung und nur wenig geringer als auf der Erdoberfläche in Meereshöhe.

1. **A** In einem Flugzeug lassen sich die Fenster nicht öffnen. Erkläre diese notwendige Sicherheitsmaßnahme.

2 Die Auswirkungen auf den menschlichen Körper mit zunehmender Höhe

Der Luftdruck und das Vakuum

1 Die Magdeburger Halbkugeln von OTTO VON GUERICKE im historischen Experiment

Der Streit um die Existenz des Vakuums

Im Altertum vertrat der griechische Gelehrte ARISTOTELES (384 – 322 v. Chr.) die Meinung, dass es einen leeren Raum, ein **Vakuum,** nicht geben könne. Er glaubte, dass die Natur vor dem Vakuum zurückschrecke. Deshalb, so folgerte er, saugen leere Räume immer Gase und Flüssigkeiten an und können darum nicht leer sein. Diese Theorie von ARISTOTELES heißt „Die Abscheu vor der Leere" (lat.: horror vacui).

Die Erfindung des Barometers

Lange blieb die Lehre von ARISTOTELES unangetastet. Im 17. Jahrhundert beschäftigten sich dann einige Gelehrte mit diesem Problem. Einer von ihnen war der italienische Physiker EVANGELISTA TORRICELLI (1608 – 1647).

TORRICELLI führte Experimente durch, um zu beweisen, dass das Aufsteigen von Flüssigkeiten in bis zu 10 m Höhe und nicht weiter durch den Luftdruck bedingt sei. Er führte diesen Nachweis mit Quecksilber durch. Dazu füllte er ein einseitig geschlossenes Glasrohr vollständig mit Quecksilber und tauchte es mit der offenen Seite in eine mit Quecksilber gefüllte Glaswanne. Dabei sank die Quecksilbersäule auf ungefähr 760 mm Höhe. Darüber entstand ein Vakuum. Diese Vorrichtung war das erste Quecksilber-Barometer.

Die Magdeburger Halbkugeln

Zur gleichen Zeit arbeitete der Ingenieur und Bürgermeister von Magdeburg OTTO VON GUERICKE (1602 – 1686) daran, das Vakuum künstlich herzustellen. Ihm gelang es als Erstem, ein Weinfass mittels einer von ihm erfundenen Pumpe fast luftleer zu pumpen.

1654 zeigte er in einem Schauversuch beim Reichstag zu Regensburg die Wirkung des Luftdrucks. Er legte zwei Halbkugeln aus Kupfer mittels eines Dichtungsringes luftdicht aneinander. Durch ein Ventil wurde die Luft aus dem Inneren der Kugel herausgepumpt. Vor jede der Halbkugeln spannte er acht Pferde, die versuchen sollten, diese auseinanderzureißen. Selbst sechzehn Pferde schafften es nicht, solange das Vakuum vorhanden war. Ließ er wieder Luft einströmen, fielen die beiden Halbkugeln von alleine auseinander. VON GUERICKE bewies damit, dass der Luftdruck von außen die Halbkugeln aneinander presst. Die Theorie von ARISTOTELES des „horror vacui", der „Abscheu der Natur vor der Leere", war endgültig widerlegt.

Mechanische Arbeit, Energie, Leistung und Druck | 67

Das Barometer und die Wettervorhersage

Luftdruckmessung
Wetterstationen enthalten Hygrometer, Thermometer und Barometer. Damit werden Luftfeuchtigkeit, Temperatur und Luftdruck gemessen. So sind genaue Wetterbeobachtungen möglich.

Bei den Barometern handelt es sich meistens um **Dosenbarometer,** deren Aufbau du in Bild 1B sehen kannst.
Die Dose ist mit einem gewellten Deckel luftdicht verschlossen. Er besteht aus elastischem Stahl. Eine Feder, die mit einem Zeiger verbunden ist, hält den Deckel. Bei zunehmendem Luftdruck wird der Deckel eingedrückt und die Feder wird gespannt. Fällt der Luftdruck, so zieht die Feder den Deckel wieder in die Ausgangsposition. Mithilfe des Zeigers kannst du die jeweilige Veränderung des Luftdrucks auf der Skala ablesen.

Wetterstation
Vielleicht hängt bei euch zu Hause eine **Wetterstation.** Am Barometer kannst du dann die Veränderungen des Luftdrucks feststellen. Mithilfe dieser Luftdruckangaben kannst du das Wetter vorhersagen. Steigt der Luftdruck, wird das Wetter schön. Fallender Luftdruck kündigt schlechtes Wetter an.

A

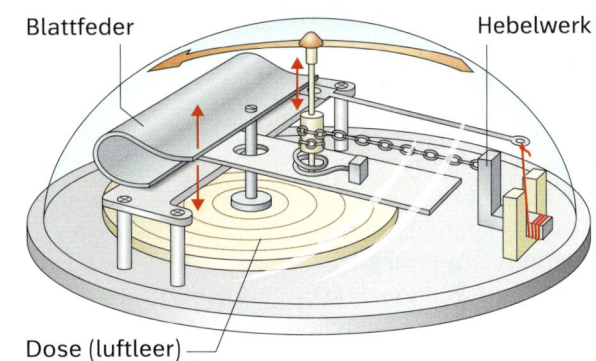

B Dose (luftleer)

1 Dosenbarometer: **A** Ansicht, **B** Aufbau

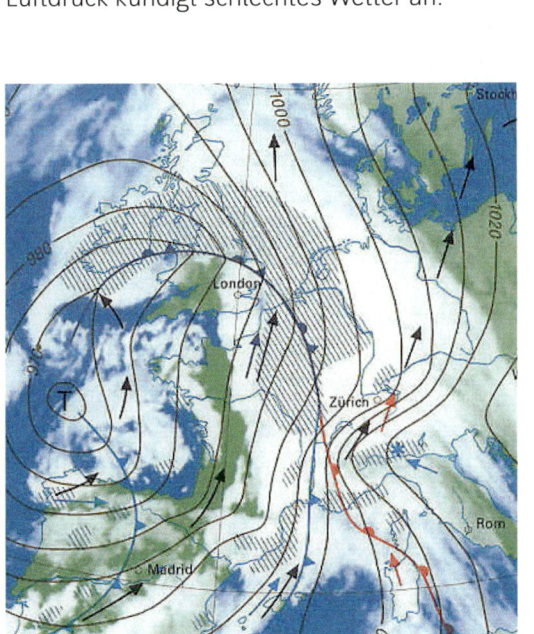

2 Satellitenbild mit Wetterkarte

Hoch- und Tiefdruckgebiete
Auf der Karte in Bild 2 ist die Wetterlage an einem Tag über Europa abgebildet. Vom Satelliten aus sind nicht nur die Wolken zu erkennen. Auch ihre Bewegungsrichtung lässt sich feststellen.
Auf der Karte wurden **Hoch- und Tiefdruckgebiete,** die mit **H** und **T** gekennzeichnet werden, und die sich daraus ergebenden **Wetterfronten** eingezeichnet. Eine Kaltfront wird dort mit Dreiecken und eine Warmfront mit Halbkreisen dargestellt.
Durch den Wind erfolgt der Druckausgleich zwischen den Gebieten mit hohem und niedrigem Luftdruck. Je größer die Druckunterschiede sind, desto stärker ist der Wind. Wetterbestimmende Hoch- und Tiefdruckgebiete bekommen Namen, die in jedem Jahr der Reihenfolge des Alphabets folgen. Auf die gleiche Art werden auch besondere Wettererscheinungen wie **Hurrikans** benannt. Hurrikans sind Tiefdruckgebiete mit extrem geringem Luftdruck, die über dem Meer entstehen.

STREIFZUG

Mechanische Arbeit, Energie, Leistung und Druck

Ein **Kraftwandler** ändert mindestens ein Bestimmungsstück der Kraft:

Kraftwandler	schiefe Ebene	einseitiger Hebel	zweiseitiger Hebel	lose Rolle	feste Rolle	Flaschenzug
Betrag	x	x	x	x		x
Richtung	x		x		x	x
Angriffspunkt		x	x	x	x	x
Berechnung		Drehmoment: $M = F \cdot a \; (\vec{F} \perp a)$ $\quad [M] = [F] \cdot [a] = 1\,\text{Nm}$ Hebelgesetz: $\widehat{M_1} = \widehat{M_2}$				$F = \frac{1}{n} \cdot F_G$

Goldene Regel der Mechanik: Du kannst Kraft sparen, indem du einen längeren Weg zurücklegst. Dabei kannst du aber keine Arbeit einsparen.

Mechanische Arbeit W

$W = F \cdot s \; (\vec{F} \parallel s) \qquad [W] = 1\,\text{Nm} = 1\,\text{J}$ (Joule)

⇒ **Prozess- oder Übertragungsgröße**
⇒ Arbeit wird verrichtet, um Energie zu speichern.

Mechanische Arbeitsformen

- Hubarbeit: $W_{Hub} = F_G \cdot h = m \cdot g \cdot h$
- Beschleunigungsarbeit
- Verformungsarbeit
- Reibungsarbeit

Mechanische Energie E

$E = F \cdot s \qquad [E] = 1\,\text{Nm} = 1\,\text{J}$ (Joule)

⇒ **Zustands- oder Speichergröße**
⇒ Energie wird benötigt, um Arbeit zu verrichten.

Mechanische Energieformen

- potenzielle Energie: $E_{pot} = F_G \cdot h = m \cdot g \cdot h$
- kinetische Energie
- Spannenergie

Mechanische Leistung P

$P = \frac{W}{t} \qquad P = \frac{E}{t} \qquad [P] = 1\,\frac{J}{s} = 1\,\text{W}$ (Watt)

Die mechanische Leistung gibt an, wie schnell eine Arbeit verrichtet oder wie schnell Energie übertragen wurde.

Wirkungsgrad η

$\eta = \frac{W_{nutz}}{W_{zu}} \qquad \eta = \frac{E_{nutz}}{E_{zu}} \qquad \eta = \frac{P_{nutz}}{P_{zu}} \qquad 0 < \eta < 1;\; 0\,\% < \eta < 100\,\%$

Der Wirkungsgrad gibt an, wie gut Arbeit verrichtet, Energie gewandelt oder Leistung erbracht wurde.

Prinzip der Energieerhaltung

Es gilt bei allen Energieumwandlungen der **Energieerhaltungssatz**: $E_{ges} = E_{pot} + E_{kin} + E_i =$ konstant.

Energieübertragungen können mit einem **Energieflussdiagramm** dargestellt werden.

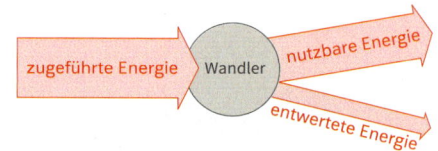

Druck p

Bei konstanter Temperatur gilt:
$F \sim A \Rightarrow p = \frac{F}{A} \; (\vec{F} \perp A)$
$[p] = 1\,\frac{N}{m^2} = 1\,\text{Pa}$

Der Druck ist in geschlossenen Systemen an allen Stellen gleich groß.

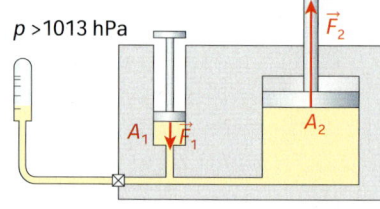

Schweredruck von Wasser

Die Gewichtskraft der Wassersäule auf einen Körper im Wasser bewirkt den **Schweredruck**. Er nimmt mit je 10 m Eintauchtiefe um 1 bar = $1 \cdot 10^3$ hPa zu:
$p_S = \varrho_{Fl} \cdot h \cdot g$

Luftdruck

Die Gewichtskraft der Luftsäule über einem Körper bewirkt den **Luftdruck**. Er nimmt mit der Höhe ab. In Meereshöhe entspricht er dem **Normaldruck** von 1013 hPa.

Kraftwandler

Hydraulische Kraftwandler sind geschlossene Systeme, die mithilfe von Flüssigkeiten mit einer kleinen Kraft eine große Masse anheben können.
$p_1 = p_2 \Leftrightarrow \frac{F_1}{A_1} = \frac{F_2}{A_2}$

Druckmessgeräte

Ein offenes **U-Rohr-Manometer** misst Druckdifferenzen. Ein geschlossenes U-Rohr-Manometer zeigt den **Absolutdruck** an. Der Luftdruck wird mit einem **Barometer** gemessen.

Mechanische Arbeit, Energie, Leistung und Druck

Systeme

Wechselwirkung

Energie

Materie

Systeme im Gleich- und Ungleichgewicht
1. 🅐
Am Bewegungszustand eines Hebels ist zu erkennen, ob er sich im Gleichgewicht oder im Ungleichgewicht befindet.
a) Erkläre diesen Unterschied.
b) Beschreibe zwei Beispiele, an denen du diese beiden Zustände beobachten kannst.
➜ S. 22 – 24

Energie
3. 🅐
Schreibe die Energieumwandlungen beim Skaten in einer Halfpipe auf, und erkläre mit diesen Umwandlungen den Energieerhaltungssatz.
➜ S. 44

Wechselwirkung
2. 🅐
Finde Beispiele aus dem täglichen Leben zur Goldenen Regel der Mechanik und zeige, dass keine Arbeit gespart werden kann.
➜ S. 30 – 32

Materie
4. 🅐
Nenne Gründe, dass in Kraftwandlern wie einer Hebebühne eine Flüssigkeit und kein Gas für die Übertragung der Kraft eingesetzt wird.
➜ S. 56/57

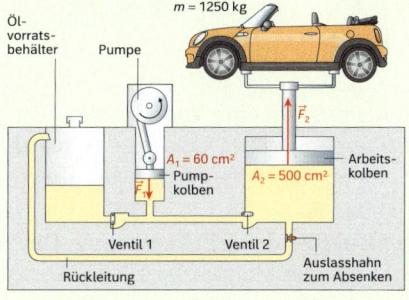

BASISKONZEPTE

Mechanische Arbeit, Energie, Leistung und Druck

Kraftwandler

Kannst du schon ...

... das Verhalten der Kräfte an der schiefen Ebene in Abhängigkeit vom Maß des Steigungswinkels beschreiben? (S. 20 – 21)
... einen einseitigen und einen zweiseitigen Hebel in ihrer Anwendung unterscheiden? (S. 22 – 24)
... den Drehpunkt, die Hebelarme und die wirkenden Kräfte an einem Hebel einzeichnen? (S. 22 – 23)
... das Größensymbol und die Maßeinheit des Drehmoments angeben? (S. 23)
... das Hebelgesetz nennen? (S. 24)
... den Unterschied zwischen einer festen und einer losen Rolle am Flaschenzug erklären? (S. 26 – 29)
... die Goldene Regel der Mechanik erläutern? (S. 32)

Zeig, was du kannst!

HINWEIS: Verwende bei Rechnungen: $g = 9{,}8\ \frac{N}{kg}$.

1.
Susanna (m_S = 43 kg) fährt mit ihrem Fahrrad (m_F = 7 kg) einen Berg hinauf. Dieser hat einen Steigungswinkel von 30°.
a) Ermittle zeichnerisch die Kraft, mit der Susanna mindestens treten muss, damit sie nicht rückwärts rollt.
b) Benenne in deiner Zeichnung aus a) alle Kräfte mit den entsprechenden Fachbegriffen.
c) Bei einer Kreuzung kann Susanna entscheiden, ob sie einen langen, aber flacheren Weg oder einen kürzeren und dafür steileren Weg nehmen soll, um an ihr Ziel zu kommen. Empfiehl ihr einen Weg und begründe ihn.

A

B

2.
a) In Bild A siehst du eine Variante des Front Levers. Erkläre mit dem Hebelgesetz, warum diese Übung einfacher ist als die gestreckte Variante in Bild B.
b) Die Beine in Bild B sind 110 cm lang. Die Schuhe haben eine Masse von 1,3 kg. Berechne das Drehmoment, das die Schuhe bewirken.

Arbeit und Energie

Kannst du schon ...

... das Größensymbol und die Maßeinheit der mechanischen Arbeit angeben? (S. 34)
... die mechanische Arbeitsformen nennen und die Hubarbeit berechnen? (S. 34 – 35, 50 – 51)
... das Größensymbol und die Maßeinheit der Energie angeben? (S. 36)
... den Unterschied zwischen der Übertragungsgröße Arbeit und der Speichergröße Energie an einem Beispiel erläutern? (S. 36 – 37)
... die mechanischen Energieformen nennen und die potenzielle Energie berechnen? (S. 38, 50 – 51)
... den Energieerhaltungssatz an einem Beispiel erklären und mathematisch darstellen? (S. 42 – 44)

Zeig, was du kannst!

3.
a) Sofiya schaut in einer Stunde achtmal auf ihr Smartphone (m = 0,55 kg). Dabei hebt sie es im Mittel 0,30 m an. Berechne die Arbeit, die sie am Smartphone verrichtet.
b) In der Pause hebt sie eine Kiste vom Boden auf einen 2,2 m hohen Schrank. Dabei verrichtet sie eine Arbeit von 0,15 kJ. Berechne die Masse der Kiste.

4.
Gold hat eine Dichte von $\varrho = 19{,}3\ \frac{g}{cm^3}$. Ein Goldbarren in Quaderform hat die Kantenlängen von a = 20 cm, b = 5,0 cm, c = 8,0 cm. Berechne die Anzahl der Goldbarren, die Eric um 1,2 m anhebt, wenn er eine Arbeit von 5,5 kJ verrichtet.

5.
Beim Diskuswurf wandelt die Athletin chemische Energie in kinetische und potenzielle Energie um. Dabei werden etwa 15 % der zugeführten Energie entwertet. Fertige ein Energieflussdiagramm an.

6.
Ibrahim stellt eine Kiste mit einer Masse von 3,6 kg auf einen 1,20 m hohen Tisch. Berechne die potenzielle Energie der Kiste.

Wirkungsgrad, Leistung

Kannst du schon ...

... anhand von Energieflussdiagrammen die Qualität von Energieumwandlungen bewerten. (S. 42 – 45)
... das Größensymbol des Wirkungsgrads angeben und Berechnungen zum Wirkungsgrad durchführen? (S. 45 – 46, 50 – 51)
... das Größensymbol und die Maßeinheit der mechanischen Leistung angeben? (S. 48)
... einen Versuch zur Leistungsbestimmung beschreiben und die Qualität des Versuchsergebnisses bewerten? (S. 48 – 49)
... Berechnungen zur mechanischen Leistung durchführen? (S. 48 – 51)

Zeig, was du kannst!

7. Ⓐ
Eine Last von 100 kg soll über einen Flaschenzug mit 6 Rollen um 1,5 m gehoben werden. Der Flaschenzug hat einen Wirkungsgrad von 85 %.
a) Berechne die nutzbare Energie.
b) Berechne die Größe der einzusetzenden Energie.
c) Berechne die einzusetzende Kraft F.

8. Ⓐ
a) In einem Schokoriegel ist eine chemische Energie von 1 100 kJ gespeichert. Berechne die Höhe, die Viktoria (m = 45 kg) mit dieser Energie theoretisch erklettern kann.
b) Sie kann aber nur 10 % der zugeführten Energie in nutzbare Energie umwandeln. Berechne die nun mögliche Höhe.

9. Ⓐ
Lukas verrichtet in 25 s eine mechanische Arbeit von 2,8 kJ. Berechne seine Leistung.

10. Ⓐ
Stiefmütterchen schleudern ihre Samen bis zu 4,0 m hoch. Berechne seine Leistung, wenn das Samenkorn (m = 0,10 g) für den Flug 1,0 s benötigt.

Druck in Flüssigkeiten und Gasen

Kannst du schon ...

... Aussagen zur Kompressibilität von Flüssigkeiten und Gasen machen und begründen? (S. 52 – 53)
... die Wirkung von Druck in einem geschlossenen System beschreiben? (S. 53)
... den Druck mathematisch beschreiben? (S. 54)
... Druckmessgeräte nennen und beschreiben. (S. 55, 67)
... die Arbeitsweise hydraulischer und pneumatischer Kraftwandler beschreiben? (S. 56 – 57)
... den Begriff des Schweredrucks erklären? (S. 58)
... das h-p-Diagramm für Wasser erläutern? (S. 58)
... das hydrostatische Paradoxon erklären? (S. 60)
... die Entstehung des Luftdrucks erklären? (S. 64)
... das h-p-Diagramm des Luftdruckes erläutern? (S. 64)

Zeig, was du kannst!

11. Ⓐ
Berechne den herrschenden Druck, den eine Kraft von 180 N auf eine Fläche von 36 cm² und auf eine Fläche von 72 cm² bewirkt.

12. Ⓐ
a) Beschreibe die Arbeitsweise einer Hebebühne.
b) Erkläre den Begriff Kraftwandler an der Hebebühne.

13. Ⓐ
Berechne den Wasserdruck, dem ein Taucher in einer Wassertiefe von 18 m ausgesetzt ist.

14. Ⓐ
Begründe, dass der Druck unter Wasser niemals niedriger sein kann als der Luftdruck.

Wichtige Begriffe

- Kraftwandler: schiefe Ebene, Rollen, Hebel
- mechanische Arbeit, Hubarbeit, Beschleunigungsarbeit
- mechanische Energie, potenzielle Energie, kinetische Energie
- Übertragungsgröße, Speichergröße
- Energieerhaltungssatz
- Wirkungsgrad
- mechanische Leistung
- Druck, Fläche, Gewichtskraft
- Druckmessung: Manometer, Absolutdruck, Druckdifferenz
- hydraulische und pneumatische Kraftwandler
- Schweredruck, Absolutdruck, Luftdruck
- hydrostatisches Paradoxon

Innere Energie und Wärme

Warum gibt es verschiedene Temperatureinheiten?

Wozu dienen die Schleifen in langen Rohrleitungen?

Wie groß ist die abgegebene Wärme eines Kochfeldes, um 1,0 kg Nudeln zu kochen?

Was du schon weißt ... über Aggregatzustände

1.
Ordne drei Stoffen ihren jeweiligen Aggregatzustand zu, die bei Zimmertemperatur fest, flüssig oder gasförmig sind.

2.
a) Gib ein Stück Würfelzucker in ein Glas mit kaltem Wasser. Beschreibe, was geschieht.
b) Wiederhole den Versuch mit warmem Wasser. Beschreibe die Veränderung zu a).
c) Erkläre deine Beobachtungen mit dem Teilchenmodell.

3.
Beschreibe, welche Aggregatzustände in Bild 1 dargestellt sind und begründe jeweils deine Entscheidung.

4.
Ordne die drei Aggregatzustände von Wachs vom geringsten zum größten Volumen. Begründe deine Reihenfolge mithilfe des Teilchenmodells.

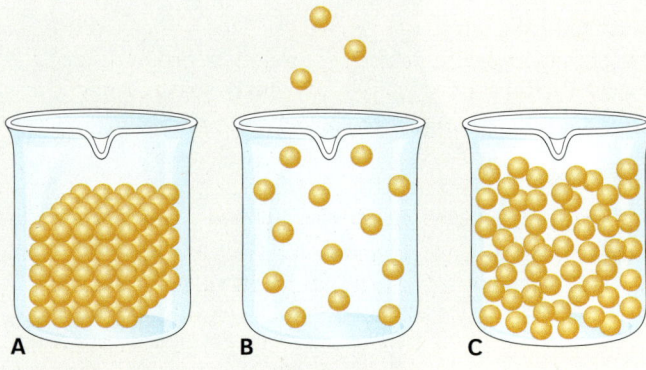

1 Darstellung eines Körpers im Teilchenmodell

Stoffe können unterschiedliche Aggregatzustände einnehmen

Die Kerze ist ein Beispiel dafür, dass Stoffe in unterschiedlichen **Aggregatzuständen** vorliegen können. Die Kerze besteht aus Wachs, das bei Zimmertemperatur fest ist. Entzündest du die Kerze, wird das Wachs um den Docht flüssig. Im Docht steigt die Flüssigkeit auf, wird gasförmig und verbrennt. Das Wachs hat also die drei Aggregatzustände fest, flüssig und gasförmig (Bild 2). Durch die Wärme der Kerzenflamme hat sich das Erscheinungsbild des Körpers geändert, jedoch nicht der Stoff selbst.

Das Teilchenmodell

Da alle Stoffe aus kleinsten Teilchen bestehen, lassen sich die Aggregatzustände anschaulich mit dem **Teilchenmodell** beschreiben. Die Teilchen schwingen bei festen Körpern ständig um ihre Ruhelage. In Flüssigkeiten bewegen sie sich hin und her und in Gasen führen sie geradlinige Bewegungen aus, ähnlich wie Billardkugeln, die angestoßen werden.
Die Wechselwirkungen, die diese Teilchen miteinander eingehen, sind bei festen Stoffen stark und bei Flüssigkeiten weniger stark. In nicht eingeschlossenen Gasen gibt es keine Wechselwirkungen zwischen den Teilchen. Das Modell hat jedoch auch Grenzen. So kann die Farbe eines Körpers damit nicht erklärt werden.

Aggregatzustände

Wenn Wachs **gasförmig** ist, bewegen sich seine Teilchen frei im Raum. Sie haben keine Wechselwirkungen zueinander und füllen den Raum aus, der vorhanden ist.

Ist Wachs **flüssig,** sind die Teilchen nur locker miteinander verbunden. Sie bewegen sich um ihre Plätze, die sich jedoch ständig ändern. Dabei nehmen sie die Form des ihnen zur Verfügung stehenden Raumes ein.

Ist Wachs **fest,** hat jedes Teilchen seinen bestimmten Platz, um den es schwingt. Die Teilchen sind regelmäßig angeordnet und können ihren Verband nicht verlassen.

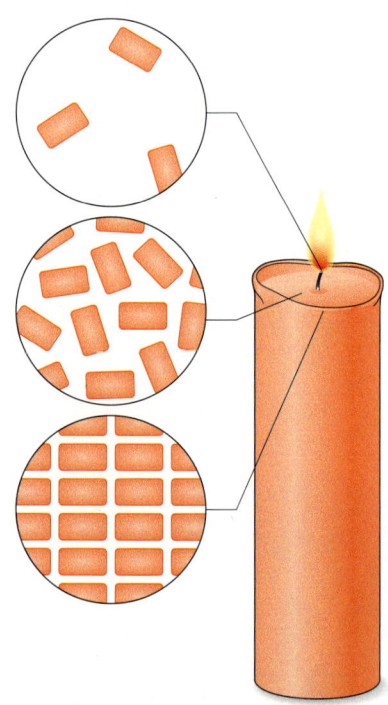

2 Aggregatzustände ändern sich, nicht aber der Stoff.

> Mit dem Teilchenmodell lassen sich Aggregatzustände erklären. Körper können in den Aggregatzuständen fest, flüssig oder gasförmig vorliegen.

Was du schon weißt ... über Reibung, Arbeit und Energie

1.
Beschreibe zwei Beispiele für Reibungsvorgänge, bei denen du die Haftreibungskraft, die Gleitreibungskraft oder die Rollreibungskraft überwinden musst.

2.
Beschreibe den physikalischen Vorgang, wenn du einem Becher auf dem Tisch einen Schubs gibst, sodass er über den Tisch gleitet.

Modellvorstellung für die Reibung

Beginnst du mit dem Schleifen von Holz wie in Bild 1, wirkt deiner Bewegung eine **Haftreibungskraft** entgegen, die durch das Verhaken der Oberflächen entsteht. Um das Verhaken der Oberflächen zu lösen, musst du eine größere, entgegengerichtete Kraft aufbringen.

Ist der Schleifklotz in Bewegung, musst du nur die **Gleitreibungskraft** überwinden. Sie ist abhängig von den Materialien, der Beschaffenheit der Oberflächen und dem Betrag deiner Anpresskraft. Je stärker du bei diesem Vorgang drückst, desto größer sind die Reibungskräfte und umso größer ist die Kraft, die du aufbringen musst, um sie zu überwinden.

Beim Autofahren wirkt der Bewegung des Fahrzeugs eine **Rollreibungskraft** entgegen. Je rauer die Oberfläche der Straße ist, desto größer ist die Rollreibungskraft (Bild 2). Je größer die Masse des Autos ist, desto größer ist die Anpresskraft, die überwunden werden muss.

Mechanische Arbeit an einem Körper bewirkt mechanische Energie des Körpers

Die **mechanische Arbeit W** ist eine Prozess- oder Übertragungsgröße und die **mechanische Energie E** eine Zustands- oder Speichergröße. Das bedeutet, dass jede Energieänderung eines Körpers durch Arbeit an ihm hervorgerufen wird.

Liegt dein Physikbuch wie in Bild 3 auf dem Tisch, hat es eine potenzielle Ausgangsenergie E_0. Hebst du das Buch hoch, verrichtest du an ihm Hubarbeit W_{Hub}. Dadurch erhält es potenzielle Energie E_{pot}, die größer ist als die Ausgangsenergie: $E_{pot} > E_0$.

Lässt du das Buch mit E_{pot} fallen, verrichtet es Beschleunigungsarbeit W_{Be}. Dadurch erhält es kinetische Energie E_{kin}. Beim Auftreffen auf dem Tisch kann das fallende Buch Verformungsarbeit verrichten, indem es etwas beschädigt. Das gleiche Buch kannst du auch auf dem Tisch verschieben. Dann verrichtest du an dem Buch Beschleunigungsarbeit W_{Be}. Das Buch hat kinetische Energie E_{kin}, mit der es wieder Arbeit verrichten kann.

Wird mechanische Arbeit in Form von Hub- oder Beschleunigungsarbeit an einem Körper verrichtet, erhält dieser potenzielle oder kinetische Energie. Mit dieser mechanischen Energie erhält er wieder die Fähigkeit, mechanische Arbeit zu verrichten.

1 Erst haftet das Schleifpapier, dann gleitet es.

2 Die Autoreifen reiben auf der Straße.

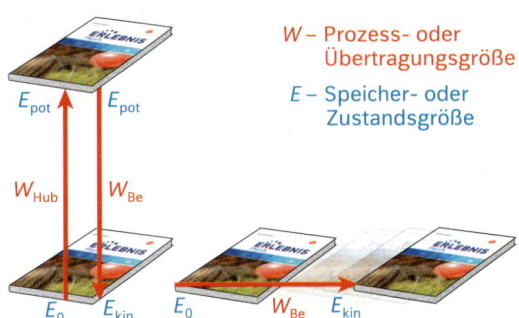

3 Zusammenhang zwischen Arbeit und Energie

W – Prozess- oder Übertragungsgröße

E – Speicher- oder Zustandsgröße

Reibung ist eine Kraft, die der Bewegung des Körpers entgegenwirkt. Ihr Betrag ist abhängig von den sich berührenden Materialien, von der Beschaffenheit der Oberflächen und dem Betrag der Anpresskraft.

Durch die mechanische Arbeit an einem Körper erhält dieser mechanische Energie. Mit der gespeicherten Energie kann er wieder mechanische Arbeit verrichten.

Die innere Energie eines Körpers und ihre Änderung

1.
Schleife ein Holzstück mit Schleifpapier in raschen Bewegungen. Taste mit den Fingern die Schleiffläche und das Papier ab. Beschreibe deine Beobachtung.

2.
Knicke wie in Bild 1 eine Büroklammer mehrmals hin und her, bis sie bricht. Berühre mit den Fingern die Bruchstelle. Beschreibe deine Beobachtungen.

3.
Erkläre den Begriff Kompressionsarbeit am Beispiel des Aufpumpens eines Fahrradreifens mit einer Luftpumpe.

4.
Gieße heißen Kaffee in eine kalte Tasse. Beschreibe die Veränderung beim Kaffee und bei der Tasse. Benutze dabei die Begriffe Wärme und innere Energie.

5.
Nach einem langen Winter ist das Wasser des Chiemsees sehr kalt. Im Frühling erwärmt sich das Wasser durch die Sonneneinstrahlung. Erkläre diese Veränderung mit den Begriffen Strahlung und innere Energie.

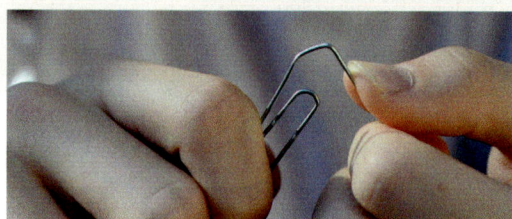

1 Eine Büroklammer wird geknickt.

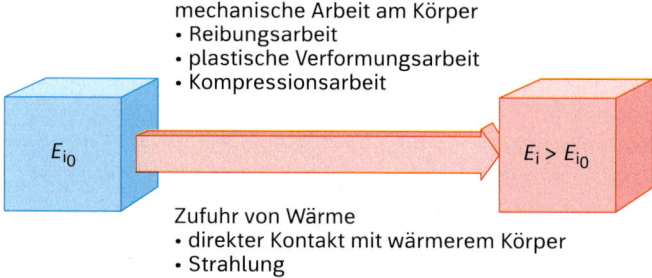

2 Möglichkeiten, die innere Energie eines Körpers zu erhöhen

Mechanische Arbeit ändert die innere Energie

Aus deiner Alltagserfahrung weißt du, dass Holz beim Schmirgeln mit Schleifpapier warm wird. Du verrichtest am Holz **Reibungsarbeit.** Das führt dazu, dass du dem Holz Energie zuführst. Trotzdem ändert das Holzstück seine Lage nicht, da es nicht bewegt wird. Es findet auch keine Verformung statt. Nur die Temperatur ändert sich.

Auch eine **plastische Verformungsarbeit** an einer Büroklammer führt dazu, dass die Büroklammer warm wird.

Beim Aufpumpen eines Reifens mit einer Luftpumpe drückst du die Luft im Inneren der Pumpe zusammen. Dieser Vorgang heißt **Kompression**. Du verrichtest an der Luft **Kompressionsarbeit.** Dadurch nimmt die Energie der Luft in der Pumpe zu, die Luft wird wärmer.

Ein Körper besitzt bei jeder Temperatur eine bestimmte Menge an Energie, die den Zustand des Körpers beschreibt. Sie wird **innere Energie** E_i genannt und ist eine **Zustandsgröße.** Je wärmer ein Körper ist, desto höher ist seine innere Energie. Durch mechanische Arbeit am Körper kann die innere Energie des Körpers erhöht werden.

Änderung der inneren Energie durch Wärme oder durch Strahlung

Wird heißer Kaffee in eine kalte Tasse gegossen, kühlt der Kaffee ab und die Tasse wird warm. Die Wärme, die der Kaffee abgibt, wird durch den **direkten Kontakt** an die kalte Tasse übertragen. Wärme ist eine **Übertragungsgröße.** Der Kaffee gibt innere Energie ab, er wird kühler. Durch die Wärmeübertragung wird die innere Energie der Tasse größer, sie wird wärmer. Wenn das Wasser eines Sees von der Sonne bestrahlt wird, nimmt es einen Teil der **Strahlungsenergie** der Sonne in Form von Wärme auf. Das Wasser im See wird wärmer.

Körper, die Wärme aufnehmen, erhöhen ihre innere Energie. Sie werden warm oder ändern ihren Aggregatzustand. Bei Körpern, die Wärme abgeben, sinkt die innere Energie. Sie kühlen ab oder ändern ihren Aggregatzustand.

> Jeder Körper besitzt innere Energie E_i. Sie ist eine Zustandsgröße. Mechanische Arbeit, Wärmeübertragung durch direkten Kontakt oder Strahlung führen zu einer Änderung der inneren Energie und damit zu einer Erwärmung oder Abkühlung des Körpers.

Basiskonzepte S. 119

Die innere Energie im Teilchenmodell

1.
a) Fülle ein Becherglas mit kaltem und eines mit warmem Wasser. Gib in beide Gläser etwas Lebensmittelfarbe. Beschreibe deine Beobachtungen nach 30 s und nach 5 min.
b) Erkläre mithilfe des Teilchenmodells die unterschiedlichen Färbungen des Wassers. Unterscheide dabei zwischen Wasserteilchen und Farbteilchen.

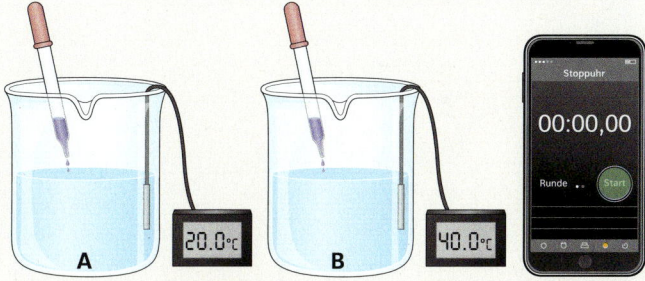

1 Farbe verteilt sich: **A** in kaltem Wasser, **B** in warmem Wasser.

Bewegung und Abstand der Teilchen

Alle Körper bestehen aus kleinsten Teilchen, die sich bewegen. Jedes dieser Teilchen hat kinetische Energie E_{kin}. Da nicht nur ein Teilchen untersucht werden kann, muss der Mittelwert aus der Bewegung aller Teilchen des Körpers betrachtet werden. Damit ist die **mittlere kinetische Energie** $\overline{E_{kin}}$ das Maß für die Stärke der Bewegung aller Teilchen. Wird auf einen Körper Energie in Form von Wärme übertragen oder an ihm mechanische Arbeit verrichtet, steigt die Heftigkeit der Bewegung aller Teilchen im Körper. Ihre Geschwindigkeit nimmt zu und die mittlere kinetische Energie aller Teilchen wird größer. Vergrößert sich der mittlere Abstand aller Teilchen im Körper zueinander, ist auch die mittlere potenzielle Energie der Teilchen im Körper größer. Die **mittlere potenzielle Energie** $\overline{E_{pot}}$ ist damit das Maß für den Abstand aller Teilchen zueinander.
Kann ein Körper sich beim Erwärmen ausdehnen, so steigt die mittlere kinetische Energie seiner Teilchen nicht ganz so stark, ein Teil der Wärme wird in mittlere potenzielle Energie der Teilchen umgesetzt. Beide mittlere Energien zusammen bestimmen die innere Energie des Körpers: Je heftiger sich die Teilchen des Körpers bewegen, desto wärmer ist er und je größer der mittlere Abstand der Teilchen zueinander ist, desto größer ist sein Volumen (Bild 3).

2 Temperatur- und Volumenänderung bei einem Stahlblock

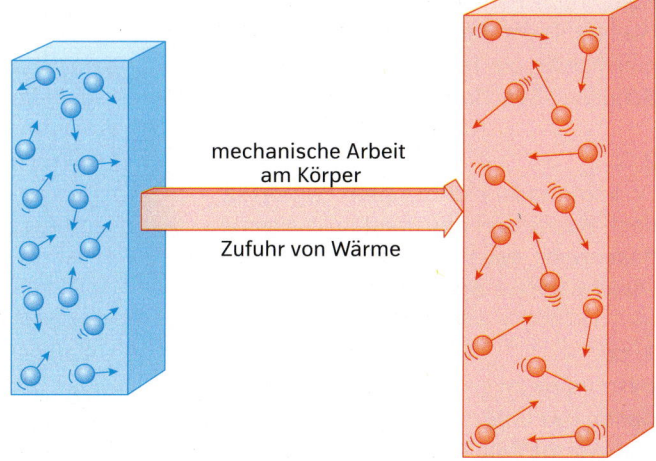

3 Temperatur- und Volumenänderung im Teilchenmodell

Die innere Energie – mathematisch

Die innere Energie E_i eines Körpers ist die Summe aus der mittleren kinetischen Energie $\overline{E_{kin}}$ und der mittleren potenziellen Energie $\overline{E_{pot}}$ aller Teilchen des Körpers. Es gilt:

$$E_i = \overline{E_{kin}} + \overline{E_{pot}}$$

> Die innere Energie E_i eines Körpers ist die Summe aus der mittleren kinetischen Energie $\overline{E_{kin}}$ und der mittleren potenziellen Energie $\overline{E_{pot}}$ aller seiner Teilchen.

Basiskonzepte S. 119

Die Temperatur – eine physikalische Basisgröße

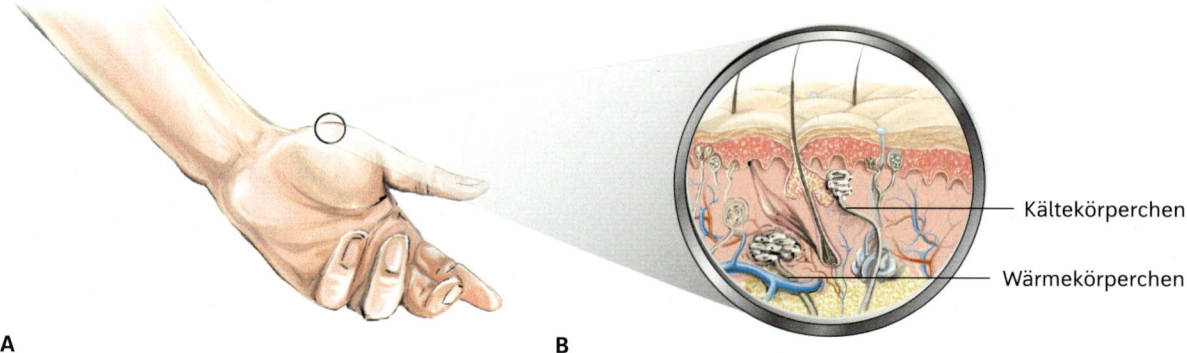

1 Haut: **A** Wärme- und Kältekörperchen melden Temperaturunterschiede, **B** Lage der Sinnesorgane

2 Ein überraschender Versuch

1. ≡ V ▸
Stelle drei Schüsseln mit Wasser wie in Bild 2 nebeneinander. Lege eine Hand in die Schüssel mit kaltem und die andere Hand in die Schüssel mit sehr warmem Wasser. Prüfe dann mit beiden Händen gleichzeitig die Temperatur der mittleren Schüssel. Beschreibe deine Empfindungen.

2. ≡ A
Du kommst an einem kalten Wintertag nach Hause und möchtest heiß duschen. Beschreibe, wie du die Temperatur des Duschwassers empfindest.

3. ≡ A
Beschreibe zwei weitere Situationen, in denen das unterschiedliche Empfinden von Wärme eine Rolle spielt.

4. ≡ Q
a) Informiere dich über die Aufgaben der Wärme- und Kältekörperchen in der Haut.
b) Begründe, warum du mit der Haut keine Temperaturen messen kannst.

Das Maß für die mittlere kinetische Energie
Die Veränderung der inneren Energie zeigt sich nach außen durch Erwärmen oder Abkühlen des Körpers. Diesen Vorgang kannst du als Temperaturänderung des Körpers messen. Damit ist die **Temperatur** ein Maß für die mittlere kinetische Energie aller Teilchen eines Körpers. Sie ist eine physikalische Basisgröße. Sie wird mit ϑ (griech., gesprochen: theta) und in °C (gesprochen: Grad Celsius) angegeben.

Größensymbol: ϑ (theta)
Maßeinheit: $[\vartheta] = 1$ °C (Grad Celsius)

Messen der Temperatur mit dem Temperatursinn?
Berührst du mit der Haut einen Körper, empfindest du ihn als warm oder kalt. Das hängt davon ab, ob dieser Körper deiner Haut Wärme zuführt oder entzieht.
Es ist aber sehr schwer abzuschätzen, wie kalt oder heiß etwas wirklich ist, denn unsere Haut lässt sich täuschen. Die **Wärme-** und **Kältekörperchen** der Haut (Bild 1) reagieren nur auf Temperaturunterschiede, sie vergleichen Temperaturen. Dieser Vergleich ist dir bekannt. Gehst du an einem heißen Sommertag in ein Haus, empfindest du das Innere als angenehm kühl. Betrittst du dasselbe Haus mit der gleichen Temperatur im Winter, empfindest du es als angenehm warm.
Diese überraschende Wärmeempfindung lässt sich auch mit Wasser unterschiedlicher Temperatur erleben. Der Temperatursinn wird getäuscht, weil die eine Hand vorher im kalten Wasser und die andere im heißen Wasser war.

> Die Temperatur ϑ ist das Maß für die mittlere kinetische Energie aller Teilchen eines Körpers. Sie ist eine physikalische Basisgröße und wird in °C angegeben. Mit unserem Temperatursinn lassen sich keine Temperaturen bestimmen.

Innere Energie und Wärme

Protokoll Messen von Temperaturen

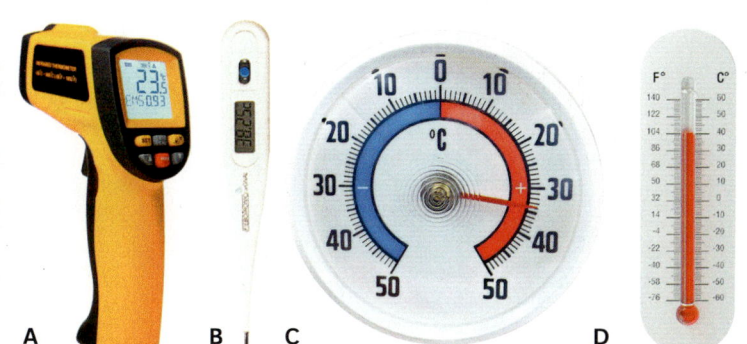

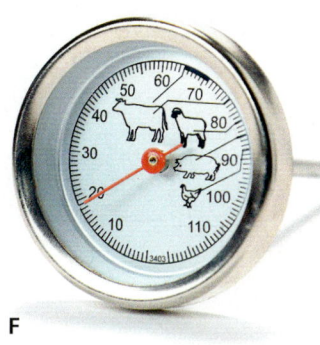

1 A – F Verschiedene Thermometer

1. 🅐
Beschreibe ein Flüssigkeitsthermometer. Nutze Fachausdrücke. Nenne die Aufgaben der Einzelteile.

2. 🅐
Vergleiche die Skalen von Zimmerthermometer und Fieberthermometer und begründe die Unterschiede.

3. Ⓥ
Miss eine Woche lang täglich zur selben Uhrzeit die Außentemperatur und stelle sie in einem Diagramm dar.

4. 🅐
Finde Beispiele, bei denen es wichtig ist, eine bestimmte Temperatur einzuhalten.

5. Ⓥ
Gieße jeweils 200 ml heißes Wasser in Gefäße aus verschiedenen Materialien und verschiedenen Formen. Miss nach 5 min die Temperatur des Wassers und vergleiche.

6. 🅐
Erläutere die Vor- und Nachteile von digitalen und analogen Anzeigen.

Thermometer
Mit unserem Temperatursinn können wir keine genauen Temperaturen angeben. Es muss ein Messgerät eingesetzt werden, mit dem sich Temperaturen messen lassen, ein **Thermometer.** Ein Thermometer zeigt die Temperaturen in °C an. Es gibt verschiedene Arten von Thermometern.

Flüssigkeitsthermometer
Flüssigkeitsthermometer zeigen die Temperatur durch die Länge einer Flüssigkeitssäule an. Die Thermometerflüssigkeit bewegt sich im **Steigrohr**. Die **Skala** besteht aus Strichen, die den gleichen Abstand zueinander haben. Meistens steht nur neben jedem zehnten Strich eine Zahl. Der **Messfühler** des Flüssigkeitsthermometers ist der Vorratsbehälter am unteren Ende des Steigrohres. Ein Glaskörper schützt die inneren Bauteile. Flüssigkeitsthermometer sind **analoge Messgeräte**. Der Messwert wird direkt von der Skala abgelesen.

Digitale Thermometer
Neben analogen Thermometern gibt es auch **digitale Thermometer,** die eine Batterie benötigen. Sie zeigen den Messwert direkt als Zahlenwert an. Messfühler und Anzeige können getrennt voneinander angeordnet sein. Die Messwerte werden über ein Kabel oder per Funk übertragen.

Temperaturen messen und ablesen
- Tauche den Messfühler vollständig in die Flüssigkeit ein und belasse ihn während der gesamten Messung dort.
- Warte beim Messen, bis sich der Messwert nicht mehr verändert.
- Schaue beim Ablesen der Temperatur senkrecht auf die Skala.

Als Messgeräte für die Temperatur dienen Thermometer. Sie zeigen den jeweiligen Messwert in °C an. Es gibt analoge und digitale Thermometer.

Die Celsius-Skala

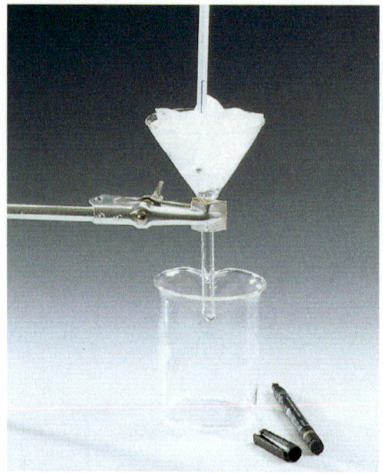
1 Schmelztemperatur

2 Siedetemperatur

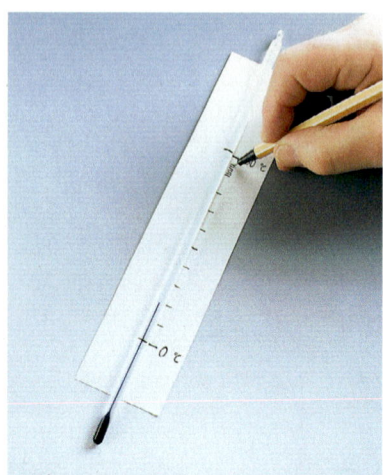
3 100 Skalen-Striche

1. Ⓐ Beschreibe, welche Eigenschaft von Flüssigkeiten bei Flüssigkeitsthermometern ausgenutzt wird.

2. Ⓐ Erkläre, welche Temperaturen du auch ohne die Hilfe eines Thermometers bestimmen kannst.

3. Ⓐ Begründe, warum Flüssigkeitsthermometer nicht überall eingesetzt werden können.

4. Ⓠ
a) Recherchiere die Funktionsweise eines altertümlichen Florentiner Thermometers wie in Bild 4.
b) Nenne den Nachteil dieser Thermometer gegenüber den Thermometern heute.

4 Florentiner Thermometer

Unterschiedliche Messwerte

Bei der Erwärmung einer Flüssigkeit ändert sich die mittlere kinetische Energie und die mittlere potenzielle Energie aller Teilchen der Flüssigkeit. Die Temperatur der Flüssigkeit steigt und ihr Volumen wird größer. Die Flüssigkeit dehnt sich aus. Bereits die ersten Vorläufer zu den heutigen Thermometern nutzten dieses Prinzip. Sie hatten ein nach oben offenes Steigrohr, in das sich die Flüssigkeit bei Erwärmung ausdehnen konnte. Da sie aber keine Skalen hatten, konnten die Temperaturen nur verglichen werden. Diese Geräte heißen **Thermoskope.**
Die ersten Thermometer (Bild 4) hatten nur sehr ungenaue Skalen. Solange für verschiedene Messungen dasselbe Thermometer verwendet wurde, konnten die Messwerte miteinander verglichen werden. Unterschiedliche Thermometer zeigten jedoch unterschiedliche Messwerte an.

Einheitliche Messwerte

In Europa werden heute Thermometer mit der **Celsius-Skala** verwendet. Diese Skala wird durch die **Schmelztemperatur** und die **Siedetemperatur** von Wasser festgelegt. Die Schmelztemperatur ist die Temperatur, bei der Eis schmilzt, also 0 °C. Bei der Siedetemperatur verdampft das Wasser, also 100 °C. Unter gleichen Bedingungen sind diese besonderen Temperaturen auf der ganzen Erde gleich. Sie werden daher **Fixpunkte** genannt. Der Abstand zwischen den Fixpunkten ist auf der Celsius-Skala in 100 gleiche Teile eingeteilt.

> Die Celsius-Skala ist in Europa die gebräuchliche Temperaturskala. Sie basiert auf den beiden Fixpunkten: Siedetemperatur und Schmelztemperatur von Wasser.

Innere Energie und Wärme | 81

Vom Thermoskop zum Thermometer

Das Thermoskop

Schon in der Antike war bekannt, dass Luft sich beim Erwärmen ausdehnt. Diese Erkenntnis führte dazu, dass luftgefüllte Glasbehälter mit der Öffnung nach unten in Wasser gestellt wurden. Je nach Temperatur stieg und fiel dann der Wasserspiegel im Glasrohr. Diese **Thermoskope** hatten jedoch keine Skala und waren deshalb auch keine vollwertigen Thermometer.

Im Jahr 1660 stellte OTTO VON GUERICKE (1602 – 1686), ein Naturwissenschaftler und Bürgermeister von Magdeburg, das **Magdeburger Thermoskop** vor. Es handelt sich um einen luftgefüllten Glaskolben mit angefügtem U-Glasrohr, das mit Wasser gefüllt ist (Bild 1). Auf der Wasseroberfläche im offenen U-Rohrschenkel befindet sich ein Schwimmer, der über eine feste Rolle und ein Seil mit einer Engelsfigur verbunden ist.
Die Luft im Glaskolben dehnt sich beim Erwärmen aus und zieht sich beim Abkühlen zusammen. Dadurch steigt oder fällt im Glasrohr der Wasserspiegel. Mit dem Wasserspiegel steigen oder fallen der Schwimmer und damit der Engel als Anzeiger. Die Hand des Engels weist auf eine Skala und zeigt so die Temperaturveränderung an. Da der Skala keine Werte zugeordnet waren, handelt es sich um ein Thermoskop. Es ist ein Anzeigegerät für Temperaturänderungen.

1 Magdeburger Thermoskop

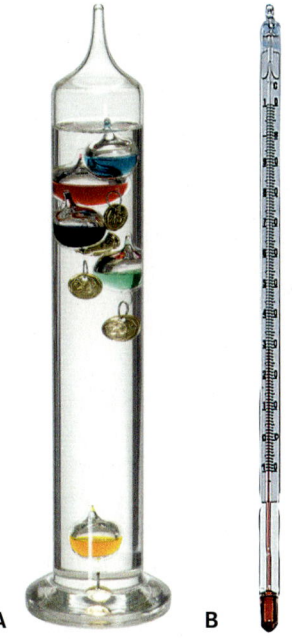

2 A Galilei-Thermometer, B modernes Laborthermometer

Das Thermometer

Zu Ehren von GALILEO GALILEI entwickelte FERDINANDO II. DE MEDICI (1610 – 1670) 1641 das erste Flüssigkeitsthermometer. In einem geschlossenen Glaszylinder befanden sich Weingeist, ein Alkohol, und kleine Glaskugeln, die Luft enthielten. An den Kugeln hingen Schildchen mit der Temperaturangabe. Die Kugeln waren so justiert, dass jede bei einer anderen Temperatur in der Flüssigkeit schwebte. Fiel die Temperatur, wurde die Dichte des Alkohols größer und die Glaskugeln stiegen nacheinander im Zylinder auf. Die zuunterst schwebende Kugel zeigte die aktuelle Temperatur an (Bild 2A).

1718 ersetzte der Physiker DANIEL FAHRENHEIT (1686 – 1736) die Thermometerflüssigkeit Weingeist durch Quecksilber. Die Flüssigkeitsthermometer, die in der Folgezeit entstanden, hatten ein dünnes Röhrchen für die Thermometerflüssigkeit, das mit einer Temperaturskala unterlegt war.

Moderne Thermometer

Wenn eine Temperatur gemessen werden soll, ist es notwendig, dem Thermoskop eine Skala hinzuzufügen. Dazu wird eine Flüssigkeit verwendet, die sich beim Erwärmen gleichmäßig ausdehnt und beim Erkalten gleichmäßig zusammenzieht. Früher wurde dafür Quecksilber benutzt. Weil Quecksilber ein hochgiftiger Stoff ist, werden heute andere Flüssigkeiten genutzt. Auch Wasser ist für diesen Zweck nicht geeignet, da Wasser unter 0 °C gefriert. Heute werden analoge Thermometer mit gefärbten Alkoholmischungen gefüllt (Bild 2B).

STREIFZUG

1. **A**
Stelle in einem Kurzvortrag das Leben und die wissenschaftlichen Leistungen von OTTO VON GUERICKE vor.

2. **A**
Stelle in beschrifteten Zeichnungen das Thermoskop dem Thermometer gegenüber.

Die Kelvin-Skala

1.
a) Lies aus Bild 1 die Kelvin-Werte für −100 °C, −50 °C, 50 °C und 77 °C ab.
b) Lies die Celsius-Werte für 100 K, 150 K und 250 K ab.

2.
Begründe, dass es unsinnig ist, ein Thermometer mit einer Skala bis −300 °C zu bauen.

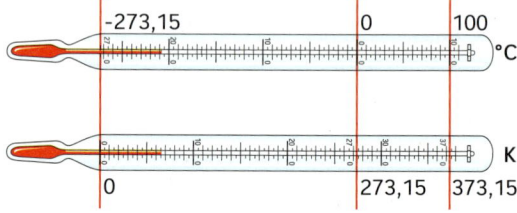

1 Thermometer mit Celsius- und Kelvin-Skala

Der absolute Temperatur-Nullpunkt

Die Celsius-Skala ist eine Skala für den Alltagsgebrauch, aber für die Arbeit von Wissenschaftlern ungeeignet. Die Minus-Temperaturen machen wissenschaftliche Rechnungen kompliziert.
So schlug der englische Physiker WILLIAM THOMSON, der spätere LORD KELVIN, 1848 eine Skala ohne Minus-Grade vor. Durch theoretische Überlegungen hatte THOMSON herausgefunden, dass es eine Temperatur gibt, die nicht unterschritten werden kann. Auf der Celsius-Skala liegt diese Temperatur bei −273,15 °C. Sie wird als **absoluter Temperatur-Nullpunkt** bezeichnet. THOMSON hat ihm auf seiner Skala den Wert 0 zugeordnet. Die Abstände für 1 Grad hat er aber ebenso gewählt wie CELSIUS.
Die Thermometerskala von THOMSON hat sich in der Wissenschaft durchgesetzt. Sie wird zu Ehren ihres Erfinders **Kelvin-Skala** genannt.

Weiteres Größensymbol für Temperatur

Der absolute Temperatur-Nullpunkt wird mit 0 K (gesprochen: Kelvin) bezeichnet. Werden Temperaturen in Kelvin angegeben, ändert sich das Größensymbol. Die Temperatur wird dann mit T bezeichnet.

Größensymbol: T
Maßeinheit: $[T] = 1$ K (Kelvin)
Umrechnung: −273,15 °C = 0 K
   0 °C = 273,15 K

Die Kelvin-Skala beginnt beim absoluten Temperatur-Nullpunkt −273,15 °C und steigt in 1 Grad-Schritten. Sie enthält keine Minus-Grade.

LORD KELVIN OF LARGS

2 WILLIAM THOMSON (1824–1907)

WILLIAM THOMSON, later **LORD KELVIN,** was born in Belfast in Ireland. WILLIAM's mother died when he was six years old. From that time on he has been brought up by his father. WILLIAM had never visited a school in his life. His father, a professor of mathematics in Glasgow, taught him. WILLIAM studied in Cambridge and Paris, before he became himself professor at Glasgow University. At this time he was 22 years old. The studies of WILLIAM THOMSON led him to propose an absolute scale of temperature in 1848. WILLIAM THOMSON designed many new devices, including the mirror-galvanometer. That was very important for the telegraph transmissions in transatlantic submarine cable. THOMSON's participation in the telegraph cable project was the reason that he was knighted in 1866. He created himself the title LORD KELVIN OF LARGS. The Kelvin is the river which runs through the grounds of Glasgow University and Largs is the town on the Scottish coast where THOMSON spent his last years.

vocabulary
- **to bring up** – erziehen
- **to propose** – vorschlagen
- **scale** – Gradeinteilung
- **device** – Gerät
- **including** – einschließlich
- **transmission** – Übertragung
- **submarine cable** – Unterwasserkabel
- **the knight** – der Ritter
- **participation** – Mitwirkung
- **reason** – Grund

Wie fand KELVIN den absoluten Temperatur-Nullpunkt?

1. A

Wandele in die jeweils andere Einheit um.

ϑ in °C	−200		150	
T in K		200		400

2. A

a) Zeichne die drei Messreihen der folgenden Tabelle in ein ϑ-V-Diagramm. Verwende den Messbereich −300 °C ≤ ϑ ≤ 100 °C und den Maßstab 25 °C ≙ 1,0 cm.

ϑ in °C	20	40	60	80	100
V_1 in l	10,2	10,9	11,6	12,3	13,0
V_2 in l	15,8	16,8	17,8	18,9	20,0
V_3 in l	21,6	23,0	24,5	26,0	27,4

b) Verlängere die Halbgeraden im Diagramm aus a) so, dass sie sich schneiden.
c) Bestimme den Schnittpunkt und überlege, welche Bedeutung dieser Punkt hat.
d) Wandle die Temperaturen aus a) in die Einheit Kelvin (K) um und zeichne ein T-V-Diagramm. Verwende den Messbereich 0 K ≤ T ≤ 400 K und den Maßstab 25 K ≙ 1,0 cm.

3. A

Auch in einem T-p-Diagramm schneiden sich die Graphen bei dem absoluten Temperatur-Nullpunkt (Bild 2). Ziehe Schlussfolgerungen aus dem Diagramm für den Druck und die Energie der Teilchen eines Gases in diesem Punkt.

4. Q

Recherchiere den tiefsten Temperaturpunkt, der in Laboratorien experimentell erreicht wurde.

Die absolute Temperatur

Hängst du einen aufgepusteten Luftballon direkt in die Sonne, dehnt sich die Luft in dem Ballon aus. Der Luftballon kann dabei sogar platzen. Dieses Phänomen untersuchte der französische Physiker JOSEPH L. GAY-LUSSAC (1778 – 1850) bereits 1802. Er stellte fest, dass das Volumen einer abgeschlossenen Gasmenge bei konstantem Druck abhängig von der Temperatur ist.
LORD KELVIN erweiterte die Messungen von GAY-LUSSAC in den negativen Temperaturbereich. Er führte eine **Extrapolation** durch, eine theoretische Untersuchung außerhalb der Messungen. So konnte LORD KELVIN das theoretische Verhalten der Gase bei sehr niedrigen Temperaturen beschreiben. Er stellte fest, dass sich alle Graphen in einem ϑ-V-Diagramm in einem Temperaturpunkt schnitten, bei −273,15 °C (Bild 1). Des Weiteren folgerte er, dass alle Gase bei dieser Temperatur kein Volumen besitzen. Diesen Punkt definierte LORD KELVIN als absoluten Temperatur-Nullpunkt mit $T = 0$ K. Dieser ist Ausgangspunkt der **absoluten Temperatur T,** die in **Kelvin (K)** angegeben wird. Dabei entsprechen die Temperaturabstände der Celsiusskala: **ΔT (in K) ≙ Δϑ (in °C).**

Der absolute Nullpunkt und seine Unerreichbarkeit

Um ein Gasvolumen von null zu erreichen, dürfen sich die Teilchen nicht mehr bewegen. Die Teilchen haben in diesem Punkt keine kinetische oder potenzielle Energie. Dies bestätigt auch der Verlauf der Graphen im T-p-Diagramm (Bild 2). Auch hier schneiden sich alle Graphen beim absoluten Temperatur-Nullpunkt. Bei dieser Temperatur ist somit der Druck im geschlossenen System null. Die Teilchen üben keine Kraft auf die Begrenzungsflächen mehr aus. Dies kann nur dann der Fall sein, wenn sie sich nicht mehr bewegen. Der absolute Nullpunkt kann also nie erreicht werden.

> Die Temperaturskala nach KELVIN gibt die absolute Temperatur in Kelvin (K) an. Die Temperaturskala beginnt bei dem absoluten Nullpunkt bei $T = 0$ K.

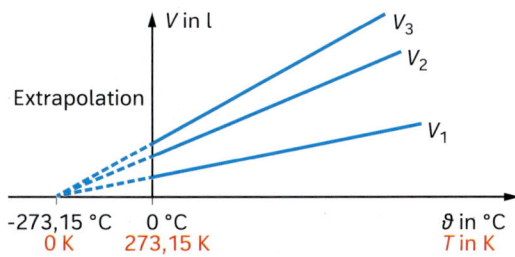

1 Das ϑ-V-Diagramm wird in ein T-V-Diagramm überführt.

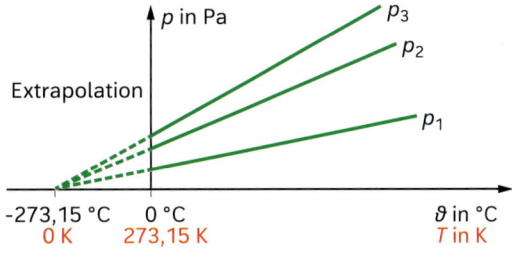

2 Das ϑ-p-Diagramm wird in ein T-p-Diagramm überführt.

Thermometer und ihre Skalen

Temperaturmessung mit unterschiedlichen Skalen

Im 18. und 19. Jahrhundert forschten Wissenschaftler in ganz Europa, um geeignete Messskalen für die Temperaturmessung zu entwickeln. Drei Systeme setzten sich durch.

Daniel Fahrenheit (1686 – 1736)

Daniel Fahrenheit aus Danzig in Polen lernte die ersten Thermometer während seiner Ausbildung zum Glasbläser und Kaufmann in Amsterdam kennen. Er verbesserte diese, indem er gleichmäßige Glasrohre mit einer regelmäßigen Einteilung herstellte. Als unteren Fixpunkt (0 °F) wählte er die Temperatur einer Kältemischung, weil er sie für die niedrigste Temperatur hielt, die erzeugt werden könne. Die Körpertemperatur des gesunden Menschen wählte er als oberen Fixpunkt (96 °F). Temperaturen der **Fahrenheit-Skala** werden in Grad Fahrenheit angegeben: 1 °F.

Anders Celsius (1701 – 1744)

Anders Celsius aus Uppsala in Schweden entwickelte die Celsius-Skala, die auch heute noch in Europa verwendet wird. Als unteren Fixpunkt legte er die Schmelztemperatur, als oberen Fixpunkt die Siedetemperatur von Wasser fest. Den Abstand zwischen den beiden Fixpunkten unterteilte er in 100 gleiche Teile. Die Schmelztemperatur von Wasser beträgt 0 °C, die Siedetemperatur 100 °C. Sehr tiefe Temperaturen werden als Minusgrade angegeben. Temperaturen der **Celsius-Skala** werden in Grad Celsius angegeben: 1 °C.

William Thomsen (1824 – 1907), ab 1892 Lord Kelvin

William Thomsen aus Belfast in Nordirland fand durch Berechnungen heraus, dass der absolute Temperatur-Nullpunkt bei −273,15 °C liegt. Er entwickelte eine Skala ohne negative Temperaturwerte. Er verschob den Nullpunkt der Celsius-Skala an die Stelle des absoluten Temperatur-Nullpunktes. Die Abstände ließ er gleich. Seine absolute Temperaturskala wurde **Kelvin-Skala** genannt. Er wurde für seine Leistungen 1892 in den Adelsstand erhoben. Temperaturen der Kelvin-Skala werden in Kelvin angegeben: 1 K.

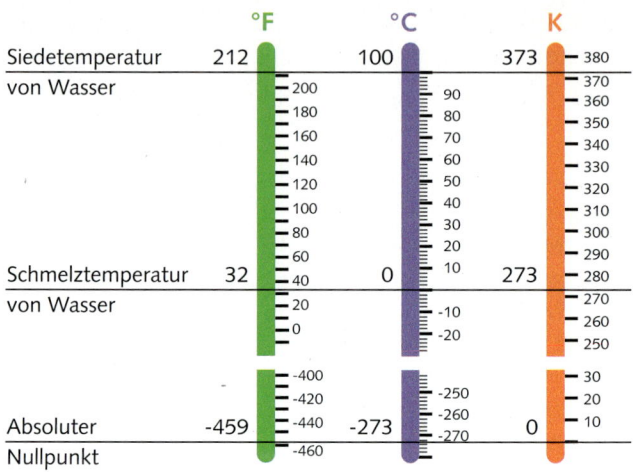

1 Thermometerskalen: Fahrenheit-Skala, Celsius-Skala, Kelvin-Skala

Umrechnungen zwischen °F und °C

In Europa hat sich allgemein die Celsius-Skala durchgesetzt. Nur in einigen englisch sprechenden Staaten, wie den USA, ist die Fahrenheit-Skala noch gebräuchlich. Da Fahrenheit keine ganzzahligen Fixpunkte gewählt hatte, ist die Umrechnung etwas kompliziert. Es gilt:

Umrechnung °F in °C: $\frac{5}{9} \cdot (\vartheta_{(\text{in °F})} - 32) = \vartheta_{(\text{in °C})}$

Umrechnung °C in °F: $\frac{9}{5} \cdot \vartheta_{(\text{in °C})} + 32 = \vartheta_{(\text{in °F})}$

FAUSTFORMELN

Um sich einen raschen Überblick über die umgerechneten Temperaturwerte zu verschaffen, gibt es zwei Faustformeln:
1. Subtrahiere von der Fahrenheittemperatur 30 und halbiere die Differenz.
2. Dividiere den Fahrenheitwert durch 3.

1. a) Rechne die Werte in der Tabelle jeweils in die andere Einheit um.
b) Gib an, was dir bei zwei Wertepaaren auffällt.

°C	°F
38 °C	
	15 °F
16 °C	
	82 °F

2. Du machst Urlaub in den USA. Die Wettervorhersage verspricht 81 °F. Überprüfe, welche Faustformel dem richtigen Temperaturwert in °C am nächsten kommt.

Extreme Temperaturen

In Deutschland und weltweit
Der kälteste Ort in Deutschland war der Funtensee in Bayern am 24.12.2001. Dort wurde eine Temperatur von −45,8 °C gemessen. Die wärmsten Orte in Deutschland waren Duisburg-Baerl und Tönisvorst am 25.07.2019 mit 41,2 °C. Weltweit der kälteste Ort war am 21.07.1983 die Wostock-Station in der Antarktis mit −89,2 °C. Der wärmste Ort war 2007 in der iranischen Wüste mit 70,7 °C.

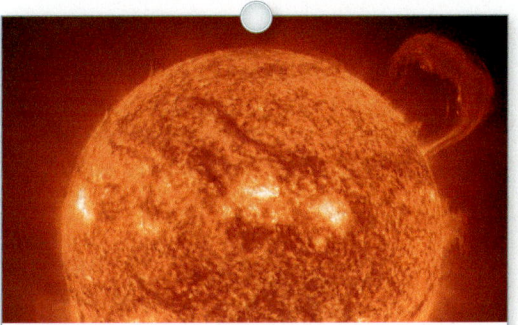

Die Sonne
Die Sonne hat die 330 000-fache Masse der Erde. Ihr Alter wird auf etwa $4,5 \cdot 10^9$ Jahre geschätzt. Sie ist fast $150 \cdot 10^6$ km von der Erde entfernt. Im Innern der Sonne beträgt die Temperatur unvorstellbare $15,6 \cdot 10^6$ °C. An der Oberfläche der Sonne beträgt die Temperatur immer noch etwa $6 \cdot 10^3$ °C.

Das Gas Stickstoff
Stickstoff ist mit 78 % der Hauptbestandteil der Luft. Bei −196 °C wird das Gas Stickstoff flüssig. Flüssiger Stickstoff wird beispielsweise zum Schockgefrieren von Lebensmitteln, zum Kühlen von Großrechneranlagen, zum Konservieren von Körpergewebe und -zellen und zum Verfestigen durch Vereisen der Seitenwände von großen Baugruben eingesetzt.

Die Farbe des glühenden Stahls
Stahl wird beim Walzen bis zum Glühen erwärmt. An der Farbe des glühenden Stahls kannst du erkennen, welche Temperatur das Stahlstück hat. Bei etwa 600 °C wird der Stahl dunkelrotglühend. Bei etwa 850 °C hat der Stahl eine helle Rotglut, bei 1200 °C zeigt er eine Weißglut.

PINNWAND

1. Berechne den Temperaturunterschied zwischen der tiefsten und höchsten Temperatur für Deutschland und weltweit.

2. Informiere dich, bei welcher Temperatur das Gas Stickstoff fest wird.

3. Bestimme den Temperaturunterschied zwischen dem Inneren und dem Äußeren der Sonne.

4. Glühender Stahl hat eine Temperatur von 970 °C. Gib seine Farbe an.

Aggregatzustände und ihre Übergänge

1.
a) Beschreibe, wie gerne und intensiv du dich bewegen magst, wenn du energiegeladen oder schlapp bist.
b) Vergleiche deine Überlegungen aus a) mit den Erklärungen des Teilchenmodells auf dieser Seite.

2.
Erkläre die Aggregatzustände und ihre Übergänge mithilfe des Teilchenmodells am Beispiel der brennenden Kerze.

1 Eis ist Wasser in fester Form.

Aggregatzustände
Du kennst Wasser in drei Aggregatzuständen: fest als Eis, flüssig als Wasser und gasförmig als Wasserdampf. Die Aggregatzustände eines Stoffes ändern sich in Abhängigkeit von seiner Temperatur.

Schmelzen – Erstarren
Schmelzen ist der Übergang vom Aggregatzustand fest zum Aggregatzustand flüssig. Das Eis wandelt sich in flüssiges Wasser um. Während des Schmelzvorganges von Eis zu Wasser bleibt die Temperatur konstant bei 0 °C. Das ist die **Schmelztemperatur** von Wasser.
Der Übergang vom flüssigen zum festen Aggregatzustand ist das **Erstarren.** Es findet bei der **Erstarrungstemperatur** statt.

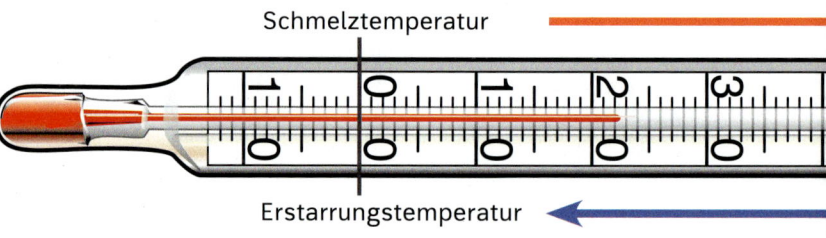

Kohäsionskräfte
Zwischen den einzelnen Teilchen eines Körpers wirken **Kohäsionskräfte.** Das sind Wechselwirkungskräfte. Je größer die Kohäsionskraft ist, desto stärker ist der Zusammenhalt der Teilchen. Mit wachsender innerer Energie in einem Körper werden die Kohäsionskräfte zwischen den Teilchen immer mehr überwunden.

Freiheitsgrade von Teilchen
Teilchen in festen Körpern haben ihren festen Platz. Das Teilchen schwingt um seine Ruhelage. Es kann sich nur in den drei Raumrichtungen bewegen. Die Teilchen der Flüssigkeiten können auch um sich selbst rotieren. Sie haben mehr **Freiheitsgrade** als in einem festen Körper. Je mehr Freiheitsgrade die Teilchen eines Körpers haben, desto höher ist ihre innere Energie und desto beweglicher sind die Teilchen. Gase haben beliebige Freiheitsgrade. Sie bewegen sich immer so lange geradlinig, bis sie mit einem anderen Teilchen zusammenstoßen.

Die Energie beim Schmelzen
Zum Schmelzen ist Energie in Form von Wärme notwendig. Die zugeführte Energie wird dafür aufgewendet, das feste Eis in flüssiges Wasser umzuwandeln.
Durch die Wärmezufuhr erhöht sich die innere Energie im Eis-Wasser-Gemisch. Da die Temperatur konstant bleibt, wird die gesamte zugeführte Energie in potenzielle Energie umgewandelt. Die Abstände zwischen den Teilchen sind bei der Flüssigkeit größer als beim festen Körper. Die Wirkung der Kohäsionskräfte zwischen den Teilchen wird durch die Zunahme der inneren Energie geringer.

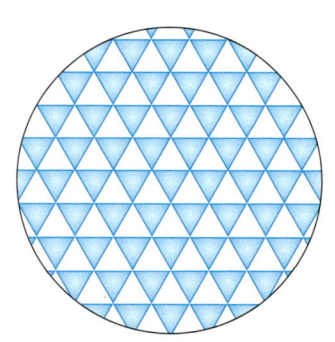

2 Fester Körper

4 Flüssiger Körper

3.
Fertige ein Schaubild an, das die Aggregatzustände von Wasser mit ihren Übergängen beschreibt. Benutze dabei Fachbegriffe.

4.
Zeichne in einer Bilderfolge von jeweils drei Bildern den zeitlichen Ablauf des Schmelz- und Verdampfungsprozesses im Teilchenmodell.

Verdampfen – Kondensieren

Verdampfen ist der Übergang vom Aggregatzustand flüssig zum Aggregatzustand gasförmig. Das flüssige Wasser wandelt sich in nicht sichtbaren Wasserdampf um. Während des Siedevorganges bleibt die Temperatur konstant bei 100 °C. Das ist die **Siedetemperatur** von Wasser. Liegt die Temperatur unter 100 °C, kann Wasser **verdunsten.** So trocknet die Wäsche auf der Leine. Der Übergang vom gasförmigen zum flüssigen Aggregatzustand ist das **Kondensieren.** Es findet bei der **Kondensationstemperatur** statt.

flüssiges Wasser

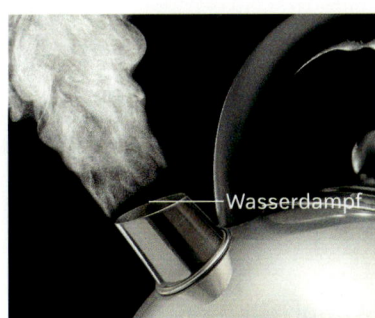
5 Wasserdampf ist gasförmiges Wasser.

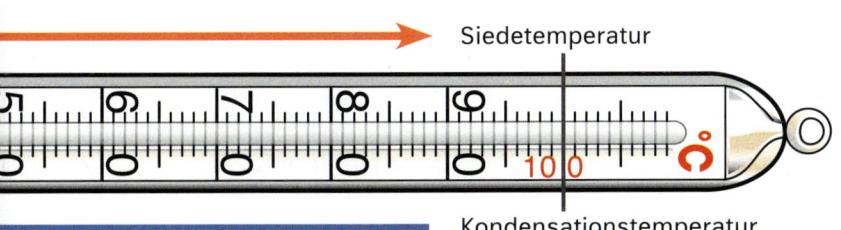

Änderung der potenziellen Energie

Beim Schmelzen und Verdampfen bleibt die Temperatur konstant, auch wenn Wärme zugeführt wird. Diese beiden Temperaturen sind die Fixpunkte. An diesen Punkten erhöht sich mit der inneren Energie nur die potenzielle Energie der Teilchen. Der Abstand der Teilchen zueinander wird größer und die Teilchen können sich freier bewegen. Die Temperatur bleibt dabei so lange konstant, bis der gesamte Körper seinen Aggregatzustand verändert hat. Dann erst steigt sie mit zugeführter Wärme wieder an.

> Die Aggregatzustände und ihre Übergänge hängen von der inneren Energie des Körpers und den Kohäsionskräften zwischen den Teilchen ab.

Die Energie beim Verdampfen

Auch beim Verdampfen ist Energie in Form von Wärme notwendig. Die zugeführte Energie wird dafür aufgewendet, das flüssige Wasser in gasförmigen Wasserdampf umzuwandeln.

Durch die Wärmezufuhr erhöht sich die innere Energie im Wasser-Wasserdampf-Gemisch. Da die Temperatur konstant bleibt, wird die gesamte zugeführte Energie in potenzielle Energie der Teilchen umgewandelt. Die Abstände zwischen den Teilchen vergrößern sich und die Wirkung der Kohäsionskräfte wird immer geringer, bis sich die Wasserteilchen aus dem Teilchenverbund lösen.

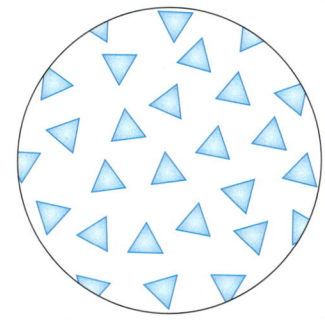
6 Gasförmiger Körper

Auf direktem Weg von fest zu gasförmig

1. Gib in ein großes Reagenzglas etwas Indigo. Spanne das Reagenzglas am Stativ ein. Erhitze den Boden mit der Brennerflamme. Protokolliere deine Beobachtungen.

2. Erkläre, warum du den Geruch von einem Stück Seife wahrnehmen kannst, obwohl es sich um einen Feststoff handelt.

3. Erkläre die Vorgänge auf Bild 3.

1 Schnee sublimiert

2 Zweig mit Raureif

Schnee weg trotz Frost

Erst vor einigen Tagen hat es geschneit. Überall war es weiß. Doch obwohl Dauerfrost geherrscht hat, ist der Schnee fast vollständig verschwunden. Geschmolzen kann er nicht sein. Der feste Schnee ist an der Oberfläche direkt in den gasförmigen Aggregatzustand übergegangen. Er hat den flüssigen Aggregatzustand übersprungen. Dieser direkte Übergang heißt **Sublimieren**.

Sublimieren im Teilchenmodell

Durch Energie aus der Umgebung, beispielsweise durch den Wind, erhöht sich die innere Energie der äußeren Eisteilchen. Aufgrund der höheren Energie können sich die Teilchen heftiger bewegen und der Abstand zwischen den Teilchen wird immer größer. Schließlich können einige Teilchen aus dem Teilchenverbund ausbrechen und sich als gasförmiges Wasser in der Luft verteilen. Ein Teil des Schnees liegt dann im gasförmigen Zustand vor.

Resublimieren

Auf umgekehrte Weise entsteht **Raureif**, den du an einem kalten Morgen auf Bäumen sehen kannst. Gasförmiges Wasser hat sich an den kalten Zweigen abgesetzt und ist sofort erstarrt. Wiederum ist die flüssige Phase übersprungen worden. Dieser Übergang heißt **Resublimieren**.

Den gasförmigen Wasserteilchen der feuchten Luft wurde durch den Kälteeinbruch so viel innere Energie entzogen, dass sie sich gleich zu Eiskristallen verbunden haben. Die Bewegung der Teilchen ist stark eingeschränkt.

> Das Sublimieren ist der direkte Übergang vom festen in den gasförmigen Zustand. Der Übergang von gasförmig zu fest heißt Resublimieren.

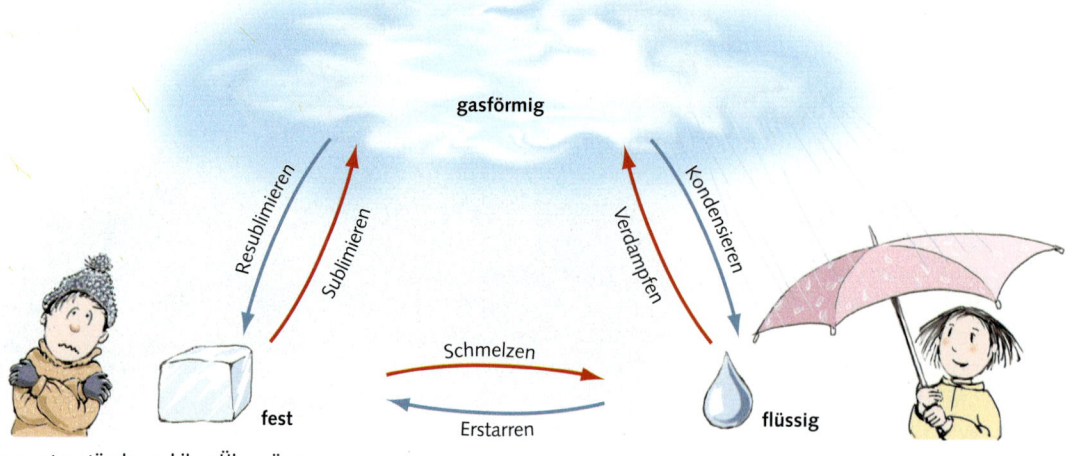

3 Die Aggregatzustände und ihre Übergänge

Von fest zu gasförmig und zurück

Sublimieren: Kometen
In der Kälte des Weltraums hat der **Komet** keinen Schweif. Er besteht nur aus einem festen Kern aus Staub, Eis und anderen Stoffen. Nähert sich der Komet der Sonne, erwärmt er sich. Es bildet sich Wasserdampf durch das Sublimieren von Eis, dabei werden auch große Mengen Staub frei. Das ist dann der Staubschweif des Kometen.

Sublimieren: Gefriertrocknung
Durch **Gefriertrocknung** lassen sich Lebensmittel, Kaffee und auch Blutplasma schonend haltbar machen.
Für löslichen Kaffee wird trinkfertiger Kaffee tiefgefroren. Der gefrorene Kaffee kommt in eine Apparatur, die fast luftleer gepumpt wird. Das gefrorene Wasser sublimiert und der Kaffee bleibt in Form von goldbraunen Körnchen zurück.

1.
Beschreibe die Entstehung des langen Staubschweifes eines Kometen.

2.
Erkläre, warum der Kühlschrank vereist.

3.
a) Erläutere, dass festes Kohlenstoffdioxid als Trockeneis bezeichnet wird.
b) Beschreibe das Sublimieren von Trockeneis mithilfe des Teilchenmodells.

Resublimieren: Trockeneis
Wird das gasförmige Kohlenstoffdioxid auf etwa −80 °C abgekühlt, geht es in den festen Aggregatzustand über, es resublimiert. Festes Kohlenstoffdioxid wird **Trockeneis** genannt. Es wird zum Kühlen, aber auch in Nebelmaschinen eingesetzt. Zusammen mit Wasser lässt sich ein Nebel erzeugen, der besonders fein und dicht ist. Er ist schwerer als Luft und breitet sich deshalb dicht über dem Boden aus.

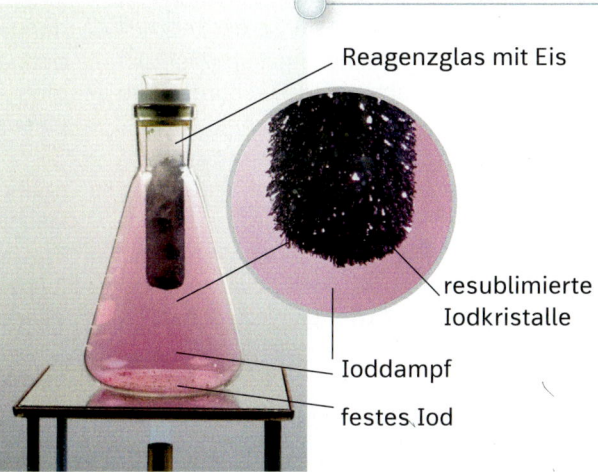

Reagenzglas mit Eis
resublimierte Iodkristalle
Ioddampf
festes Iod

Iod sublimiert oder resublimiert
Wird festes Iod erhitzt, entsteht unmittelbar violetter Ioddampf. An einer kühlen Oberfläche resublimiert der Ioddampf zu Kristallnadeln.

PINNWAND

Thermische Ausdehnung von festen Gegenständen

1.
a) Schlage zwei Nägel so in ein Holzbrett, dass eine Münze gerade noch hindurchpasst (Bild 1).
b) Erwärme die Münze und versuche, ob sie zwischen den Nägeln durchrutscht.
c) Kühle die Münze ab und wiederhole den Versuch. Erkläre deine Beobachtungen.

2.
a) Halte eine Metallkugel wie in Bild 2 in eine Brennerflamme und lege sie dann auf den Ring.
b) Kühle die heiße Kugel mit Eiswasser ab. Lege sie dann erneut auf den Ring.
c) Beschreibe jeweils deine Beobachtungen mithilfe des Teilchenmodells.

3.
a) Spanne einen Eisendraht wie in Bild 4 straff zwischen zwei Halterungen ein. Erwärme den Draht auf der ganzen Länge vorsichtig mit einer Brennerflamme und beobachte.
b) Kühle den Draht ab. Beschreibe jeweils deine Beobachtung mithilfe des Teilchenmodells.

1 Passt die Münze hindurch?

3 Ein heißer Sommertag

Längenausdehnung
Erwärmst du einen straff gespannten Draht, so kannst du beobachten, dass er länger wird. Durch die Wärmezufuhr erhöht sich die innere Energie des Drahtes. Die höhere mittlere kinetische Energie der Teilchen sorgt für eine stärkere Bewegung der Teilchen und durch die höhere mittlere potenzielle Energie der Teilchen wird der Abstand zwischen ihnen größer. Die Kohäsionskräfte nehmen ab. Der Körper wird wärmer und dehnt sich aus. Deshalb verursacht eine Temperaturzunahme stets eine Volumenzunahme (Bild 3).

Beim Abkühlen nimmt die innere Energie des Drahtes ab. Die Teilchen bewegen sich weniger stark und der Abstand zwischen den Teilchen vermindert sich. Der Draht zieht sich zusammen.

Allseitige Ausdehnung
Die Münze verhält sich genauso wie der Draht. Ihr Durchmesser vergrößert sich bei Erwärmung und schrumpft bei Abkühlung. Erwärmst du eine Kugel, so kannst du die thermische Ausdehnung in alle Richtungen gut beobachten. Durch das Erwärmen erhöht sich die mittlere kinetische Energie der Teilchen. Sie schwingen stärker gegeneinander und benötigen mehr Platz. Deshalb dehnen sich die Körper aus. Je mehr Teilchen zur Verfügung stehen, desto stärker ist die Ausdehnung. Deshalb dehnt sich der Draht vor allem in der Länge, die Münze in der Fläche und die Kugel gleichmäßig über das ganze Volumen aus.

Beim Abkühlen ziehen sich alle Gegenstände wieder zusammen.

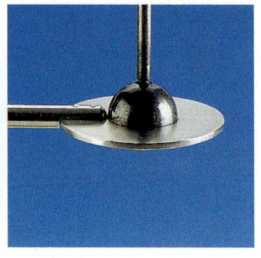

2 Eine Kugel wird erwärmt.

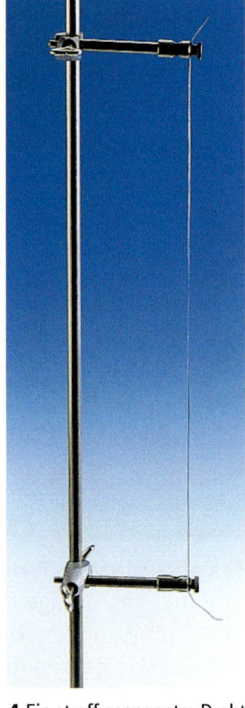

4 Ein straff gespannter Draht

> Erhöht sich in festen Körpern die innere Energie, dehnen sie sich aus. Nimmt die innere Energie in festen Körpern ab, ziehen sie sich zusammen.

Längenänderung durch Erwärmen

Rohrleitungen
Rohrleitungen in Industrieanlagen und bei Fernwärmeleitungen müssen oft hohe Temperaturunterschiede aushalten. Deshalb werden sie entweder in Abständen zu Schleifen gezogen (Bild links) oder mit Zieharmonika ähnlichen Zwischenstücken versehen (Bild rechts). Dadurch können sich Rohre beim Erwärmen ausdehnen oder beim Abkühlen zusammenziehen, ohne dass sie dabei zerstört werden.

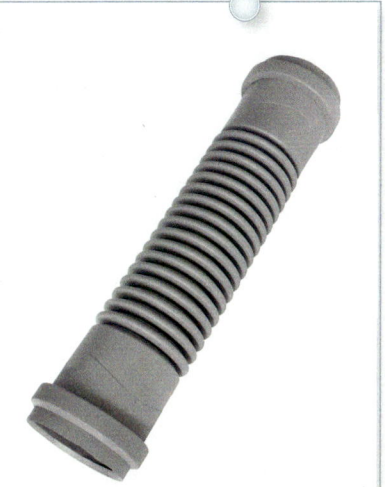

Dehnungsfugen
Auch Brücken ändern durch Temperaturschwankungen ihre Länge. Deshalb werden beim Bau Spalten zwischen der Straße und der Brücke eingeplant. Diese Spalten heißen **Dehnungsfugen.** Die Stoßstellen werden mit Eisenblechen überdeckt, die mit Zähnen ineinander greifen (Bild links). So können die Autos über die Fugen hinwegrollen. Damit bei der Längenänderung keine Schäden an den Auflagestellen der Brücke entstehen, werden sie auf Gleitlagern beweglich gelagert (Bild rechts).

Versuch: Erwärmung eines Gummibandes
Befestige ein Gummiband, beispielsweise einen Einmachring, an einem Stativ und hänge unten ein Wägestück von 500 g an. Stelle einen Bücherstapel unter das Wägestück, dass es gerade darauf aufliegt. Erhitze nun das Gummiband mithilfe eines Haartrockners. Beschreibe deine Beobachtungen.

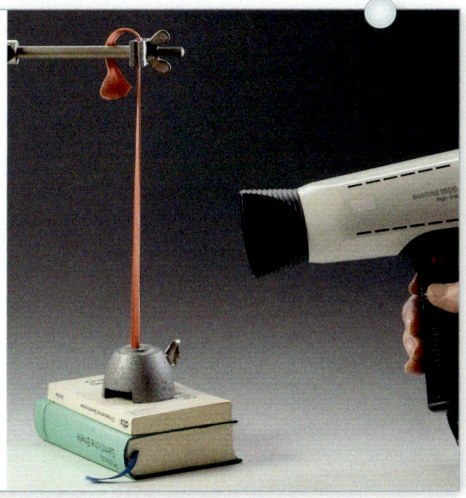

1. Vergleiche deine Ergebnisse aus dem Versuch mit anderen Stoffen, beispielsweise Metallen.

2. Erläutere, warum dieser Versuch die Grenzen des Teilchenmodells aufzeigt.

PINNWAND

Das Bimetall-Thermometer

1.
a) Lege zwei 20 cm lange und 1,5 cm breite Streifen aus Kupfer und Nickel nebeneinander. Klemme sie an einem Ende fest ein und erwärme sie gleichmäßig mit der Brennerflamme. Beschreibe die Beobachtungen und erkläre die Unterschiede.
b) Lege die beiden Metallstreifen aufeinander und verschraube sie fest miteinander. Spanne sie an einem Ende fest ein. Vermute, was mit dem Streifen beim Erwärmen passieren wird. Überprüfe deine Vermutung.

2.
a) Klemme einen möglichst langen Streifen aus Kaugummipapier an einem Ende in ein aufgespaltenes Hölzchen. Halte den Streifen in die Nähe einer Kerzenflamme und lass ihn dann abkühlen. Beschreibe die Beobachtung.
b) Wickle den Streifen zu einer Spirale auf und wiederhole die Erwärmung und Abkühlung. Begründe deine Beobachtungen.
c) Wickle die Spirale andersherum auf und erwärme sie. Beschreibe deine Beobachtungen.

3.
Erkläre, weshalb sich ein Streifen aus Bimetall beim Erwärmen und beim Abkühlen jeweils in entgegengesetzter Richtung krümmt.

4.
a) Finde heraus, welche zwei Metalle sich jeweils am besten zur Herstellung eines Bimetallstreifens eignen.
b) Recherchiere Verbindungstechniken zwischen den verschiedenen Metallen eines Bimetallstreifens.

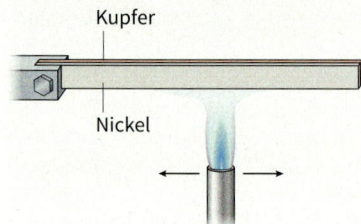

1 Erwärmen von zwei Metallen

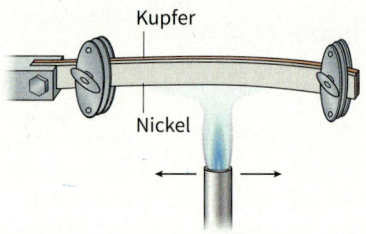

2 Erwärmen von zwei verbundenen Metallen

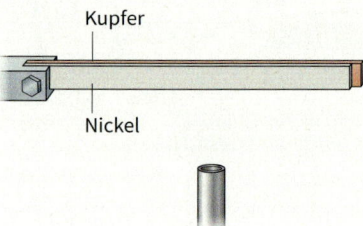

3 Abkühlen von zwei erwärmten Metallen

Zwei Metalle werden erwärmt
Was geschieht, wenn zwei verschiedene, miteinander verbundene Metallstreifen erwärmt werden? Der Streifen, der sich am stärksten ausdehnt, verursacht eine Krümmung. Denn durch die feste Verbindung mit dem anderen Streifen kann er sich nicht gerade ausdehnen. Ein solches Bauteil aus fest miteinander verbundenen, unterschiedlichen Metallstreifen heißt **Bimetallstreifen.**

Ein Kupferstreifen dehnt sich beim Erwärmen stärker aus als ein Nickelstreifen. Sind beide fest miteinander verbunden, dehnt sich der Bimetallstreifen beim Erwärmen zum Nickelstreifen hin. Die Länge des Kupferstreifens ist dann größer als die Länge des Nickelstreifens.

Wie krümmt sich die Spirale?
Wenn bei einer Spirale aus Kaugummipapier das Papier außen ist, weitet sich die Spirale auf, weil sich die Aluminiumschicht stärker ausdehnt als das Papier.

Ähnlich verhält sich eine Bimetallspirale, die als Messfühler in einem **Bimetall-Thermometer** eingesetzt ist (Bild 5).

Materialabhängigkeit
Metalle dehnen sich bei Zunahme der inneren Energie verschieden stark aus, weil die Stärke der Kohäsionskräfte materialabhängig ist.

> Ein Bimetallstreifen krümmt sich bei Zunahme der inneren Energie in Richtung des Metalls, welches sich weniger ausdehnt.

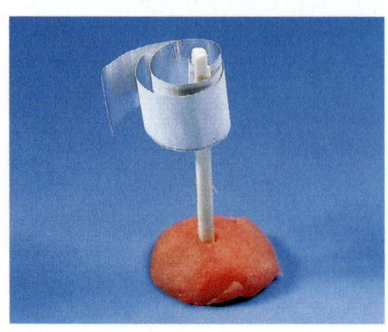

4 Aufgerolltes Kaugummipapier

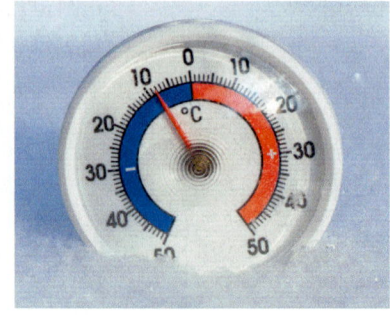

5 Bimetall-Thermometer

Thermische Ausdehnung von Flüssigkeiten

1.
a) Fülle einen Stehkolben randvoll mit Wasser und erwärme ihn. Beobachte dabei den Wasserstand und notiere.
b) Stelle den Stehkolben nach dem Erwärmen in ein Gefäß mit Eiswasser. Beobachte erneut und erkläre deine Beobachtungen.

2.
a) Baue den Versuch nach Bild 1 auf. Zu Beginn müssen alle Flüssigkeiten im Steigrohr gleich hoch stehen und die gleiche Temperatur haben.
b) Stelle die drei Stehkolben gleichzeitig in warmes Wasser. Beobachte und notiere die Veränderungen.
c) Erkläre, warum alle drei Kolben in demselben Wasserbad erwärmt werden müssen.

3.
Beschreibe, wie die Skala eines selbstgebauten Thermometers geändert werden müsste, wenn du als Flüssigkeit Alkohol anstelle des Wassers verwenden würdest.

4.
Erkläre, welche der Flüssigkeiten aus Versuch 2 als Füllung in einem Thermometer geeignet wäre, um kleine Temperaturunterschiede anzuzeigen.

1 Ausdehnung verschiedener Flüssigkeiten:
A Wasser, **B** Glycol, **C** Spiritus

Flüssigkeiten dehnen sich aus

Wird wie in Bild 2 Wasser oder eine andere Flüssigkeit erwärmt, so dehnt sie sich aus. Durch das Erwärmen erhöht sich die innere Energie in der Flüssigkeit. Die höhere mittlere kinetische Energie der Teilchen führt zu seiner heftigeren Bewegung der Teilchen und zu einer höheren Temperatur der Flüssigkeit. Die höhere mittlere potenzielle Energie der Teilchen bewirkt einen größeren Abstand der Teilchen zueinander. Deshalb braucht die gleiche Menge Flüssigkeit mehr Platz, das Volumen vergrößert sich. Beim Abkühlen verringert sich die innere Energie. Die Flüssigkeit zieht sich wieder zusammen und benötigt weniger Platz, das Volumen verkleinert sich (Bild 3).

Materialabhängige Volumenänderung

Auch Flüssigkeiten besitzen materialabhängige Kohäsionskräfte. Deshalb dehnen sich Flüssigkeiten beim Erwärmen unterschiedlich stark aus. Bei gleicher Erwärmung dehnt sich Alkohol fast fünfmal mehr aus als Wasser. Umgekehrt ziehen sich die Flüssigkeiten wieder zusammen, wenn sie abgekühlt werden.

Um Innentemperaturen zu messen, eignet sich ein Alkoholthermometer besser als ein Thermometer, dessen Steigrohr mit Wasser gefüllt ist. Am Alkoholthermometer lässt sich die Temperatur viel genauer ablesen.

Bei großer Hitze sollte ein Auto nicht vollgetankt werden, da die Temperatur des Kraftstoffes an der Zapfsäule geringer ist als im Auto in der prallen Sonne. Beim Erwärmen dehnt sich der Kraftstoff im Tank aus und könnte überlaufen.

2 Erwärmtes Wasser **3** Abgekühltes Wasser

> Verschiedene Flüssigkeiten dehnen sich bei Zunahme der inneren Energie unterschiedlich stark aus und ziehen sich bei Abnahme der inneren Energie entsprechend wieder zusammen.

Die Sprinkleranlage

1 Sprinkler, eingebaut in die Decke

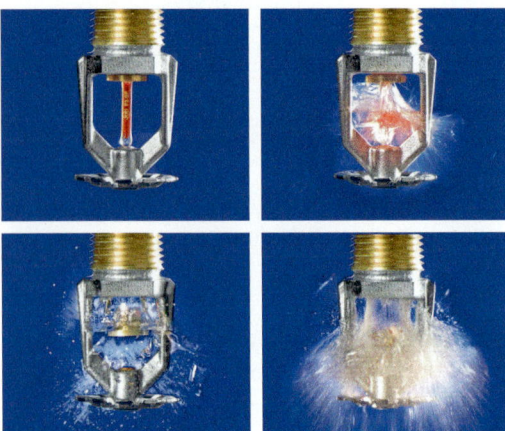

2 Wenn die Ampulle zerbricht, strömt das Wasser.

Farbe	Auslösetemperatur in °C
Orange	57
Rot	68
Gelb	79
Grün	93
Blau	141
Violett	182

3 Die Farbe zeigt die Auslösetemperatur an.

Aufbau eines Sprinklers
In Krankenhäusern, Kaufhäusern oder Tiefgaragen siehst du an den Decken häufig **Sprinkleranlagen.** Sie sollen als automatische Feuerlöscher verhindern, dass sich aus einem Feuer ein Großbrand entwickelt.

Die Sprinkler werden mit einem Einschraubgewinde in die Wasserrohrleitungen eingeschraubt, die an der Decke montiert sind. Im Brandfall wirkt der Sprinkler als **Ventil** und öffnet an dieser Stelle die Wasserleitung, sodass der Brand gelöscht wird. Normalerweise sind die Rohre unter der Deckenverkleidung versteckt. Du siehst dann nur den Rahmen, den Sprühkopf und eine Glasampulle mit gefärbter Flüssigkeit (Bild 1).

Die Ampulle ist das Geheimnis
In der Ampulle befindet sich etwas gefärbte Flüssigkeit. Erwärmt sich die Luft um die Ampulle herum, wie das bei einem Brand der Fall ist, erhöht sich auch die innere Energie der Flüssigkeit. Die Teilchen bewegen sich immer heftiger und jedes Teilchen benötigt immer mehr Platz. Je höher die Temperatur ist, desto stärker dehnt sich die Flüssigkeit aus. Ist die Kraft gegen die Glasampulle zu stark, so platzt sie. Die Ampulle ist ein Temperaturschalter, die den Sprinkler öffnet.

Wasser marsch
Im unversehrten Zustand verschließt die Glasampulle mit einem Stopfen die Wasserleitung. Ist die Ampulle zerstört, wird der Stopfen durch die Kraft des Wassers aus dem Sprinkler herausgedrückt. Die Wasserleitung ist geöffnet und Wasser strömt aus der Leitung (Bild 2). Durch den Sprühteller wird das Wasser verteilt, sodass es einen größeren Bereich berieseln kann.
Ist der Brand gelöscht, kann das Wasser nur über den Absperrhahn der Wasserleitung abgestellt werden.

Die Sache mit der Luftblase
Je nach Umgebung kann die Auslösetemperatur unterschiedlich gewählt werden. Üblicherweise liegt sie 30 Grad über der durchschnittlichen Betriebstemperatur. Somit ist die Auslösetemperatur in Krankenhäusern oder klimatisierten Bürogebäuden niedriger als in Industrieunternehmen, die bei hohen Temperaturen arbeiten.
Um diesen Anforderungen gerecht zu werden, gibt es Ampullen mit unterschiedlich gefärbten Flüssigkeiten. Die jeweilige Farbe zeigt die Auslösetemperatur an. Der Unterschied ist die eingeschlossene Luftblase. Je größer die eingeschlossene Luftblase, desto höher ist die Auslösetemperatur.

1. In Filmen siehst du häufig, dass im Brandfall sämtliche Sprinkler auslösen und den gesamten Raum unter Wasser setzen. Erkläre, ob diese Darstellung mit der Funktionsweise von Sprinklern übereinstimmt.

Feuermelder

Wo Feuer ist, entsteht auch Wärme. Die Feuerwarnanlagen, die ihr in diesem Projekt bauen könnt, reagieren auf diese Wärme. Sie lösen aber auf unterschiedliche Weise Alarm aus.

TEAM 1
Ein Bimetall gibt Alarm
Der Schlitten wird zunächst von einem Riegel festgehalten. Wird das Bimetall erwärmt, so biegt sich seine obere Kante nach hinten und schiebt den Riegel fort. Wenn der Schlitten von Nagel zu Nagel rutscht, wird das Pendel bei jedem Nagel zur anderen Seite gerissen. Es lässt dann die Glocke klingen. Es gibt Alarm.

TEAM 2
Feuermelder wachsweich
Die dicke Schraube als Massestück würde die Achse drehen, kann es aber nicht, weil eine Holzleiste den Mechanismus blockiert. Die Holzleiste wird von einem Zwirnsfaden gehalten. Das eine Ende des Fadens ist mit Stearin getränkt und um eine Stecknadel gewickelt worden. Solange das Stearin fest bleibt, kann sich die Achse nicht drehen. Wenn es heiß wird, wird das Stearin weich. Beginnt sich die Achse zu drehen, schlagen die Schrauben an den Enden der Kugelschreiberfedern als Klöppel gegen die Glocke. Es gibt Alarm.

TEAM 3
Ein Feuermelder mit Sprengkapsel
Das Backaromafläschchen ist mit abgekochtem Wasser gefüllt. Es darf keine Luftblase enthalten, am besten haltet ihr es zum Füllen unter Wasser. Die Scharniere pressen den Verschluss fest gegen die Öffnung. An dem Fläschchen ist ein kleiner Eimer mit Steinen aufgehängt. Solange das Fläschchen heil ist, hält es die Öffnung des Eimers oben. Zersprengt das erwärmte und ausdehnende Wasser das Glas, so kippt der Eimer. Die Steine fallen auf ein Blech und geben so Alarm.

Die Anomalien des Wassers

1.
a) Fülle einen hohen Standzylinder zur Hälfte mit kaltem Wasser und gib Eis hinzu. Stelle ein Thermometer hinein (Bild 1).
b) Miss ohne inzwischen umzurühren nach etwa 20 min vorsichtig die Temperatur in verschiedenen Tiefen. Notiere die Messwerte und erkläre sie.

2.
Bringe Kerzenwachs in einer Teelichthülle zum Schmelzen. Gib dann ein kleines Stück festes Wachs hinein. Notiere die Beobachtungen und ziehe Schlussfolgerungen bezüglich der Dichte der Stoffe aus den Versuchen 1 und 2 im festen und im flüssigen Zustand.

3.
Fülle eine leere Teelichthülle mit Wasser und eine zweite gleich hoch mit flüssigem Kerzenwachs. Stelle beide ins Gefrierfach. Nimm sie nach einiger Zeit heraus und beschreibe das Aussehen der beiden Oberflächen. Deute deine Beobachtungen.

Wasser verhält sich anders

Eis schwimmt immer oben auf dem Wasser. Das ist schon etwas Besonderes, denn bei allen anderen Stoffen hat der feste Zustand eines Stoffes eine höhere Dichte als der flüssige Zustand. Der feste Körper sinkt in der Flüssigkeit des gleichen Stoffes auf den Boden. Gibst du beim Zinngießen festes Zinn in das schon flüssige Metall, so sinkt der feste Körper sofort nach unten. Das Gleiche geschieht mit festem Fett, wenn du es zu bereits geschmolzenem Fett in eine Fritteuse gibst.

Wasser kristallisiert zu Eis

Wenn sich Wasser unterhalb seiner Siedetemperatur abkühlt, verhält es sich wie alle anderen Stoffe. Mit dem Abkühlen sinkt die innere Energie des Wassers. Die Wasserteilchen bewegen sich immer weniger stark, der Abstand zwischen den Wasserteilchen wird kleiner, die Kohäsionskräfte zwischen den Teilchen nehmen zu. Bei einer Temperatur von 4 °C befindet sich die größtmögliche Anzahl von Wasserteilchen in einem bestimmten Volumen. Das Wasser hat bereits hier die größte Dichte erreicht (Bild 3).

Zwischen 4 °C und 0 °C nimmt die Dichte des Wassers wieder ab. Der Abstand zwischen den Wasserteilchen vergrößert sich. Je mehr sich die Temperatur der Erstarrungstemperatur nähert, desto mehr Eiskristalle mit einer hexagonalen Form (Bild 4) bilden sich im Wasser. Das Wasser dehnt sich stetig aus.

Bei 0 °C geht Wasser in festes Eis über. Da sich bei den hexagonalen Kristallen viel Platz zwischen den einzelnen Wassermolekülen befindet, ist der Abstand der Wasserteilchen größer als bei 4 °C. Darum hat Eis ein größeres Volumen und damit eine geringere Dichte als Wasser bei gleicher Masse. Aus 1,0 l Wasser werden 1,1 l Eis. Als Folge schwimmt Eis auf Wasser. Diese beiden Verhaltensweisen werden **Anomalien des Wassers** genannt.

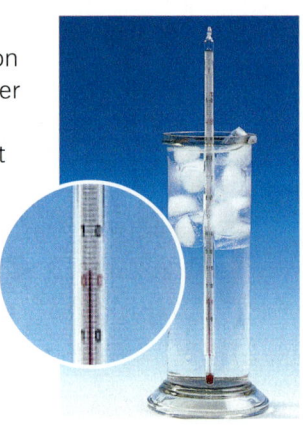

1 Temperaturen in Eiswasser

2 Festes und flüssiges Wachs

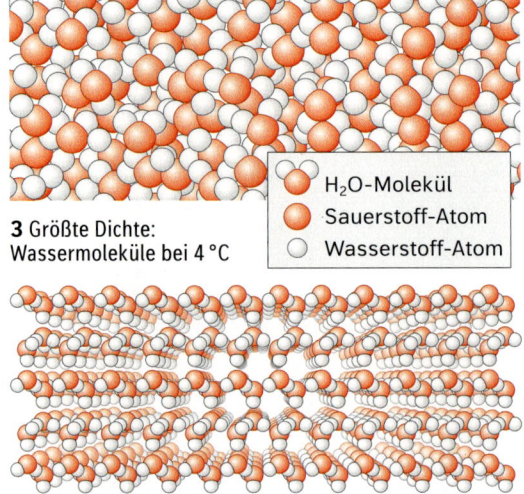

3 Größte Dichte: Wassermoleküle bei 4 °C

- H_2O-Molekül
- Sauerstoff-Atom
- Wasserstoff-Atom

4 Eis: Wassermoleküle bei 0 °C haben hexagonale Form.

Wasser weist zwei Anomalien auf:
1. Bei 4 °C besitzt Wasser seine größte Dichte.
2. Beim Erstarren dehnt sich Wasser aus.

Auswirkungen der Anomalien

Frostaufbrüche
Wasser dringt in alle Ritzen im Asphalt ein und gefriert dort. Da Eis mehr Raum benötigt als Wasser, wird der Straßenbelag aufgesprengt.

Wasserflaschenbruch

Elbsandsteingebirge
Erosion formte in Millionen von Jahren aus einer kompakten Sandsteinplatte freistehende Felsformationen. Aus feinen Rissen wurden große Felsspalten. Am Fuße der Felsen bilden sich **Erosionskegel** aus sehr feinem Sand.

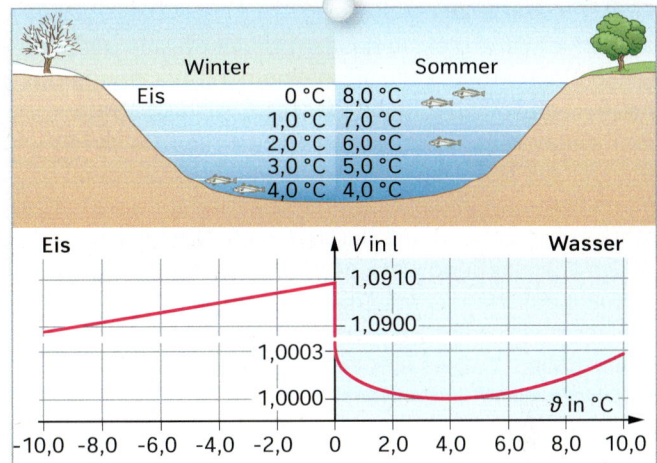

Wasser in einem See
Kühlt Wasser in einem See ab, erreicht es bei 4 °C das geringste Volumen bei gleicher Masse. Die Dichte ist am größten und das Wasser dieser Temperatur sinkt im See nach unten ab.
Bei 0 °C steigt das Volumen des Wassers schlagartig an. Das Wasser kristallisiert in einer hexagonalen Kristallstruktur zu Eis. Wasser geht von seinem flüssigen in den festen Aggregatzustand über. Das Eis schwimmt auf der Seeoberfläche.

1.
Erkläre, wie sich die Anomalien des Wassers in einem See im Winter auswirken.

2.
Überlege, was mit den Fischen passieren würde, wenn Seen von unten nach oben zufrieren würden.

3.
Erläutere, warum du eine volle Mineralwasserflasche nicht zum Kühlen in das Gefrierfach eines Kühlschrankes legen solltest.

4.
Erläutere, warum der Scheibenwaschanlage im Auto während des Winters ein Frostschutzmittel zugefügt werden sollte.

5.
Erkläre die Entstehung eines Wasserrohrbruches im Winter.

PINNWAND

Thermische Ausdehnung von Gasen

1.
a) Markiere drei gleiche Reagenzgläser etwa in der Mitte durch einen Strich. Fülle sie in einem mit Wasser gefüllten Becken vollständig mit Wasser. Spanne die Reagenzgläser wie in Bild 1 umgekehrt ein, sodass der Strich auf gleicher Höhe ist. Führe nacheinander von unten einen Schlauch in die Reagenzgläser und fülle sie bis zur Markierung mit Luft, mit Butan und mit Sauerstoff.
b) Gib anschließend warmes Wasser in das Becken.
c) Kühle das Wasser mit Eiswürfeln ab.
d) Beschreibe deine Beobachtungen aus b) und c).
e) Formuliere daraus eine Folgerung für die thermische Ausdehnung verschiedener Gase.

2.
Probiere, Wasser in ein Reagenzglas zu bekommen, das mit einem durchbohrten Stopfen verschlossen ist. Beschreibe dein Vorgehen.

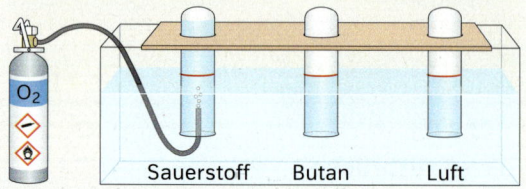

1 Reagenzgläser sind mit unterschiedlichen Gasen gefüllt.

Luft dehnt sich aus

Wenn du im Sommer eine Luftmatratze schlapp aufpustest und sie in die Sonne legst, ist sie nach einer Weile prall gefüllt (Bild 2B). Das liegt daran, dass sich die Luft in der Luftmatratze durch die Wärmestrahlung der Sonne ausgedehnt hat und nun ein größeres Volumen einnimmt. Die Wärme erhöht die innere Energie der Luft. Die Luftteilchen bewegen sich heftiger. Die mittlere kinetische Energie der Teilchen wird größer, die Temperatur steigt. Auch der Abstand zwischen den Teilchen wird größer. Die Luft nimmt ein größeres Volumen ein und die Kräfte der Teilchen wirken stärker von innen gegen die Wände der Luftmatratze.

Luft zieht sich zusammen

Wenn du im Winter zu Hause aus einer Kunststoffflasche mit Mineralwasser getrunken hast, diese Flasche mit dem Schraubverschluss wieder verschließt und anschließend nach draußen legst, hörst du es bald knacken. Die Flasche hat sich zusammengezogen und verformt (Bild 3A). Durch das Abkühlen der Luft in der Flasche sinkt die innere Energie der Luft in der Flasche. Die Temperatur der Luft nimmt ab und die Teilchen bewegen sich weniger stark. Folglich ist die mittlere kinetische Energie der Teilchen gesunken. Auch die mittlere potenzielle Energie der Teilchen nimmt ab, der Abstand zwischen den Teilchen wird kleiner. Die Luft nimmt ein geringeres Volumen ein. Die Kraftwirkung der Teilchen auf die Innenwand der Flasche verringert sich.

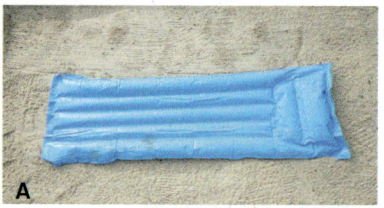

2 Luftmatratze: **A** im Schatten, **B** in der Sonne

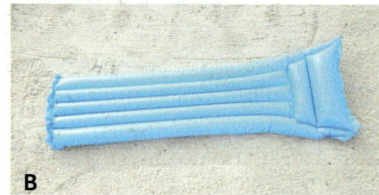

Alle Gase verhalten sich gleich

Der Versuch 1 zeigt, dass dieses Verhalten bei allen Gasen vergleichbar ist. Anders als Festkörper und Flüssigkeiten dehnen sich alle Gase gleichmäßig aus und ziehen sich gleichmäßig zusammen. Dieser Wert ist keine stoffabhängige Größe.

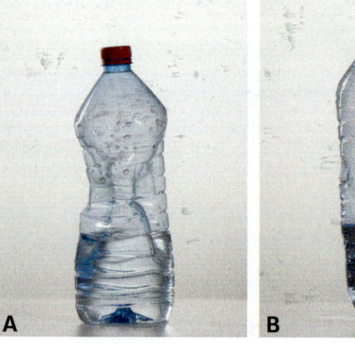

3 PET-Flasche: **A** bei Frost, **B** in der Wärme

> Nimmt die innere Energie zu, dehnen sich alle Gase gleichartig aus. Nimmt die innere Energie ab, ziehen sich Gase gleichartig zusammen. Es gibt keine stoffspezifischen Unterschiede im Ausdehnungsverhalten von Gasen.

Innere Energie und Wärme | 99

Ausdehnung von Wasser und Luft

Wie kommt das Ei in die Flasche?
Du hast ein hartgekochtes, geschältes Ei, eine Glasflasche und einen Haartrockner. Die Öffnung einer Glasflasche ist zwar groß, aber das Ei passt trotzdem nicht hindurch. Oder doch?

Heißluftballon
Im Heißluftballon befindet sich erwärmte Luft. Sie ist umso wärmer, je höher sie innerhalb des Ballons ist. Die Dichte der warmen Luft ist geringer als die Dichte der kälteren Umgebungsluft. Während des Erwärmens entweicht die überschüssige Luft durch die Öffnung nach unten aus dem Ballon. Der Ballon steigt auf.

1.
a) Führe den Versuch „Wie kommt das Ei in die Flasche?" zu Hause durch.
b) Bringe das Ei mithilfe der Luft wieder aus der Flasche heraus.

2.
Erkläre mithilfe der Dichte und des Teilchenmodells, wie ein Heißluftballon funktioniert.

3.
Begründe, welche Ampulle der Sprinkleranlage bei einer höheren Temperatur auslöst.

4.
Übertrage die Zeichnung des Ausdehnungsgefäßes in dein Heft. Zeichne die Lage der Membran
a) bei hoher Temperatur des Heizungswassers,
b) bei niedriger Temperatur der Heizung ein.

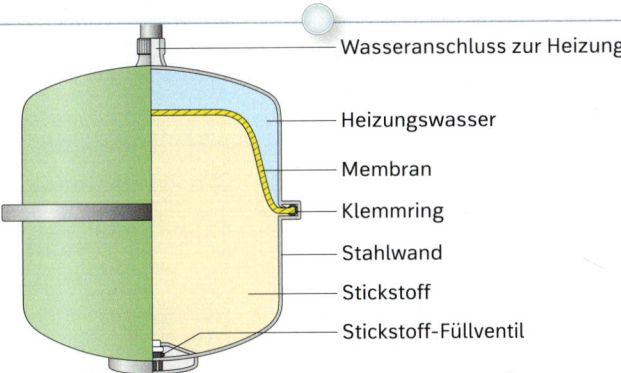

- Wasseranschluss zur Heizung
- Heizungswasser
- Membran
- Klemmring
- Stahlwand
- Stickstoff
- Stickstoff-Füllventil

Ampulle des Sprinklers
Anders als Gase können Flüssigkeiten nicht zusammengedrückt werden. Sie sind **nicht komprimierbar.** Die Luftblase in der Ampulle des Sprinklers kann zusammengedrückt werden. Je gößer die Luftblase ist, umso stärker kann sich die Flüssigkeit ausdehnen und umso länger hält die Ampulle der Temperatur stand.

Ausdehnungsgefäß
Eine Heizungsanlage ist mit Wasser gefüllt. Dehnt sich das Wasser beim Erwärmen aus, könnte es dieses geschlossene System zerstören. Aus diesem Grund werden in Heizungsanlagen **Ausdehnungsgefäße** eingebaut. Dort trennt eine Membran den mit Wasser gefüllten Raum von einem Stickstoffbereich. So kann sich die Flüssigkeit beim Erwärmen in diesen mit Gas gefüllten Raum hinein ausdehnen. Das Heizungssystem bleibt unbeschadet.

PINNWAND

Wärmestrom ist Energietransport Protokoll

1. Erwärme 300 ml Wasser in einem Becherglas auf der Heizplatte. Miss in Abständen von 30 s die Temperatur und trage die Werte in eine Tabelle ein. Beende den Versuch, wenn das Wasser eine Temperatur von etwa 70 °C erreicht hat.

2. Stelle die Werte aus Versuch 1 in einem Zeit-Temperatur-Diagramm dar.

3. Wiederhole Versuch 1 und Aufgabe 2 mit 150 ml Wasser. Vergleiche die Temperaturkurven und begründe die Unterschiede.

1 Die Heizplatte erwärmt kaltes Wasser.

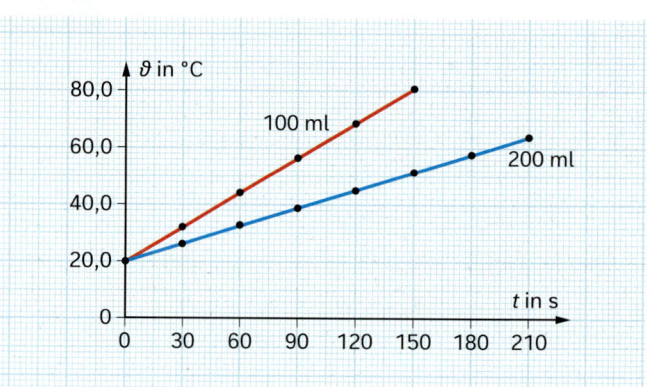

2 Temperaturanstieg bei Energieübertragung

Wärme wird übertragen

Eine Heizplatte wandelt elektrische Energie in innere Energie um. Danach findet eine Energieübertragung von der Heizplatte auf das Gefäß mit kaltem Wasser statt (Bild 1). Wenn das Wasser die innere Energie aufnimmt, steigt seine Temperatur. Es findet ein Energietransport in Form von Wärme statt. In gleichen Zeitabständen erfolgt ein gleichmäßiger Temperaturanstieg. Der Anstieg der Temperatur und die dazu erforderliche Zeit verlaufen direkt proportional zueinander. Damit werden in gleichen Zeitabschnitten gleiche Mengen an Wärme an das Wasser übertragen.
Wird die Ausgangsmenge des Wassers halbiert, steigt bei gleichbleibender Wärmemenge die Temperatur des Wassers um den doppelten Wert (Bild 2).

3 Der Wärmestrom ist gerichtet.

Wärme strömt

Der Übergang der Wärme von einem Körper mit höherer Temperatur auf einen Körper mit niedrigerer Temperatur wird **Wärmestrom** genannt. Der Wärmestrom hat eine Richtung. Er verläuft immer vom wärmeren Körper K_W zum kälteren Körper K_K, also hier von der heißen Gasflamme des Bunsenbrenners zum Eisennagel (Bild 3). Dabei wird ein Teil der inneren Energie der Flamme des Bunsenbrenners auf die innere Energie des Nagels übertragen.

Nicht ohne Antrieb

Der Antrieb für den Wärmestrom ist der Temperaturunterschied zwischen dem wärmeren Körper K_W und dem kälteren Körper K_K.
Die Temperaturdifferenz zwischen den beteiligten Körpern wird in der Physik durch das Δ (griech., gesprochen: delta) ausgedrückt. Je größer der Temperaturunterschied ist, desto größer ist auch der Wärmestrom. Es gilt:

$$\Delta\vartheta = \vartheta_W - \vartheta_K \text{ mit } \Delta\vartheta > 0 \quad \text{oder} \quad \Delta T = T_W - T_K \text{ mit } \Delta T > 0$$

Wärmestrom ist Energietransport. Dabei wird Wärme von einem Körper höherer Temperatur auf einen Körper mit niedrigerer Temperatur übertragen. Je größer der Temperaturunterschied ist, desto größer ist der Wärmestrom.

Protokoll Thermisches Gleichgewicht

1. ▤ Ⓥ
Baue einen Versuch wie in Bild 1 auf. Verwende zwei Bechergläser, die du ineinanderstellen kannst. Fülle in das innere Glas bis unter den Rand Wasser mit einer Temperatur von etwa 40 °C. Befülle den Zwischenraum im größeren Glas mit kaltem Wasser. Rühre und miss in beiden Wassermengen in Abständen von 20 s die Temperatur. Notiere die Werte in einer Tabelle.

2. ▤ Ⓐ
a) Trage deine Messwerte aus Versuch 1 in ein Zeit-Temperatur-Diagramm ein. Vergleiche die Temperaturkurven. Beschreibe, was du feststellst.
b) Erkläre, warum das Zeit-Temperatur-Diagramm aus Aufgabe a) von den idealen Temperaturverläufen in Bild 2 abweicht.

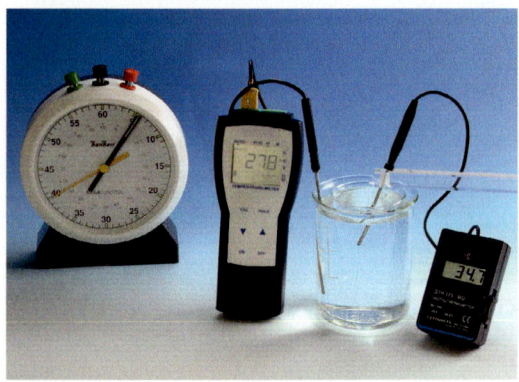

1 Wärmeübergang zwischen zwei Körpern

2 Der Temperaturverlauf ist gegenläufig.

Der Wärmestrom versiegt

Gefriergut aus dem Tiefkühlfach hat eine Temperatur von −18 °C. Die Temperatur der Umgebungsluft beträgt 20 °C. Das ergibt einen Temperaturunterschied von 38 °C oder 38 K. Die Luft hat eine höhere innere Energie als das Gefriergut. Deshalb entsteht ein Wärmestrom, der von der wärmeren Umgebungsluft zum kälteren Lebensmittel gerichtet ist. Die Luftteilchen bewegen sich allmählich langsamer, die Teilchen des Gefrierguts schwingen heftiger. Dadurch verändern sich die Abstände der Teilchen. Das Gefriergut taut auf. Durch den gerichteten Wärmestrom sinkt die Temperatur des wärmeren Körpers, die des kälteren Körpers steigt (Bild 3A). Wenn beide Körper die gleiche Temperatur erreicht haben, kommt der Wärmestrom zum Erliegen. Es fehlt der Antrieb. Der Wert $\Delta\vartheta$ oder ΔT nimmt den Wert 0 an. Zwischen den Körpern herrscht ein **thermisches Gleichgewicht** (Bild 3B).

> Wenn beide Körper die gleiche Temperatur erreicht haben, besteht ein thermisches Gleichgewicht. Der Energietransport kommt zum Erliegen.

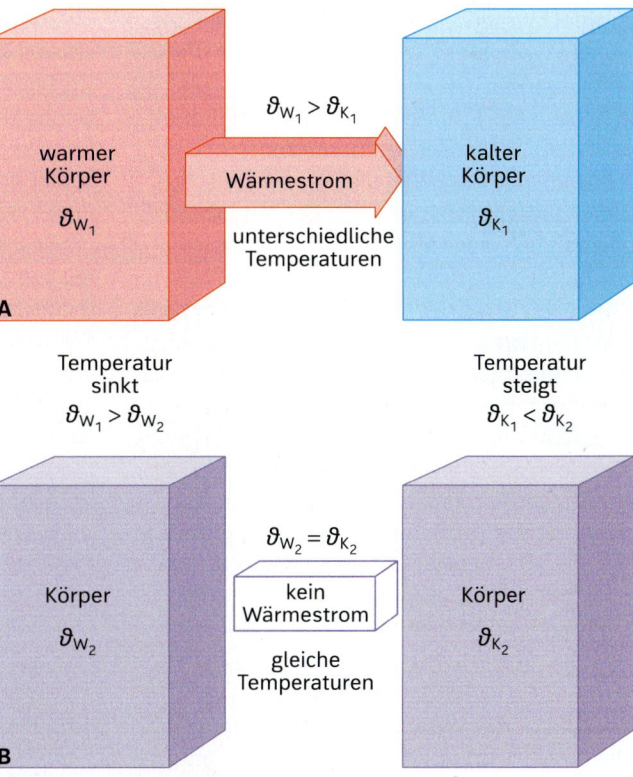

3 Ein Temperaturunterschied verursacht einen Wärmestrom, bis das thermische Gleichgewicht erreicht ist: **A** bei t = 0 s, **B** ab t = 230 s.

Basiskonzepte S. 119

Wärmeleitung

1.
a) Lege Streichhölzer wie in Bild 1A auf ein Kreuz aus Eisen, Kupfer und Messing. Vermute die Zündreihenfolge der Streichhölzer.
b) Erhitze das Kreuz mit einer Gasflamme.
c) Erkläre im Teilchenmodell, wie die Wärme von der Gasflamme zu den Streichholzköpfen transportiert wird.

2.
a) Stelle wie im Bild 1B Körper aus verschiedenen Materialien gleichzeitig in ein Glas mit heißem Wasser. Berühre nach einiger Zeit das obere Ende der einzelnen Körper. Beschreibe, was du feststellst.
b) Sortiere die verwendeten Materialien in einer Tabelle nach guten und schlechten Wärmeleitern.
c) Trage jeweils drei weitere Körper ein.

3.
Fülle ein Reagenzglas mit Wasser. Gib Eiswürfel hinein. Drücke sie wie in Bild 1C mit einem Draht nach unten. Erhitze das Wasser am oberen Rand des Glases. Ziehe Schlussfolgerungen aus deinen Beobachtungen.

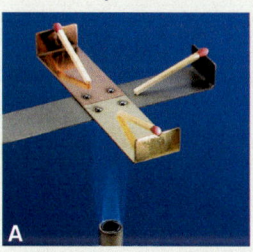 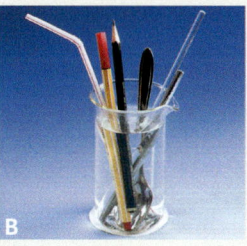 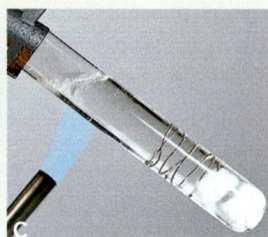

1 Verschiedene Wärmeleiter

Energietransport zwischen zwei sich berührenden Körpern

Ein Metalllöffel in heißem Tee erwärmt sich sehr schnell. Zwischen Körpern, die einander berühren, wird die Wärme durch **Wärmeleitung** übertragen. Dabei wird die innere Energie des wärmeren Tees kleiner und die des Löffels größer. Die Wärme bewegt sich als Wärmestrom vom Tee zum Löffel. Der Löffel wird heiß. Wenn der Temperaturunterschied ausgeglichen ist, bildet sich ein thermisches Gleichgewicht zwischen den Körpern. Damit gibt es auch keine Wärmeleitung mehr.

Energietransport innerhalb des Körpers

Wird ein Körper an einer Stelle erwärmt, so findet innerhalb des Körpers ein Energietransport durch Wärmeleitung statt. Die Teilchen der erwärmten Stelle bewegen sich heftiger. Sie haben eine höhere mittlere kinetische Energie. Sie stoßen mit den langsameren Nachbarteilchen zusammen. Die Teilchen geben Energie ab und werden langsamer. Dadurch sinkt die Temperatur der erwärmten Stelle. Die mittlere kinetische Energie der Nachbarteilchen steigt. Sie bewegen sich heftiger. Die Temperatur steigt. Innerhalb des Körpers breitet sich der Wärmestrom gleichmäßig in alle Richtungen aus. Der Wärmestrom endet, wenn sich ein thermisches Gleichgewicht innerhalb des Körpers gebildet hat.

Gute und schlechte Wärmeleiter

Sind die Griffe eines Topfes aus Kunststoff, kannst du sie gefahrlos anfassen, wenn du den Topf vom Herd nimmst. Bei Metallgriffen musst du Topflappen benutzen. Metalle sind gute **Wärmeleiter.** Im Topflappen befinden sich Luftpolster, die die Wärmeleitung behindern. Luft ist ein sehr schlechter Wärmeleiter.

Im Sommer erwärmt sich Wasser in tiefen Seen durch die Sonne nur an der Oberfläche. Je tiefer du ins Gewässer tauchst, desto kühler wird es. Flüssigkeiten leiten Wärme schlechter als Metalle, aber besser als Gase.

Eine Erklärung liefert das Teilchenmodell. Der Abstand der Luftteilchen ist größer als der Abstand von Flüssigkeitsteilchen, und der wiederum größer als der von Festkörperteilchen. Je größer der Abstand der Teilchen ist, desto seltener kommt es zu Wechselwirkungen. Dadurch kann immer weniger Energie transportiert werden.

Schlechte Wärmeleiter sind nützlich

Menschen und Tiere nutzen die schlechte Wärmeleitung der Luft aus. Katzen und Hunde bekommen in der kalten Jahreszeit ein dichteres Fell, Vögel plustern bei Kälte ihr Gefieder auf. Genau wie bei einem Skipullover werden dadurch viele Luftpolster eingeschlossen.

> Wärmeleitung ist Energietransport innerhalb eines Körpers. Die Wärme wird durch Wechselwirkung von Teilchen mit höherer kinetischer Energie zu Teilchen mit niedrigerer kinetischer Energie übertragen. Gute Wärmeleiter sind Metalle. Schlechte Wärmeleiter sind Flüssigkeiten und Gase.

Wärmestrahlung

1.
Fülle zwei Reagenzgläser je zur Hälfte mit Wasser und stelle sie im Abstand von 10 cm vor eine Reflektorlampe. Stelle wie in Bild 1 ein Blatt Papier vor ein Glas. Miss die Temperatur des Wassers. Schalte die Lampe ein und miss nach 5 min erneut. Erkläre deine Beobachtung.

2.
Nimm zwei gleichartige Thermometer und umwickle die Vorratsbehälter mit Alufolie. Beruße die Folie eines Thermometers (Bild 2). Stelle beide Thermometer für 5 min im gleichen Abstand vor eine Reflektorlampe. Beschreibe deine Beobachtung.

3.
a) Beschreibe die Seiten des Leslie-Würfels nach Farbe und Oberflächenbeschaffenheit.
b) Fülle heißes Wasser in den Würfel. Notiere deine Vermutungen, welche Seite am stärksten Wärme abstrahlt und welche am wenigsten.
c) Miss mit einem Infrarotthermometer die Wärmestrahlung an allen Seiten des Würfels.
d) Ziehe Schlussfolgerungen aus deinen Beobachtungen und vergleiche diese mit deinen Vermutungen.

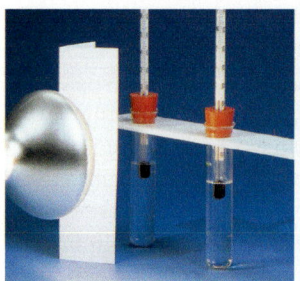
1 Erwärmung durch Strahlung

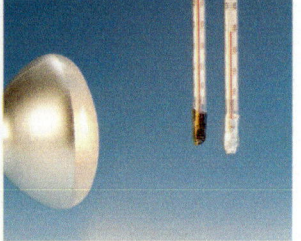
2 Heller oder dunkler Körper

3 Abstrahlung

4 Santorin in Griechenland

Die Wärme der Sonne

Ein Lagerfeuer erwärmt die Körperseite besonders stark, die dem Feuer zugewandt ist. Auch die Wärme von anderen Wärmequellen kannst du spüren, ohne diese zu berühren. So versorgt die Sonne die Erde mit Wärme, obwohl sie $150 \cdot 10^6$ km entfernt ist. Zwischen Sonne und Erde befindet sich kein Stoff, der die Wärme weiterleiten kann. Ihre Wärme wird als Wärmestrom in Form von **Wärmestrahlung** zur Erde transportiert.

Emission

Die Sonne gibt Wärmestrahlung ab, sie **emittiert** (lat.: emittere, aussenden) die Wärmestrahlung. Deshalb ist es auf der Erde warm. Ein Versuch wie in Bild 3 zeigt die Emission von Wärme. Ein mit heißem Wasser gefüllter **Leslie-Würfel** besitzt vier verschiedenartige Flächen: schwarz-glatt, weiß-glatt, metallisch-matt und metallisch-glatt. Mit dem Versuch kannst du zeigen, dass die Farbe des Körpers keinen Einfluss auf die Wärmestrahlung hat. Lediglich die Beschaffenheit der Oberfläche spielt eine Rolle. So strahlt die metallisch-glatte Oberfläche die geringste Wärme ab. Bei der metallisch-matten Oberfläche kannst du die größte Wärmeabstrahlung messen.

Reflexion und Absorption

Trifft die Strahlung auf einen Körper mit heller oder glatter Oberfläche, so wird ein größerer Teil **reflektiert,** ein kleinerer Teil der Wärme wird aufgenommen, er wird **absorbiert.**
Ein Körper mit dunkler oder rauer Oberfläche absorbiert den größten Teil der auftreffenden Wärmestrahlung. Deshalb erwärmen sich dunkle Körper in der Sonne stärker als helle Körper.
Die weißen Häuser auf der Insel Santorin in Griechenland (Bild 4) und in anderen südlichen Ländern absorbieren weniger Wärmestrahlung als anders farbige Häuser.

> Wärmestrahlung ist Energietransport ohne Materie. Die Emission von Wärmestrahlung ist von der Art der Oberfläche des Körpers abhängig. Körper mit heller und glatter Oberfläche reflektieren Wärmestrahlung, während dunkle Körper mit matter Oberfläche die Wärmestrahlung eher absorbieren.

Konvektion in Flüssigkeiten

1.
a) Fülle ein Glasrohr wie in Bild 2 mit Wasser. Gib eine Spatelspitze Farbpulver dazu und stelle ein Thermometer in die Öffnung. Stelle ein brennendes Teelicht unter eine Ecke des Glasrohres. Beobachte und lies die Temperatur mehrfach ab.
b) Stelle die Flamme unter die andere Ecke des Rohres. Beschreibe und begründe deine Beobachtungen.

2.
Beschreibe weitere Beispiele aus deinem Alltag, bei denen Dichteunterschiede aufgrund von Temperaturänderungen zu einem Transport von Wärme führen.

3.
Im Aquarium soll eine Heizung installiert werden. Finde eine geeignete Position und begründe deine Wahl aus physikalischer Sicht.

1 Heizung fürs Aquarium

Die Wärme strömt

Ein mit Wasser gefülltes Glasrohr wird an einer der unteren Ecken mit einem Teelicht erwärmt (Bild 2). Nach Zugabe eines Farbstoffes kannst du erkennen, dass der Farbstoff im Kreis mitgeführt wird. Er steigt auf der Seite mit dem Teelicht nach oben und bewegt sich zur Seite. Wie von selbst sinkt das gefärbte Wasser ab und fließt unten wieder zum Teelicht. Hier wird das Wasser erneut erwärmt.
Die Wärme wird als Wärmestrom vom Wasser mitgeführt. Die **Wärmeströmung** wird auch als **Konvektion** bezeichnet. Bei der Konvektion bewegt sich der Körper, dessen innere Energie verändert wird.

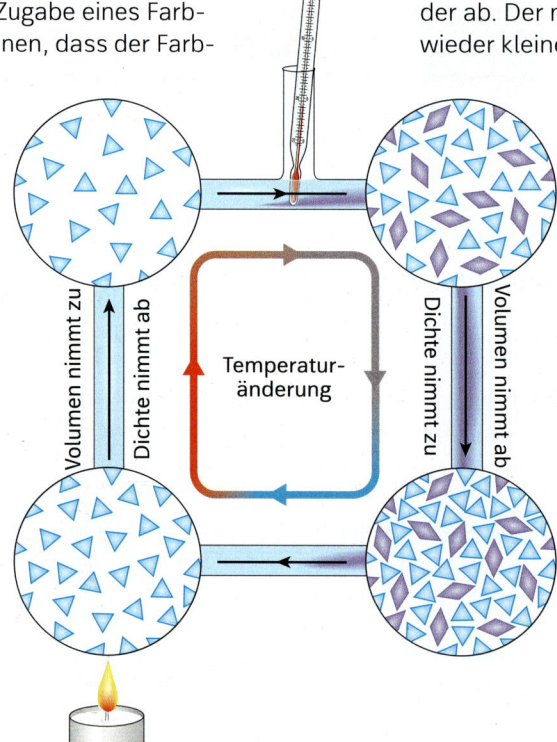

2 Wärmeströmung

Die Flüssigkeit kühlt ab

Schon während das erwärmte Wasser im Glasrohr nach oben strömt, kühlt dieses wieder ab. Der mittlere Abstand der Teilchen wird wieder kleiner. Die Masse ist unverändert.
Auf dem Weg auf die andere Seite des Rohrs wird weiterhin Wärme an das Glasrohr und an die Umgebung abgegeben. Die Teilchen innerhalb der Flüssigkeit rücken wieder zusammen. Die Dichte wird wieder größer (Bild 2C).

Der Kreislauf beginnt von vorne

Durch den Anstieg der Dichte sinkt das Wasser wieder ab und strömt am unteren Teil des Glasrohrs wieder in Richtung Wärmequelle (Bild 2D). Der Kreislauf beginnt von vorne. Die Wärme wird aufgrund der Temperaturunterschiede und die damit hervorgerufenen Dichteunterschiede vom Wasser mitgeführt. Der Prozess endet, wenn die Energiezufuhr von außen beendet wird.

Das Teilchenmodell hilft

Zur Erklärung der Mitführung der Wärme hilft das Teilchenmodell. Wird das Wasser im Glasrohr erwärmt, nimmt der mittlere Abstand der Teilchen zu. Das Volumen vergrößert sich bei konstanter Masse (Bilder 2A und 2B). Die Dichte des Wassers wird kleiner. Es steigt nach oben.

> Konvektion ist Energietransport, bei dem Wärme durch bewegte Teilchen mitgeführt wird. Die Konvektion entsteht durch Dichteunterschiede infolge von Temperaturänderungen in der Flüssigkeit.

Innere Energie und Wärme | 105

Konvektion in Gasen

1.
Meist befinden sich Heizkörper in einem Raum unterhalb der Fenster. Begründe die Wahl des Standortes.

2.
Suche nach Informationen über Winde, die durch Wärmeströmung entstehen. Beschreibe ihre geografische Lage und erkläre, wie sie zustande kommen.

Konvektion im Kleinen

Wenn eine Heizung in Betrieb ist, findet in deinem Zimmer regelmäßig Konvektion statt. In vielen Räumen befindet sich die Heizung unter dem Fenster. Sobald die Heizung eingeschaltet ist, gibt der Heizkörper Wärme an die Teilchen der Luft ab. Die Luftteilchen rücken weiter auseinander. Das Volumen vergrößert sich bei gleichbleibender Masse. Dadurch verringert sich die Dichte der Luft und sie steigt nach oben. An der Raumdecke kühlt sie sich wieder ab. Die Teilchen verringern ihren mittleren Abstand wieder. Deshalb wird die Dichte der Luft wieder größer und sie sinkt ab. Es bildet sich ein **Wärmekreislauf**. Das Zimmer ist überall angenehm warm.

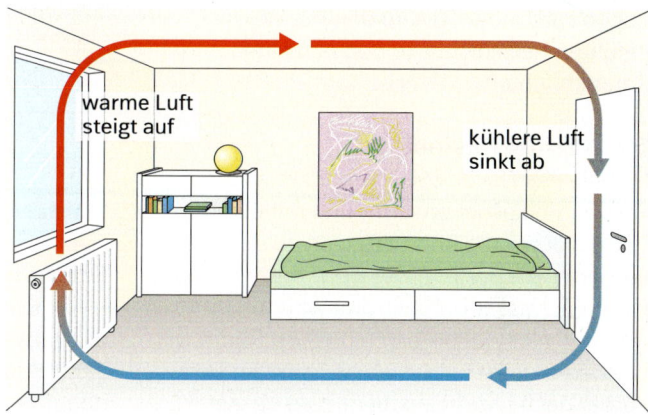

1 Wärmeströmung in deinem Zimmer

Konvektion im Großen

In Äquatornähe haben sich die Seefahrer schon seit Jahrhunderten auf die beständigen Ostwinde verlassen. Sie heißen **Passatwinde**. Auch sie entstehen durch Konvektion, also durch die Änderung der Dichte durch Temperaturunterschiede in der Luft. Im Bereich der **innertropischen Konvergenzzone (ITC)** über dem Äquator (Bild 2) steht die Sonne nahezu senkrecht über der Erdoberfläche. Deshalb erwärmt sich die Erde und damit die Luft in diesem Bereich besonders stark. Die Teilchen der Luft vergrößern ihren mittleren Abstand bei gleicher Masse, weshalb die Dichte der Luft abnimmt. Die Luft steigt auf. In der Tabelle in Bild 3 kannst du die Dichteunterschiede bei verschiedenen Temperaturen ablesen. Anders als in deinem Zimmer kann sie nun allerdings in zwei Richtungen strömen. Auf ihrer Reise in Richtung der Wendekreise verlieren die Luftteilchen an innerer Energie, ihr Abstand verkleinert sich. Die Luft kühlt ab. Die Dichte nimmt wieder zu, die Luft sinkt ab. Sie strömt in Bodennähe wieder zurück zum Äquator. Dabei wehen die Passatwinde aufgrund der Erddrehung in westliche Richtung als Ostwinde um den Äquator.

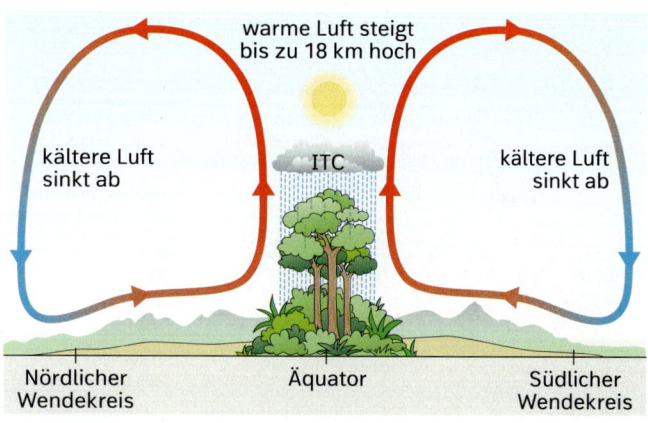

2 Passatwinde

ϑ in °C	ϱ_{Luft} in $\frac{kg}{m^3}$
−10	1,341
−5	1,316
0	1,292
5	1,269
10	1,247
15	1,225
20	1,204
25	1,184
30	1,164

3 Luftdichte bei verschiedenen Lufttemperaturen auf Meereshöhe

> Konvektion in Gasen entsteht durch Dichteunterschiede infolge der Temperaturänderung in dem Gas.

Energietransport im Alltag

Die Zentralheizung
In vielen Häusern ist eine **Zentralheizung** wie in Bild 1 eingebaut. Oberhalb eines Brenners befindet sich ein wasserdurchströmter Heizkessel mit Warmwasserspeicher. Für das Heizungssystem ist der Kessel mit Rohrleitungen verbunden, die zu den mit Wasser gefüllten Heizkörpern in den einzelnen Räumen führen.

Ein Wärmekreislauf
Mithilfe des Öl- oder Gasbrenners wird das Wasser im Kessel erwärmt und mit einer Pumpe durch die Rohrleitungen zu den Heizkörpern transportiert. Der Heizkörper, der vom warmen Wasser durchströmt wird, erwärmt sich und gibt Wärme an die Luft im Raum weiter. Das Wasser kühlt sich ab, sinkt im Heizkörper nach unten und fließt zum Kessel zurück. Die Hinleitung zum Heizkörper ist deshalb wärmer als die Rückleitung und jeder Heizkörper ist oben wärmer als unten.

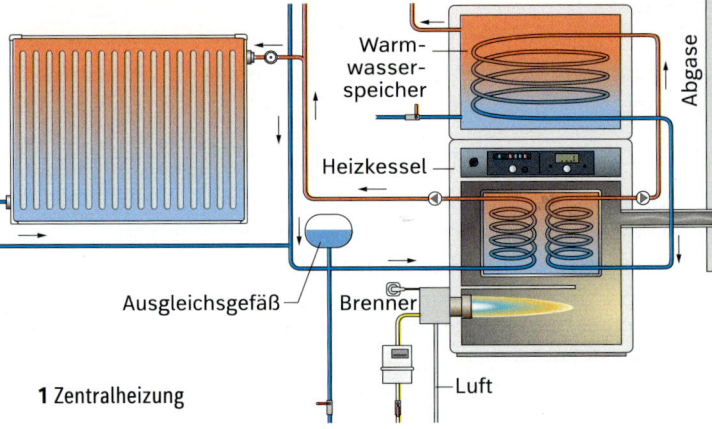

1 Zentralheizung

Erzwungene Konvektion
Natürliche Konvektion entsteht durch Dichteunterschiede der verwendeten Flüssigkeiten. Dies wäre bei einer Zentralheizung unwirtschaftlich, da höhere Temperaturen nötig wären. Das Wasser wird durch eine Pumpe in die Heizkörper oder in die Schleifen der Fußbodenheizung befördert. In einer Zentralheizung handelt es sich somit um eine **erzwungene Konvektion.**

Der natürliche Treibhauseffekt
Die von der Sonne ausgehende Wärmestrahlung kann die Erdatmosphäre nahezu ungehindert durchdringen. Auf der Erde wird ein Teil der Wärmestrahlung absorbiert. Sie erwärmt die Erde. Der andere Teil wird von der Erde in Richtung Weltall reflektiert. Dieser Teil kann unsere Atmosphäre allerdings nur noch teilweise durchdringen. Der andere Teil wird wieder in Richtung Erdoberfläche reflektiert und erwärmt somit die Erde weiter. Der **natürliche Treibhauseffekt** ist wichtig für eine angenehme Temperatur auf der Erde.

Der anthropogene Treibhauseffekt
Durch die von Menschen verursachten Treibhausgase wie Ozon, Methan, Wasserdampf, Stickstoffoxide oder Kohlenstoffdioxid wird der Treibhauseffekt verstärkt. Die Gase behindern zusätzlich die Abstrahlung ins Weltall. Somit durchdringt noch weniger Wärmestrahlung unsere Atmosphäre. Die Erde erwärmt sich noch stärker. Es kommt zum **anthropogenen Treibhauseffekt**, der vom Menschen **zusätzlich** verursacht wird. Durch umweltbewusstes Handeln kann dieser Treibhauseffekt vermindert werden.

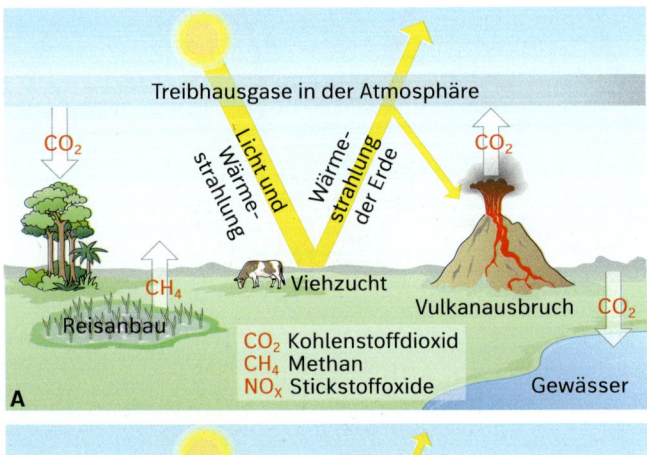

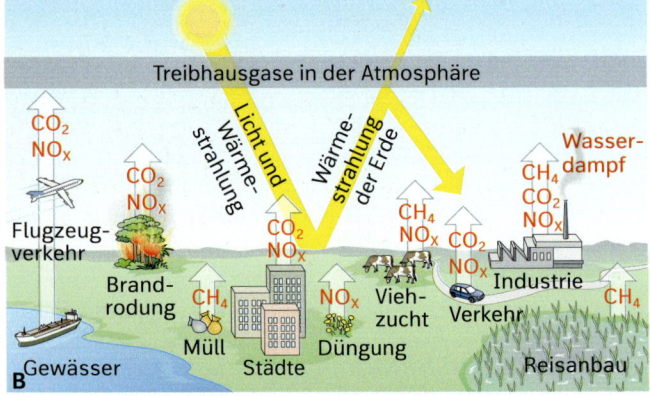

2 Treibhauseffekt: **A** natürlicher, **B** anthropogener, zusätzlicher

Das Prinzip Nachhaltigkeit

Nachhaltigkeit

Vor über 300 Jahren formulierte der Forstwirt HANS CARL VON CARLOWITZ (1645 –1714) das **Prinzip Nachhaltigkeit:** „Um den Holzbedarf zukünftiger Generationen zu sichern, sollen in einem Wald nur so viele Bäume gefällt werden, wie auch nachwachsen können." In den letzten Jahrzehnten entwickelt sich der Begriff Nachhaltigkeit zu einem gesellschaftlichen Leitbild. Nachhaltigkeit vereint **soziales, ökologisches** und **ökonomisches** Handeln, das heute und in Zukunft unsere Lebensbedingungen sichern soll. Dazu sollen **Ressourcen,** also für den Menschen verfügbare Materialien wie Rohstoffe, Nahrung, aber auch seine Zeit, sorgsam eingesetzt und geschützt werden.

1 Nachhaltigkeitsdreieck

Soziale Nachhaltigkeit

Der Mensch sollte so handeln, dass keine **irreversiblen,** also nicht rückgängig machbare Veränderungen an der Welt vorgenommen werden. Es wird darauf Wert gelegt, Armut zu bekämpfen und soziale Gerechtigkeit zu schaffen. Allen, auch folgenden Generationen, soll ein gutes Leben im Einklang mit der Natur und der Wirtschaft möglich sein.

Ökologische Nachhaltigkeit

Die ökologische Nachhaltigkeit beschreibt den verantwortungsvollen Umgang mit natürlichen Ressourcen. Hierzu gehört auch, Ökosysteme wie den Regenwald durch Abholzung nicht aus dem Gleichgewicht zu bringen. Der Mensch sollte die natürlichen Ressourcen so nutzen, dass sie für nachfolgende Generationen erhalten bleiben.

Ökonomische Nachhaltigkeit

Ökonomisch nachhaltig handelnde Menschen unterstützen die Wirtschaft, die ökologisch und sozial nachhaltig produziert und Ressourcen nicht ausbeutet. Durch den Kauf von Fair-Trade-Artikeln unterstützen sie solche Erzeuger. Auch der Kauf biologisch produzierter, regionaler Produkte gehört dazu. Sie tragen so ihren Anteil zur Nachhaltigkeit bei.

Energieeffizienz

Beim Neubau und bei der Sanierung von Heizungsanlagen müssen ressourcenschonende, **energieeffiziente** Anlagen eingebaut werden. Diese Anlagen müssen allen Bereichen der Nachhaltigkeit gerecht werden. Eine nachhaltige Heizung soll keine irreversiblen Veränderungen an der Welt vornehmen, also keine Treibhausgase ausstoßen, die zur Klimaerwärmung beitragen. Somit ist eine Gas- oder Ölheizung keine Option für eine nachhaltige Heizung. Diese Heizungen würden auch den Anforderungen der ökologischen Nachhaltigkeit nicht gerecht werden. Sie benötigen **fossile Energieträger,** die nur noch beschränkt verfügbar sind.

Energiesuffizienz

Auch der bewusste Verzicht auf Energiekonsum schont Ressourcen. **Energiesuffizienz** setzt aktives Handeln des Menschen voraus. So kann durch Stoßlüften statt dauerhaft gekippter Fenster, Vermeidung von Stand-by-Geräten, aktives Ausschalten von nicht verwendeten Elektrogeräten und nicht benötigter Lichtquellen Energie gespart werden.

Kombinieren ist sinnvoll

Allerdings ist aktuell kein Heizungssystem für sich alleine vollständig nachhaltig. Jedoch mithilfe von **Fotovoltaikanlagen** und **Solarthermiekollektoren,** in denen durch die Wärmestrahlung der Sonne Wasser erwärmt wird, können fossile Energieträger durch den **regenerativen Energieträger** Sonne ersetzt werden. Erst in Kombination entsteht ein Heizsystem, das zusammen mit einer guten Isolierung allen Kriterien der Nachhaltigkeit gerecht wird.

1.
Diskutiert Möglichkeiten, euer Verhalten und Handeln nachhaltig zu gestalten.

Beeinflussung des Wärmestroms

1.
a) Fülle 200 ml Wasser mit einer Temperatur von 50 °C in ein 250 ml-Becherglas. Miss in Abständen von 20 s die Temperatur und trage die Werte in eine Tabelle ein.
b) Wiederhole Versuch a) mit einem 1000 ml-Becherglas.
c) Übertrage die Messwerte in ein t-ϑ-Diagramm. Vergleiche die Temperaturkurven und interpretiere sie.

2.
Formuliere mit den Ergebnissen aus Versuch 1 einen Je-desto-Satz, der die Auswirkung der Größe der Wasseroberfläche auf den Temperaturverlauf zeigt.

3.
a) Ummantele ein 250 ml-Becherglas mit Alufolie. Befülle es mit 50 °C warmem Wasser. Verschließe es mit Alufolie und steche den Messfühler des Thermometers hindurch. Lies in Abständen von 20 s die Temperatur ab und notiere die Werte.
b) Wiederhole Versuch a) mit einer Lage und anschließend mit zwei Lagen Moosgummi als Ummantelung.
c) Erstelle ein t-ϑ-Diagramm und interpretiere es.

4.
a) Baue mit geeigneten Materialien eine Thermoskanne (Bild 1).
b) Überprüfe ihre Wirksamkeit und begründe diese mithilfe der Wärmetransportarten.

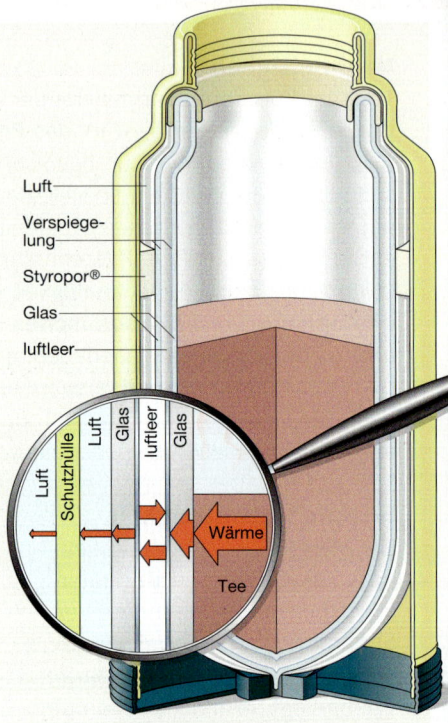

1 Aufbau einer Thermoskanne

Faktoren der Beeinflussung
Die Größe des Wärmestroms kannst du durch verschiedene Faktoren beeinflussen. Diese Faktoren zusammen bestimmen, wie groß oder klein der Wärmestrom ist, der das Material durchströmt.

Die Größe der Oberfläche des Körpers
Ein Glas mit warmem Wasser gibt die Wärme als Wärmestrom an die Umgebungsluft ab. Bei gleicher Wärmemenge versiegt der Wärmestrom bei einem Glas mit größerer Oberfläche schneller. Je größer die Oberfläche eines Körpers ist, desto größer ist der Wärmestrom an die Umgebungsluft. Dies wird bei Heizkörpern ausgenutzt, die durch ihren Aufbau immer eine große Oberfläche haben. Dadurch kann mehr Wärme an die Zimmerluft abgegeben werden.

Die Art des Stoffes
Wird der warme Körper mit einem Stoff ummantelt, so wird die Dauer des Wärmestroms beeinflusst. Stoffe, die schlechte Wärmeleiter sind, verlängern die Dauer des Wärmestroms. Sie werden **Dämmstoffe** genannt.
Je schlechter ein Stoff die Wärme leitet, desto kleiner ist der Wärmestrom. Dies machst du dir bei gefütterten Winterjacken zunutze. Diese Fütterung enthält viel Luft, ein schlechter Wärmeleiter.

Die Querschnittsfläche des Dämmstoffes
Bei gleichen Dämmstoffen wird der Wärmeübergang durch die Querschnittsfläche der Dämmschicht beeinflusst. Je dicker der Dämmstoff ist, desto geringer ist der Wärmestrom. Deshalb haben moderne Dämmstoffe bei Häusern große Querschnittsflächen.

2 Wärmestrom:
A bei unterschiedlich großen Oberflächen,
B bei unterschiedlichen Dämmstoffen

> Der Wärmestrom ist abhängig von der Größe der Oberfläche des Körpers sowie von der Art und der Querschnittsfläche des Dämmmaterials.

Basiskonzepte S. 119

Wärmedämmung dient der Nachhaltigkeit

Dämmstoffe und andere Faktoren beeinflussen den Wärmestrom

Bei der Energieversorgung eines Wohnhauses hat die Wärme den größten Anteil. Alle Maßnahmen, mit denen Wärmemengen eingespart werden können, tragen zur Nachhaltigkeit bei. Sie bewirken eine Schonung der Energieträger und sorgen für eine Reduzierung der Erderwärmung.

Der überwiegende Teil aller Heizungsanlagen wird mit Öl oder Gas als Energieträger betrieben. Diese fossilen Energieträger sind in ihrer Verfügbarkeit begrenzt. Eine besondere Bedeutung haben Maßnahmen zur Wärmedämmung. Welche Wirkung haben Dämmstoffe auf den Wärmestrom, der in einem Haus von innen nach außen strömt?

In diesem Projekt untersucht ihr, welche Stoffe den Wärmetransport vermindern und welche weiteren Faktoren auf den Wärmestrom einen Einfluss haben.

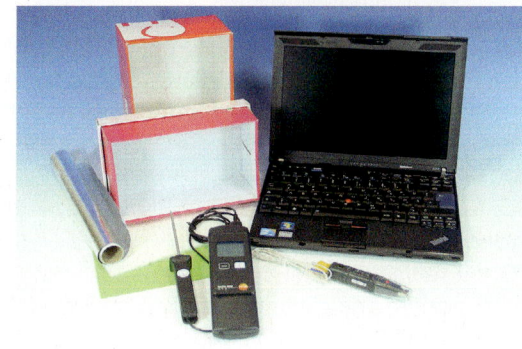

1 Material

ALLE TEAMS
Verwendet in allen Teams eine Halogenlampe (12 V|20 W) aus einer Niedervoltbeleuchtung als Wärmequelle. Nehmt für einen Zeitraum von 15 min im Abstand von 1 min ein Zeit-Temperatur-Diagramm auf. Schaltet dann die Lampe ab und bestimmt für weitere 15 min erneut die Temperaturwerte. Vergleicht die Anfangs- und die Endtemperatur. Auch eine digitale Datenaufnahme mit einem Datenlogger und einem Notebook ist möglich.

TEAM ❶
Die Größe der Oberfläche
Verwendet vier Schuhkartons mit unterschiedlicher Größe als Modellhäuser. Berechnet zuerst die Oberflächen der Modellhäuser. Nehmt anschließend für jedes Modellhaus eine Messreihe auf. Vergleicht und diskutiert eure Ergebnisse.

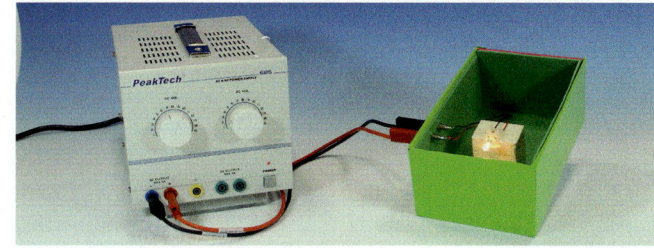

2 Das Modellhaus wird erwärmt.

TEAM ❷
Art des Dämmstoffes
- Verwendet zwei gleich große Kartons. Kleidet den einen Karton mit Aluminiumfolie und den anderen mit Styropor aus. Führt für jeden der Dämmstoffe eine Messreihe durch. Vergleicht und diskutiert eure Ergebnisse.

- Kleidet einen Karton mit beiden Stoffen aus. Führt eine weitere Messreihe durch.
Vergleicht das Ergebnis mit den Messungen, bei denen nur ein Dämmstoff verwendet wurde.

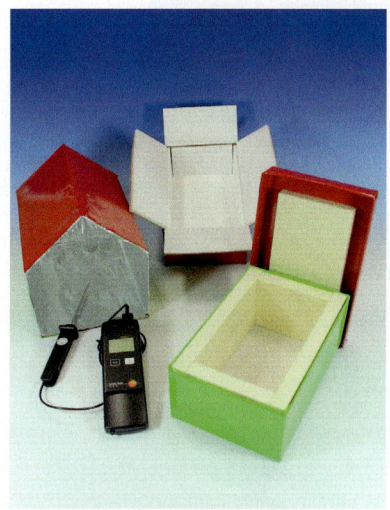

3 Das Modellhaus wird gedämmt.

TEAM ❸
Dämmstoff – einlagig oder zweilagig?
- **a)** Verwendet für eure Untersuchungen den gleichen Karton. Kleidet ihn mit einer Lage Moosgummi als Dämmstoff aus und führt eine Messreihe durch.
b) Fügt nun eine zweite Lage Mossgummi ein und nehmt eine weitere Messreihe auf. Vergleicht und diskutiert eure Ergebnisse.

- Wiederholt den Versuch mit einem anderen Dämmstoff, beispielsweise mit Styrodur.

LERNEN IM TEAM

Wärmequellen sind Energiewandler

1. Beschreibe die Erhöhung der inneren Energie und die Wärmeabgabe in den Beispielen der Bilder 1A bis 1E.

2. Nenne Beispiele, bei denen durch Verbrennung Wärme entsteht.

3. Drehe einen Holzstab mithilfe eines Bogens wie in Bild 1F schnell in einer Holzschale, die klein zerrissenes Heu enthält. Beschreibe deine Beobachtungen.

Reibung erhöht die innere Energie

Wenn deine Hände kalt sind, reibst du sie aneinander. Sie werden warm, ihre innere Energie erhöht sich. Beim Schleifen von Werkzeugen springen rot glühende Funken davon. Beim Reiben eines Stabes auf einem Stück Holz kann Heu entzündet werden. Durch diese Reibungsvorgänge wird die innere Energie der Körper **mechanisch** erhöht.

Elektrische Energie zu innerer Energie

Ein Wasserkocher bringt Wasser zum Sieden. Ein Elektroofen kann Metall so weit erwärmen, dass es formbar wird. **Elektrische Energie** kann in innere Energie umgewandelt werden. Der Ofen ist ein Energiewandler.

Chemische Energie zu innerer Energie

Am Lagerfeuer spürst du die Wärme schon auf große Entfernung. Auch eine brennende Kerze gibt Wärme ab. Jede Verbrennung ist ein **chemischer Vorgang,** bei dem die innere Energie erhöht wird. Dadurch wird Wärme und Licht an die Umgebung abgegeben.

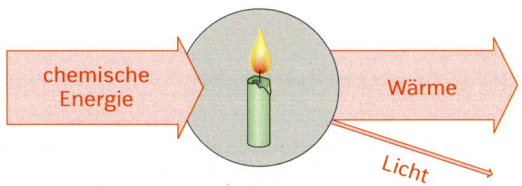

2 Energieflussdiagramm einer Kerze

Eine Wärmequelle verändert die Umgebungstemperatur

Jeder Körper, der Wärme an seine Umgebung abgibt, ist eine **Wärmequelle.** Gleichzeitig nimmt die Umgebung die Wärme auf. Ihre Temperatur steigt. Die Temperatur der Wärmequelle ist höher als die Temperatur ihrer Umgebung. Die Wärmequelle gibt Wärme an ihre Umgebung ab. Die Temperatur der Wärmequelle sinkt, wenn keine weitere Energie gewandelt wird.
Die wichtigste Wärmequelle ist unsere Sonne. Sie erzeugt die Wärme **atomar,** indem Atome miteinander verschmelzen.

1 Wärmequellen: **A** Spiritusbrenner, **B** Konverter mit flüssigem Stahl, **C** Hufeisen, **D** Lagerfeuer, **E** Bremsscheibe, **F** Bogen zum Feuermachen

> Durch mechanische, elektrische, chemische oder atomare Vorgänge verändert sich die innere Energie eines Körpers. Dadurch kann der Körper als Wärmequelle Wärme übertragen.

Basiskonzepte S. 119

Wie viel Wärme gibt eine elektrische Wärmequelle ab?

1 Voller Einsatz!

1. Beschreibe die Energieumwandlungen in Bild 1. Benutze die Begriffe Arbeit und Energie. Nimm dabei an, dass die Energie nicht entwertet wird.

2. Auf einer Heizplatte wird Wasser für 30 s erwärmt. Die Heizplatte hat eine elektrische Leistung von 300 W. Berechne die von der Heizplatte abgegebene und vom Wasser aufgenommene Wärme W_{th}.

Von der mechanischen Leistung ...

Mit einem Ergometer (ἔργον, altgriech.: Arbeit) wie in Bild 1 kannst du messen, welche mechanische Arbeit du in einer bestimmten Zeit verrichten kannst. Es misst deine mechanische Leistung. Sie wird in Watt (W) angegeben.

$$P = \frac{W_{mech}}{t}$$

... zur elektrischen Leistung ...

Wenn du auf dem Ergometer in die Pedale trittst, verrichtest du mechanische Arbeit. Ein **Generator** am Hinterrad des Ergometers wie in Bild 1 wandelt kinetische Energie in elektrische Energie um. Die elektrische Energie wird hier zum Betreiben eines Wasserkochers benutzt. Deine mechanische Arbeit beim Treten entspricht idealerweise der elektrischen Arbeit an den Elektronen im Stromkreis des Wasserkochers: $W_{mech} = W_{el}$. Das bedeutet, dass bei der Energiewandlung keine Energie entwertet wird. Unter dieser Voraussetzung gilt, dass deine mechanische Leistung der elektrischen Leistung des Generators entspricht.

$$P = \frac{W_{mech}}{t} = \frac{W_{el}}{t}$$

chemische Energie → Ergometer → kinetische Energie → Generator → elektrische Energie → Wasserkocher → innere Energie

2 Ideales Energieflussdiagramm

... zur thermischen Leistung

Der Wasserkocher wandelt die elektrische Energie in innere Energie um, die in Form von Wärme an das Wasser abgegeben wird. Er ist eine Wärmequelle. Die elektrische Arbeit an den frei beweglichen Elektronen wird über die Wärmequelle an die Wasserteilchen im Wasserkocher übertragen. An ihnen wird **thermische Arbeit W_{th}** verrichtet. Sie entspricht der vom Wasserkocher **abgegebenen Wärme W_{th}**, die dem Wasser zugeführt wird.

Die vom Generator erbrachte elektrische Leistung entspricht im Idealfall somit auch der **Leistung der elektrischen Wärmequelle**. Es gilt:

$$P = \frac{W_{el}}{t} = \frac{W_{th}}{t}$$

Damit lässt sich die an das Wasser abgegebene Wärme W_{th} aus der Leistung der elektrischen Wärmequelle und ihrer Betriebszeit berechnen.

Größensymbol: W_{th}
Berechnung: $W_{th} = P \cdot t$
Maßeinheit: $[W_{th}] = [P] \cdot [t] = 1\,W \cdot 1\,s$
$[W_{th}] = 1\,Ws = 1\,J$

Wasser wird warm

Wasser wird in einem 1800 W-Wasserkocher 60 s erwärmt. Du kannst nun die Wärme berechnen, die dem Wasser zugeführt wird.

geg.: $P = 1800\,W$, $t = 60\,s$
ges.: W_{th}
Lösung:
$W_{th} = P \cdot t$
$W_{th} = 1800\,W \cdot 60\,s$
$W_{th} = 1,8 \cdot 10^4\,Ws$
$W_{th} = 18\,kJ$
Antwort: Dem Wasser wird 18 kJ Wärme zugeführt.

Die abgegebene Wärme W_{th} einer elektrischen Wärmequelle ist von ihrer Leistung abhängig, die sie in ihrer Betriebszeit erbringt.

Wie viel Wärme muss zugeführt werden?  Protokoll

BEACHTE

Temperaturen werden in **°C** gemessen.	**Temperaturänderungen** werden in **K** angegeben.
$\vartheta_1 = 20\,°C$, $\vartheta_2 = 40\,°C$	$T_1 = 293\,K$, $T_2 = 313\,K$
$\Delta\vartheta = \vartheta_2 - \vartheta_1$	$\Delta T = T_2 - T_1$
$\Delta\vartheta = 40\,°C - 20\,°C$	$\Delta T = 313\,K - 293\,K$
$\Delta\vartheta = 20\,°C$	$\Delta T = 20\,K$

⇒ Die Temperaturdifferenz in °C entspricht der Temperaturänderung in K.

1.
a) Gib 300 g Wasser in ein Becherglas und miss die Anfangstemperatur ϑ_1. Erwärme das Wasser mit einer Heizplatte. Miss 2 min lang alle 20 s die Temperatur ϑ_2. Übernimm die Tabelle in dein Heft und trage die Werte ein.

t in s	ϑ_1 in °C	ϑ_2 in °C	$\Delta\vartheta \triangleq \Delta T$ in K	$W_{th} = P \cdot t$ in J	$m \cdot \Delta T$ in kg·K
0	■	■	■	■	■
20	■	■	■	■	■

b) Berechne die Temperaturerhöhung ΔT und die vom Wasser aufgenommene Wärme W_{th}. Trage die berechneten Werte in die entsprechenden Tabellenspalten ein.
c) Gib den Zusammenhang zwischen der zugeführten Wärme und der Temperaturerhöhung an.
d) Wiederhole den Versuch mit 150 g und 450 g Wasser.
e) Beschreibe den Zusammenhang zwischen der zugeführten Wärme W_{th}, der Masse m des Wassers und der Temperaturerhöhung ΔT.

2.
a) Trage die Messwerte aus Versuch 1 in ein W_{th}-ΔT-Diagramm ein. Folgere einen mathematischen Zusammenhang aus dem Verlauf des Graphen.
b) Bilde für jedes Wertepaar das Produkt $m \cdot \Delta T$ und zeichne ein W_{th}-$m \cdot \Delta T$-Diagramm. Folgere einen mathematischen Zusammenhang aus dem Verlauf des Graphen.

3.
Berechne, um welchen Faktor sich die Wärme W_{th} bei dreifacher Masse und fünffacher Temperaturerhöhung erhöht.

4.
a) Fülle 300 g Pflanzenöl in ein Becherglas und miss die Anfangstemperatur ϑ_1. Erwärme das Öl auf einer Heizplatte. Rühre dabei ständig um. Miss alle 15 s die Temperatur ϑ_2. Trage die Werte in eine Tabelle ein. Beende den Versuch, wenn eine Temperatur von 60 °C erreicht ist.
b) Berechne für jede Messung W_{th} und ΔT.
c) Wiederhole den Versuch mit 300 g Wasser und vergleiche die bei Öl und Wasser erreichten Temperaturänderungen.

5.
a) Übertrage die Tabelle in dein Heft und ergänze die Tabelle mithilfe der Messwerte aus Versuch 4.

	Pflanzenöl		Wasser	
t in s	$m \cdot \Delta T$ in kg·K	$\dfrac{W_{th}}{m \cdot \Delta T}$ in $\dfrac{kJ}{kg \cdot K}$	$m \cdot \Delta T$ in kg·K	$\dfrac{W_{th}}{m \cdot \Delta T}$ in $\dfrac{kJ}{kg \cdot K}$
15	■	■	■	■

b) Vergleiche deine Ergebnisse mit den Tabellenwerten in Bild 1 für die spezifische Wärmekapazität von Wasser und Pflanzenöl.
c) Diskutiere mögliche Messunsicherheiten.

6.
Berechne die notwendige Wärme, um 1,0 kg Wasser von 20 °C auf 60 °C zu erwärmen.

7.
Ein Körper mit einer Masse von 500 g wurde durch Zufuhr von Wärme von 7900 J von 20 °C auf 60 °C erwärmt. Bestimme den Stoff des Körpers.

Stoff (bei 20 °C)	c in $\dfrac{kJ}{kg \cdot K}$
Wasser	4,182
Eis (bei 0 °C)	2,100
Pflanzenöl	1,970
Beton	0,920
Eisen	0,452
Kupfer	0,382
Messing	0,384
Luft (bei 1013 hPa)	1,005

1 Spezifische Wärmekapazität einiger Stoffe

Die Abhängigkeiten der Wärme

Eine bestimmte Menge Wasser wird erwärmt. Dazu benötigst du eine bestimmte Menge an Wärme W_{th}. Wird dieselbe Menge Wasser doppelt so lang erwärmt, wird ihr eine doppelt so große Menge an Wärme zugeführt. Dadurch ist auch die Temperaturerhöhung doppelt so hoch. Die Menge der zugeführten Wärme W_{th} und die Temperaturänderung ΔT sind direkt proportional zueinander: **$W_{th} \sim \Delta T$.**

Soll beim Erwärmen eine bestimmte Temperaturänderung erreicht werden, dann hängt die dazu notwendige Wärme W_{th} von der Masse m des zu erwärmenden Wassers ab. Bei doppelter Wassermenge muss die Wärmezufuhr verdoppelt werden. Die Menge der zugeführten Wärme W_{th} und die Masse m sind direkt proportional zueinander: **$W_{th} \sim m$**. Die Größe der benötigten Wärme W_{th} ist also abhängig von der zu erreichenden Temperaturänderung ΔT und der Masse m des zu erwärmenden Stoffes. Es gilt:

$$W_{th} \sim m \cdot \Delta T \text{ mit } \Delta T = T_2 - T_1$$

Die spezifische Wärmekapazität

Aus der direkten Proportionalität $W_{th} \sim m \cdot \Delta T$ folgt, dass der Quotient aus zugeführter Wärme und dem Produkt aus Masse und Temperaturänderung immer den gleichen Wert hat. Es gilt: $\frac{W_{th}}{m \cdot \Delta T}$ = konstant. Diese Konstante heißt **spezifische Wärmekapazität c.**

Größensymbol: c
Berechnung: $c = \frac{W_{th}}{m \cdot \Delta T}$
Maßeinheit: $[c] = \frac{[W_{th}]}{[m] \cdot [\Delta T]}$
$[c] = \frac{1 \text{ kJ}}{1 \text{ kg} \cdot 1 \text{ K}} = 1 \frac{\text{kJ}}{\text{kg} \cdot \text{K}}$

Die spezifische Wärmekapazität c hat für jeden Stoff einen anderen Wert. Sie ist eine charakteristische **Stoffeigenschaft** für feste, flüssige und gasförmige Stoffe. Mithilfe der Berechnung der spezifischen Wärmekapazität kannst du den Stoff bestimmen, der erwärmt wurde.

geg.: $m = 0{,}60$ kg, $\Delta T = 30$ K, $W_{th} = 36$ kJ
ges.: c
Lösung: $c = \frac{W_{th}}{m \cdot \Delta T}$

$c = \frac{36 \text{ kJ}}{0{,}60 \text{ kg} \cdot 30 \text{ K}}$

$c = 2{,}0 \frac{\text{kJ}}{\text{kg} \cdot \text{K}}$

Antwort: Es wurden 0,60 kg Pflanzenöl erwärmt.

Berechnung der Wärme

Der Wert der spezifischen Wärmekapazität gibt an, wie viel Wärme notwendig ist, um 1 kg eines Stoffes um 1 K zu erwärmen. Wie groß die für eine bestimmte Temperaturänderung notwendige Wärme ist, hängt also vom Stoff ab, aus dem der Körper besteht.
Wasser hat eine spezifische Wärmekapazität von $c_{Wasser} = 4{,}18 \frac{\text{kJ}}{\text{kg} \cdot \text{K}}$. Somit werden 4,18 kJ benötigt, um 1 kg Wasser um 1 K zu erwärmen. Die gleiche Menge an Wärme wird an die Umgebung abgegeben, wenn 1 kg Wasser um 1 K abgekühlt wird.
Stellst du die Gleichung nach W_{th} um, kannst du die zugeführte Wärme berechnen. Du erhältst das **Erwärmungsgesetz:**

$$W_{th} = c \cdot m \cdot \Delta T \text{ mit } \Delta T = T_2 - T_1$$

Wärme für's Badewasser

Samuel berechnet mit dem Erwärmungsgesetz, wie viel Wärme die Heizung an das Leitungswasser ($m = 120$ kg, $\vartheta = 18$ °C) abgeben muss, damit er bei angenehmen 38 °C baden kann.

1 In der Badewanne

geg.: $m = 120$ kg,
$\vartheta_1 = 18$ °C, $\vartheta_2 = 38$ °C, $c = 4{,}18 \frac{\text{kJ}}{\text{kg} \cdot \text{K}}$
ges.: W_{th}
Lösung: $\Delta \vartheta = 20$ °C $\stackrel{\wedge}{=} 20$ K $= \Delta T$
$W_{th} = c \cdot m \cdot \Delta T$
$W_{th} = 4{,}18 \frac{\text{kJ}}{\text{kg} \cdot \text{K}} \cdot 120 \text{ kg} \cdot 20 \text{ K}$
$W_{th} = 1{,}0 \cdot 10^4$ kJ

Antwort: Die Heizung muss $1{,}0 \cdot 10^4$ kJ Wärme für das Badewasser zur Verfügung stellen.

Die spezifische Wärmekapazität c gibt an, welche Wärme benötigt oder abgegeben wird, wenn 1 kg eines Stoffes um 1 K erwärmt oder abgekühlt wird. Sie ist eine Materialkonstante.
Mit dem Erwärmungsgesetz $W_{th} = c \cdot m \cdot \Delta T$ lässt sich die zugeführte Wärme für feste, flüssige und gasförmige Stoffe berechnen.

Leistung einer Wärmequelle  Protokoll

1.
Überprüfe den auf dieser Seite dargestellten Versuch mit einem Wasserkocher. Verwende als Thermometer ein digitales Thermometer mit einem Messfühler.

2.
Auf einem Elektroherd werden 2,0 l Wasser zum Sieden gebracht. Es erwärmt sich innerhalb von 150 s um 57 K.
a) Berechne die Leistung des Elektroherds.
b) Bewerte das errechnete Ergebnis.

Wird das abgegeben, was draufsteht?
Bens Vater kauft sich einen Wasserkocher mit Temperaturanzeige. Auf dem Typenschild liest er eine Leistung P von 2200 W ab. In einem Experiment möchte Ben diese Angabe überprüfen. Dazu erwärmt er mit dem Wasserkocher 1 l Wasser und liest alle 5 s die Temperatur der Anzeige ab.

1 Wasserkocher mit Temperaturanzeige

Die Messung beginnt
Ben startet seine Messung. Er weiß, dass ein Wasserkocher zu Beginn erst aufheizen muss, damit eine gleichmäßige Wärmeabgabe an das Wasser stattfinden kann. Er notiert sich dennoch alle Messwerte.

Die grafische Auswertung
Ben wertet die Messung aus. Dazu trägt er die Messwerte in ein t-ϑ-Diagramm ein:

Folgerungen aus dem Diagramm
Ben erkennt am Verlauf des Graphen, dass seine Überlegungen richtig waren. Das Wasser erwärmt sich am Anfang nicht gleichmäßig. Dies erkennst du am nicht linearen Verlauf des Graphen im ersten Abschnitt des Diagramms (Bild 1). Dies liegt daran, dass sich das Material des Wasserkochers erst erwärmen muss. Im zweiten Abschnitt des Diagramms ist eine gleichmäßige Temperaturzunahme erkennbar. Der Graph verläuft linear. Deshalb nimmt Ben für seine Berechnung einen Bereich des zweiten Abschnitts des Diagramms, in dem eine konstante Temperaturzunahme messbar war. Nach 60 s erwärmt sich das Wasser innerhalb von 40 s konstant von 40 °C auf 54 °C. Mithilfe des Erwärmungsgesetzes kann Ben die vom Wasserkocher tatsächlich an das Wasser abgegebene Wärme berechnen. Dazu benötigt er die Masse des Wassers, die er mit der Dichte von Wasser berechnen kann.

geg.: $V_W = 1{,}0$ l $= 1{,}0$ dm³, $\Delta T = 14$ K, $t = 40$ s,
$c_W = 4{,}18 \frac{kJ}{kg \cdot K}$, $\varrho_W = 0{,}998 \frac{kg}{dm^3}$
ges.: P
Lösung:
1. Berechnung der Masse von Wasser
$m_W = \varrho \cdot V$
$m_W = 0{,}998 \frac{kg}{dm^3} \cdot 1{,}0$ dm³ $= 1{,}0$ kg
2. Berechnung der erbrachten Leistung mit dem Erwärmungsgesetz
$P = \frac{W_{th}}{t}$ mit $W_{th} = c_W \cdot m_W \cdot \Delta T$
$P = \frac{c_W \cdot m_W \cdot \Delta T}{t}$
$P = \frac{4{,}18 \frac{kJ}{kg \cdot K} \cdot 1{,}0 \text{ kg} \cdot 14 \text{ K}}{40 \text{ s}}$
$P = 1{,}5$ kW

Antwort: Die tatsächlich vom Wasserkocher erbrachte Leistung beträgt somit nur 1,5 kW.

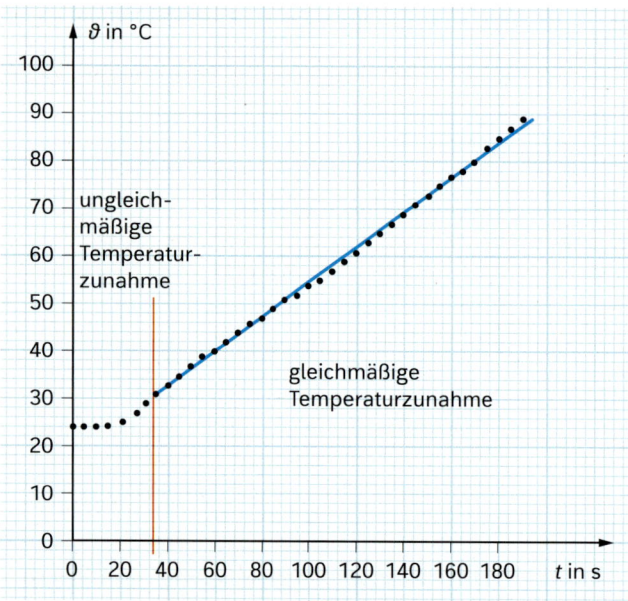
2 Zeit-Temperatur-Diagramm des Wasserkochers

> Mithilfe des Erwärmungsgesetzes kann die Leistung einer Wärmequelle überprüft werden.

Innere Energie und Wärme | 115

Experimentelle Optimierungen verbessern die Ergebnisse

Warum optimieren?
Wie du bereits gesehen hast, kommt es beim Experimentieren nicht immer zu den in der Hypothese erwarteten Ergebnissen. Dies muss aber nicht immer an einer falschen Hypothese liegen. Es kann auch sein, dass bei einem Experiment systematische Messfehler auftreten, die zu anderen Ergebnissen führen.

Systematische Messfehler beseitigen
Damit diese systematischen Messfehler reduziert werden, musst du deinen Versuch optimieren. Meistens musst du dafür den Aufbau des Versuches verändern. Es kann aber auch sein, dass Veränderungen an der Umgebung vorgenommen werden müssen. Das folgende Beispiel zeigt dir, wie Optimierungen im Aufbau und in der Durchführung das Ergebnis verbessern können.

1 Wasserkocher im Experiment

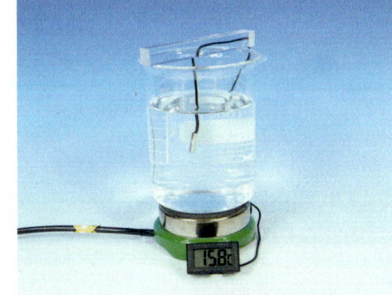

3 Becherglas auf passender Heizplatte

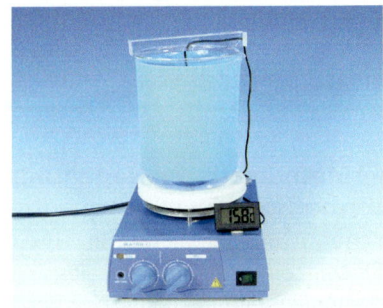

5 Isoliertes Becherglas mit Magnetrührer

Das Realexperiment
Ben hatte bereits vermutet, dass seine Messwerte zu Beginn der Messung nicht seinen Erwartungen entsprechen werden.
Diese Vermutung bestätigte sich im t-ϑ-Diagramm am nicht linearen Verlauf des Graphen im ersten Abschnitt. Aus der ungleichmäßigen Temperaturzunahme des Wassers vermutet er, dass sich die Wärme vom Wasserkocher auch auf das Gehäuse verteilt. Sein Ziel ist es, den Versuch experimentell so zu optimieren, dass möglichst wenig Material außer das Wasser erwärmt wird.

Das Laborexperiment
Ben baut den realen Versuchsaufbau mit Laborgeräten nach. Als Wärmequelle verwendet er eine Laborheizplatte, die die Wärme gleichmäßig abgibt. Außerdem gibt er das Wasser in ein 1 l-Becherglas, das den gleichen Durchmesser wie die Heizplatte hat. Somit wird möglichst wenig Material erwärmt, das nicht für das eigentliche Experiment notwendig ist.
Der flache Teil im ersten Abschnitt des Graphen im t-ϑ-Diagramm wird kleiner, er ist aber immer noch deutlich vorhanden.

Weitere Optimierungen
Ben überlegt sich weitere Optimierungsmöglichkeiten. Durch eine bessere Durchmischung des Wassers im Becherglas wird die Wärme gleichmäßiger aufgenommen. Er setzt eine Heizplatte mit Magnetrührer ein (Bild 5). Zusätzlich isoliert er das Becherglas mit Schaumstoff. Dabei lässt er einen 2 cm breiten Rand zur Heizplatte frei. Der lineare Verlauf des Graphen auch im ersten Abschnitt des t-ϑ-Diagramms zeigt, dass Ben den experimentellen Aufbau gut optimiert und damit die systematischen Messfehler reduziert hat.

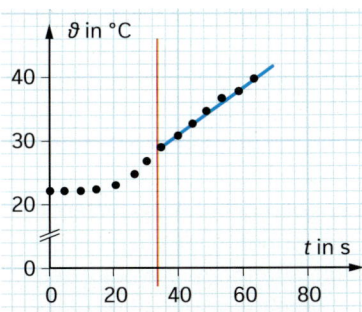

2 Reales Zeit-Temperatur-Diagramm

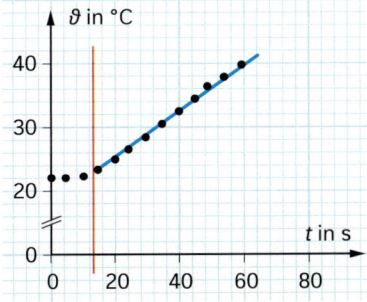

4 Verbessertes Zeit-Temperatur-Diagramm

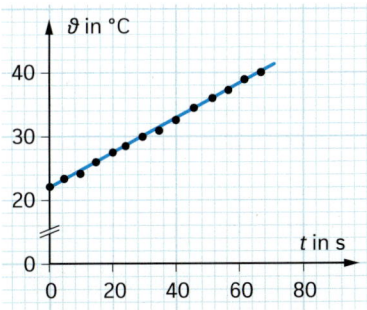

6 Optimiertes Zeit-Temperatur-Diagramm

METHODE

Bestimmung der Wärmekapazität von Festkörpern

❶ Grundidee
Der Versuch in Bild 1 wurde entwickelt, um die Wärmekapazität von Festkörpern zu bestimmen. Dies geschieht durch Bestimmung der Reibungsarbeit und der dadurch hervorgerufenen Temperaturerhöhung. Die Reibungsarbeit wird durch Drehen an der Kurbel verrichtet. Die Temperaturerhöhung erfolgt durch das Reiben einer Schnur über einen Metallzylinder.

❷ Mathematische Herleitung
Von der Bestimmung der spezifischen Wärmekapazität von Flüssigkeiten weißt du bereits, dass die mechanische Arbeit der thermischen Arbeit entspricht:

$$W_{mech} = W_{th}$$

mit $W_{mech} = F_G \cdot s \quad W_{th} = c \cdot m \cdot \Delta T$

Die Masse m erhältst du durch das Wiegen des Zylinders. Bevor du mit dem Kurbeln beginnst, musst du die Gewichtskraft F_G am Kraftmesser ablesen. Die Strecke s ergibt sich aus dem Produkt der Anzahl n der Drehungen an der Kurbel und dem Umfang u des Zylinders: $s = n \cdot u$

$$W_{mech} = W_{th}$$
$$\Rightarrow F_G \cdot s = c \cdot m \cdot \Delta T$$
$$\Rightarrow F_G \cdot n \cdot u = c \cdot m \cdot \Delta T \quad | :(m \cdot \Delta T)$$

$$c = \frac{F_G \cdot n \cdot u}{m \cdot \Delta T}$$

Mit deinen experimentell bestimmten Werten kannst du nun die spezifische Wärmekapazität c des Metallzylinders berechnen.

❸ Material und Aufbau
- Schürholz-Kurbel (Bild 1)
- mehrere Zylinder aus dem zu bestimmenden Material
- digitales Thermometer mit Messfühler
- Wärmeleitpaste für den Messfühler des Thermometers
- Kraftmesser
- Schnur
- 1 kg-Massestück
- Stativmaterial

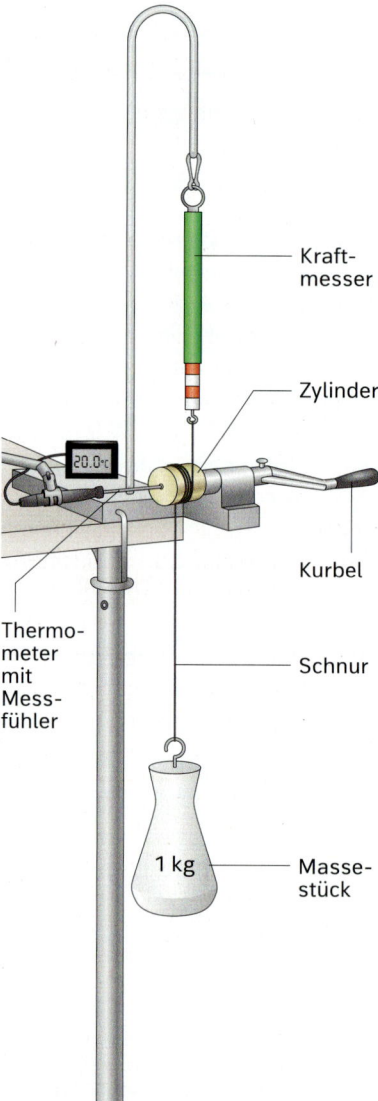

1 Versuchsaufbau

❹ Durchführung
1. Miss die Anfangstemperatur des Zylinders.
2. Drehe mit der Kurbel den Zylinder gleichmäßig $n = 50$ mal. Dabei muss die Kurbel so gedreht werden, dass der Kraftmesser 0 N anzeigt.
3. Notiere die Temperatur des Zylinders.
4. Wiederhole den Versuch und trage deine Messwerte in die Tabelle ein.

Anfangstemperatur ϑ_A			
Temperatur ϑ_n	■	■	■
Umdrehungen n	50	100	150
$\Delta T \triangleq \Delta \vartheta = \vartheta_n - \vartheta_A$	■	■	■

❺ Auswertung
1. Werte die Tabelle aus.
2. Berechne mithilfe deiner Messwerte und der hergeleiteten Gleichung die Wärmekapazität c des Zylinders.
3. Bestimme mit der errechneten Wärmekapazität und mithilfe der Tabellen im Anhang deines Physikbuches das Material des Metallzylinders.

❻ Betrachtung der Messungenauigkeit
Nenne mögliche Messungenauigkeiten, die auftreten können.

❼ Weitere Messungen
a) Wiederhole den Versuch mit einem Metallzylinder gleichen Materials mit anderer Masse und bestätige seine Wärmekapazität.
b) Wiederhole den Versuch mit einem Zylinder aus einem anderen Metall und bestimme seine Wärmekapazität.
c) Wiederhole den Versuch mit einem anderen Massestück und damit veränderter Reibung und bestätige die Wärmekapazität des Metallzylinders.

Körper speichern Wärme

1. ≡ **V** ⚠

a) Fülle drei Reagenzgläser zu je $\frac{2}{3}$ mit Wasser, Frostschutzmittel und Pflanzenöl. Stelle die Reagenzgläser in ein Wasserbad und erwärme das Wasser auf 70 °C. Nimm die Reagenzgläser aus dem Wasser und lass sie für etwa 3 min an der Luft abkühlen. Miss dann die Temperaturen. Beschreibe deine Beobachtungen.
b) Beschreibe die Zusammenhänge zwischen der Temperaturänderung und der spezifischen Wärmekapazität der Stoffe sowie zwischen der spezifischen Wärmekapazität eines Körpers und seiner Fähigkeit, Wärme zu speichern.

2. ≡ **A**
Verschiedenen Körpern gleicher Masse wird die gleiche Wärme zugeführt. Vermute das Versuchsergebnis mithilfe von Bild 2. Begründe deine Antwort.

3. ≡ **Q**
a) Recherchiere die genaue Funktionsweise eines Wärmespeichers wie in Bild 1.
b) Erstelle ein Plakat und beschreibe in einem kurzen Vortrag die Funktionsweise.

Hohe spezifische Wärmekapazität – guter Wärmespeicher

Werden Körper aus verschiedenen Stoffen mit gleicher Masse gleich stark erwärmt, erhöhen sich ihre Temperaturen unterschiedlich. Da die Stoffe verschiedene spezifische Wärmekapazitäten haben, nehmen sie unterschiedliche Mengen an Wärme auf.
Die spezifische Wärmekapazität von Wasser ist deutlich höher als die von Pflanzenöl. Um 1 kg Wasser um 1 K zu erwärmen, werden 4,182 kJ benötigt. Für das Erwärmen von 1 kg Öl um 1 K sind 1,970 kJ notwendig. Das bedeutet, dass bei gleicher Masse die Temperatur von Öl bei gleicher Wärmezufuhr stärker ansteigt als die Temperatur von Wasser. Daraus folgt, dass Wasser eine größere Menge an Wärme speichern kann als Öl. Wasser ist ein guter Wärmespeicher.

Flüssigkeitswärmespeicher im Großen

In Nürnberg steht einer der größten Flüssigkeitswärmespeicher Deutschlands. Der 70 m hohe Turm hat einen Durchmesser von 26 m. Er ist gefüllt mit 33 Mio. l Wasser, das durch das angeschlossene Fernwärmekraftwerk erwärmt wird. Bei Bedarf wird wiederum die Fernwärmeversorgung der Stadt Nürnberg durch den Wärmespeicher gespeist.

Warme Pflastersteine

Wenn du an einem Sommerabend barfuß über Pflastersteine läufst, fühlen sich die Steine immer noch warm an. Sie sind gute Wärmespeicher. Auch Festkörper speichern Wärme unterschiedlich gut (Bild 2).

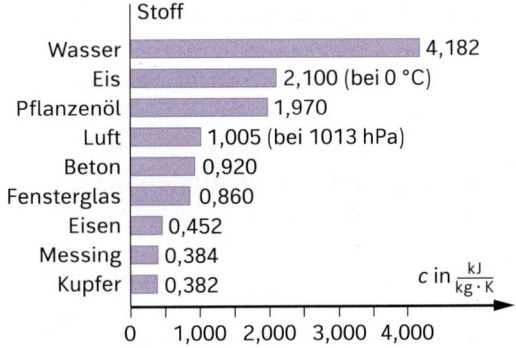

2 Die spezifische Wärmekapazität im Vergleich

Der Beginn der neuen Steinzeit

Eine alternative Speichertechnik wurde in Hamburg entwickelt. Eine Halle wurde mit Steinen gefüllt. In Phasen mit überschüssiger elektrischer Energie werden diese über Gebläse bis auf 750 °C erwärmt. In Zeiten von hohem Bedarf an elektrischer Energie wird kalte Luft durch die Steine geleitet. Die heiße Luft strömt auf eine Turbine, die über eine Welle mit einem Generator verbunden ist. Die innere Energie wird in elektrische Energie gewandelt.

> Körper aus unterschiedlichen Stoffen speichern bei gleicher Masse unterschiedlich viel Wärme. Körper mit hoher spezifischer Wärmekapazität sind gute Wärmespeicher.

1 A Warmwasserspeicher in Nürnberg, **B** Steinwärmespeicher in Hamburg

Innere Energie und Wärme

Energieübertragung

Mechanische Arbeit
- Reibungsarbeit
- plastische Verformungsarbeit
- Kompressionsarbeit

Wärmestrahlung
- Übertragung von Wärme ohne Teilchen
- verhält sich ähnlich wie Licht

direkter Kontakt zwischen Körpern unterschiedlicher Temperatur

⇒ **Konvektion:** Übertragung von Wärme in Flüssigkeiten oder Gasen mit Teilchen, die sich aufgrund von Dichteunterschieden infolge von Temperaturänderungen in den Flüssigkeiten oder Gasen bewegen

⇒ **Wärmeleitung:** Übertragung von Wärme in Festkörpern durch Stöße zwischen heftig und schwach schwingenden Teilchen

Erhöhung der inneren Energie des Körpers

Erhöhung der **mittleren potenziellen Energie** aller Teilchen
⇒ Der Abstand der Teilchen zueinander wird größer.

Erhöhung der **mittleren kinetischen Energie** aller Teilchen
⇒ Die Geschwindigkeit der Teilchen wird größer.

Temperatur: Maß für die mittlere kinetische Energie der Teilchen eines Körpers
⇒ ϑ in °C (Grad Celsius) oder
⇒ T in K (Kelvin)

Temperaturerhöhung

thermische Ausdehnung
⇒ **Längen-** und **Volumenänderung des Körpers**
- Alle Gase dehnen sich gleich stark aus.
- Flüssige und feste Körper dehnen sich stoffabhängig aus.

Ausnahme: Anomalien des Wassers
1. Bei 4 °C besitzt Wasser seine größte Dichte.
2. Beim Erstarren dehnt sich Wasser aus.

Änderung der Aggregatzustände im Teilchenmodell

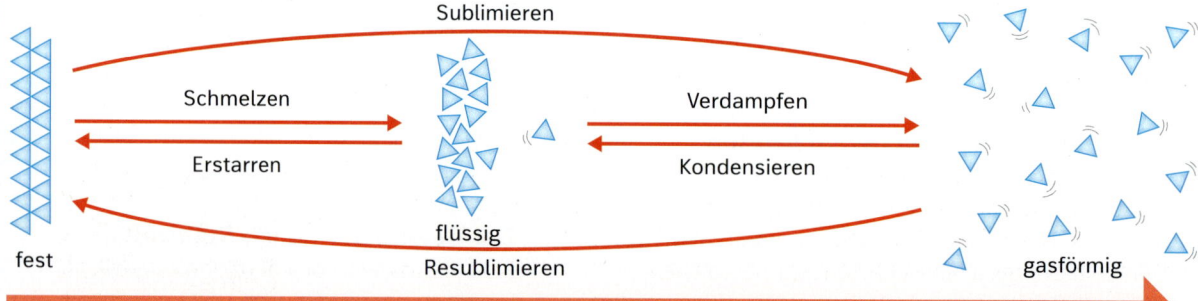

Erhöhung der inneren Energie des Körpers: $E_i = \overline{E_{kin}} + \overline{E_{pot}}$

Wärmequellen

Mechanische, elektrische, chemische und atomare Vorgänge verändern die innere Energie eines Körpers.
Ein Körper als **Wärmequelle** überträgt Wärme auf einen anderen Körper. Dabei verringert sich seine innere Energie.

Beispiele für die Erhöhung der inneren Energie eines Körpers	mechanisch	Schleifpapier
	elektrisch	Wasserkocher
	chemisch	Kerze
	atomar	Sonne

Energieübertragung

Wärmequellen übertragen Wärme
Leistung einer Wärmequelle $P = \frac{W_{th}}{t}$ → übertragene Wärme → Körper speichern Wärme unterschiedlich gut

spezifische Wärmekapazität
→ stoffabhängig
$c = \frac{W_{th}}{m \cdot \Delta T}$ → Erwärmungsgesetz
$W_{th} = c \cdot m \cdot \Delta T$
hohe spezifische Wärmekapazität
→ guter Wärmespeicher

→ Methode S. 14–15

Innere Energie und Wärme

Energie Materie Systeme Wechselwirkung

Energie und Materie

1. A

Wenn du einen Fahrradreifen aufpumpst, erwärmt sich das Ventil.
Beschreibe die Energieübertragungen, die durch das Aufpumpen stattfinden. Denke dabei auch an die Energie der Teilchen der Luft und des Ventils.
→ S. 76/77

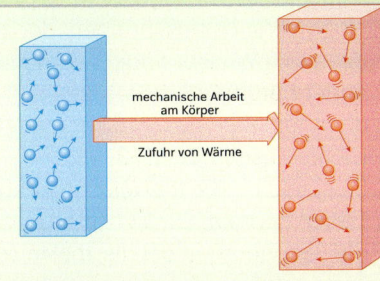

Systeme im Gleich- und Ungleichgewicht

2. A

Wenn du einen Infekt erlitten hast, der von Fieber begleitet wird, hilft ein einfaches Hausmittel. Dazu werden deine Waden mit einem Tuch umwickelt, das vorher in nicht zu kaltem Wasser getränkt wurde.
Beschreibe den Vorgang der Fiebersenkung. Verwende dabei die Begriffe Wärme, innere Energie, Temperatur, Wärmestrom, Wärmeleitung und thermisches Gleichgewicht.
→ S. 101

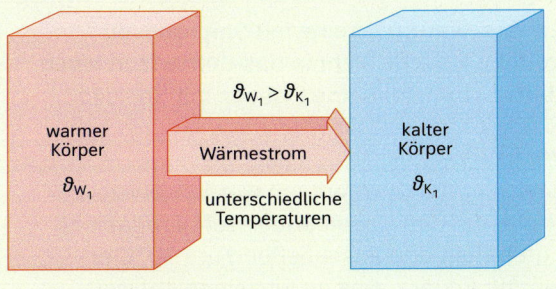

Wechselwirkung

3. A

a) Beschreibe die physikalische Funktion der unterschiedlichen Schichten einer Thermoskanne.
b) Begründe die gewählte Reihenfolge der verschiedenen Materialien von innen nach außen.
c) Nenne die Art der Wärmeübertragung, die durch die Verspiegelung verhindert werden soll.
→ S. 108

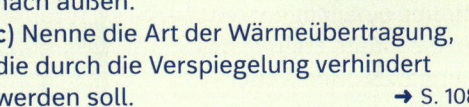

Energie und Materie

4. A

a) Erkläre mit dem Teilchenmodell, dass Bremsscheiben rotglühend werden können.
b) Begründe, dass eine rotglühende Bremsscheibe eine Wärmequelle darstellt.
→ S. 110

BASISKONZEPTE

Innere Energie und Wärme

Die innere Energie und die Temperatur eines Körpers

Kannst du schon ...

... die innere Energie eines Körpers als Zustandsgröße und die Wärme als Übertragungsgröße unterscheiden? (S. 76)

... an Beispielen beschreiben, wie die innere Energie eines Körpers geändert werden kann? (S. 76)

... die innere Energie und ihre Änderung im Teilchenmodell beschreiben und den daraus folgenden mathematischen Zusammenhang angeben? (S. 77)

... die Temperatur als Maß der mittleren kinetischen Energie aller Teilchen begründen? (S. 78)

... Größensymbol, Maßeinheit und Messgerät der Temperatur nennen? (S. 78 – 79)

... die Entstehung der Celsius-Skala und der Kelvin-Skala erklären? (S. 80, 82)

... den Begriff der absoluten Temperatur und die Unerreichbarkeit des absoluten Temperatur-Nullpunktes erklären? (S. 83)

Zeig, was du kannst!

1.
Beschreibe eine Möglichkeit, wie du die innere Energie des Wasserglases ohne weitere Hilfsmittel erhöhen kannst.

2.
a) Beschreibe mithilfe des Teilchenmodells, wie die innere Energie eines Körpers und seine Temperatur zusammenhängen.
b) Zeichne mithilfe des Teilchenmodells die Veränderung eines Körpers, wenn er sich abkühlt.

3.
Begründe, warum Wasser als Flüssigkeit für ein Außenthermometer nicht geeignet ist.

4.
Erkläre die Vorteile der Kelvin-Skala im Vergleich zur Celsius-Skala.

5.
Nenne den absoluten Nullpunkt. Begründe, dass diese Temperatur nicht unterschritten werden kann.

Ausdehnung von Festkörpern, Flüssigkeiten und Gasen

Kannst du schon ...

... die Übergänge zwischen den verschiedenen Aggregatzuständen benennen? (S. 86 – 88)

... einen Versuch zum Nachweis der Längenausdehnung von Festkörpern beschreiben? (S. 90)

... Aufbau und Funktionsweise eines Bimetall-Thermometers erklären? (S. 92)

... einen Versuch zur Ausdehnung von Flüssigkeiten beschreiben? (S. 93)

... einen Versuch beschreiben, der zeigt, dass sich Wasser anders verhält als andere Stoffe? (S. 96)

... die Anomalien des Wassers mit dem Begriff Dichte beschreiben? (S. 96)

... Beispiele für die thermische Ausdehnung von Gasen nennen? (S. 98 – 99)

... die Besonderheit bei der thermischen Ausdehnung von Gasen nennen? (S. 98)

Zeig, was du kannst!

6.
Begründe, warum Oberleitungen des Eisenbahnnetzes mit Radspannwerken versehen sind.

7.
Bimetallstreifen werden in Bügeleisen als Schalter eingebaut. Begründe den dortigen Einsatz.

8.
Erläutere, warum ein mit Wasser gefülltes Thermometer zwischen 0 °C und 4 °C falsche Werte anzeigt.

9.
Erkläre, warum du eine mit Saft randvoll gefüllte Flasche nicht in das Gefrierfach legen darfst, wohl aber eine Flasche mit Speiseöl.

10.
Gleich große Glasspritzen werden jeweils zur Hälfte mit den Gasen Sauerstoff, Erdgas und Luft befüllt und anschließend um 30 °C erwärmt. Erkläre, was im Einzelnen passiert.

Wärmeleitung, Wärmestrahlung, Konvektion

Kannst du schon ...
... Bedingungen für einen Wärmestrom nennen? (S. 100)
... erklären, wann es zu einem thermischen Gleichgewicht kommt? (S. 101)
... den Energietransport durch Wärmeleitung im Teilchenmodell beschreiben? (S. 102)
... Beispiele für gute und schlechte Wärmeleiter nennen? (S. 102)
... den Energietransport durch Wärmestrahlung beschreiben? (S. 103)
... die Konvektion von Flüssigkeiten und Gasen im Teilchenmodell erklären? (S. 104 – 105)
... Beispiele für Konvektionsströme erläutern? (S. 105 – 106)
... das Prinzip Nachhaltigkeit in eigenen Worten beschreiben? (S. 107)
... Faktoren nennen, wie der Wärmestrom durch einen Körper beeinflusst werden kann? (S. 108)

Zeig, was du kannst!

11. Ⓐ
Eine gute Thermoskanne hat eine luftleere Zwischenkammer. Begründe diesen Aufbau.

12. Ⓐ
Beim Campen verwendet Fatih eine Solardusche. Der Wassertank ist ein stabiler, schwarzer Kunststoffbeutel. Begründe diesen Aufbau.

13. Ⓐ
Wenn du eine Kerze oben an einen Türspalt hältst, neigt sich die Flamme nach außen. Unten am Türspalt neigt sie sich nach innen. Erkläre das Verhalten der Kerzenflamme.

14. Ⓐ
In einem Topf mit Deckel kochen Kartoffeln.
a) Beschreibe, wie die Wärme vom Ceranfeld zu den Kartoffeln gelangt.
b) Beschreibe, wie die Luft oberhalb des Wassers erwärmt wird.
c) Gib an, wie der Deckel erwärmt wird.

Wärme und ihre Speicherung

Kannst du schon ...
... Vorgänge mit Änderung der inneren Energie nennen? (S. 110)
... die idealen Zusammenhänge zwischen mechanischer, elektrischer und thermischer Leistung darstellen? (S. 111)
... zugeführte oder abgegebene Wärme berechnen? (S. 112 – 113)
... die Größen benennen, von denen übertragende Wärme abhängt und das Erwärmungsgesetz anwenden? (S. 113)
... mithilfe des Erwärmungsgesetzes die Leistung einer Wärmequelle berechnen? (S. 114)
... einen Versuch beschreiben, der die unterschiedliche Speicherung von Wärme in verschiedenen Stoffen gleicher Masse zeigt? (S. 117)
... begründen, wodurch sich gute Wärmespeicher von schlechten unterscheiden? (S. 117)

Zeig, was du kannst!

15. Ⓐ
Wasser wird auf einer 1,5 kW-Herdplatte 3,0 min erhitzt. Berechne die übertragene Wärme.

16. Ⓐ
Wasser wird erwärmt. Berechne die jeweils fehlende Größe:
a) 5,0 kg, 30 K; **b)** 3,0 kg, 12 kJ; **c)** 15 kJ, 5,0 K.

17. Ⓐ
1,2 dm^3 Wasser wird elektrisch in 50 s von 30 °C auf 55 °C erwärmt. Berechne die Leistung.

Wichtige Begriffe

- innere Energie als Zustandsgröße
- mittlere kinetische Energie der Teilchen
- mittlere potenzielle Energie der Teilchen
- Wärme als Übertragungsgröße, Wärmestrom
- absolute Temperatur, Thermometer
- Übergänge der Aggregatzustände
- thermische Ausdehnung
- Anomalien des Wassers
- Wärmeleitung, Wärmestrahlung, Konvektion
- Wärmequelle
- spezifische Wärmekapazität, Erwärmungsgesetz

Elektrizität und ihre Nutzung

Was verbindet Elektrizität und Magnetismus?

Wo werden Gleichstrom-Elektromotoren eingesetzt?

Wie kann der Wert des elektrischen Widerstandes mithilfe der farbigen Ringe an den Widerständen ermittelt werden?

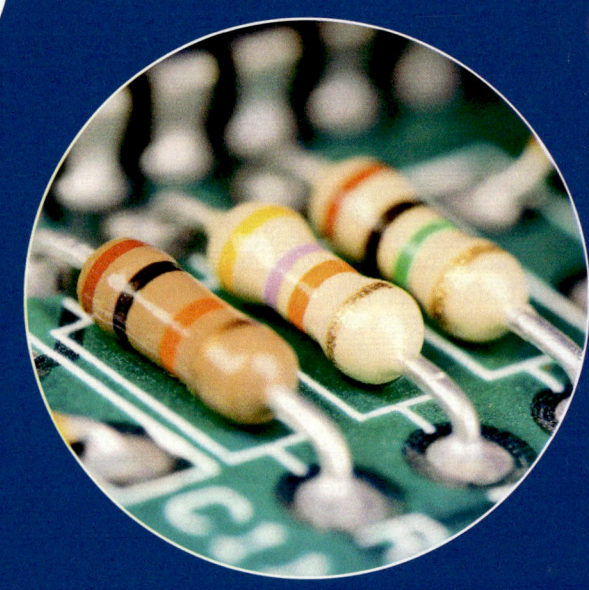

Was du schon weißt ... über das magnetische Feld

1.
a) Nenne Bauformen von Dauermagneten.
b) Beschreibe die Eigenschaften von Dauermagneten.

2.
Zeichne für zwei sich gegenüberstehende Stabmagneten die Wechselwirkung bei gleichartigen und ungleichartigen Polen.

Magnetismus

Der **Magnetismus** ist eine Eigenschaft eines jeden Magneten oder magnetisierten Körpers. Sie müssen Eisen, Nickel und Cobalt als **ferromagnetische Stoffe** enthalten. Magnete mit einem dauerhaften Magnetismus heißen **Permanentmagnete** oder **Dauermagnete**. Körper aus ferromagnetischen Stoffen, die sich in der Nähe eines Dauermagneten befinden, werden magnetisiert. Dieses Phänomen wird als **magnetische Influenz** bezeichnet. Wenn der Magnet entfernt wird, verlieren die Körper diese Eigenschaft wieder. Es handelt sich um **temporären Magnetismus**. Körper, die kein Eisen, Nickel oder Cobalt enthalten, reagieren nicht auf Magnete. Ebenso werden Magnete durch diese Körper nicht beeinflusst.

Wechselwirkung von Magneten

Jeder Magnet hat zwei Pole, einen **magnetischen Nordpol** und einen **magnetischen Südpol**. Dies sind die Bereiche der stärksten magnetischen Wechselwirkung. In der Mitte zwischen den Polen ist keine Wechselwirkung feststellbar. Dieser Bereich ist die **indifferente Zone**. Die **Polregel** beschreibt, wie sich Magnete gegenseitig beeinflussen, wenn sie sich gegenüberstehen. Werden ungleichartige Pole gegeneinandergehalten, ziehen sich die Magnete an. Sind es gleichartige Pole, stoßen sie sich gegenseitig ab.

Durchdringung und Abschirmung

Der Wirkungsbereich um einen Magneten wird als **magnetisches Feld** bezeichnet. Die magnetische Wirkung des Feldes durchdringt alle Körper, die keine ferromagnetischen Stoffe enthalten. Körper mit ferromagnetischen Stoffen schirmen das Magnetfeld dagegen ab.

Das Modell magnetische Feldlinien

Das magnetische Feld kann mit Eisenfeilspänen sichtbar gemacht werden. Dort ordnen sich die Eisenfeilspäne auf charakteristisch gebogenen Linien an (Bild 1A). Diese Linien heißen **magnetische Feldlinien.** Sie
- treten senkrecht aus dem Magneten aus und wieder ein.
- sind in sich geschlossene Kurven.
- verlaufen vom Nordpol zum Südpol.
- schneiden und berühren sich nicht.

Mithilfe der Feldlinien kann der Wirkungsbereich um einen Magneten dargestellt werden. Alle Feldlinien zusammen stellen das Magnetfeld dar (Bild 1B). Je dichter die Feldlinien beieinanderliegen, desto stärker ist das Feld.
Die Feldlinien stellen ein **physikalisches Modell** zur Veranschaulichung eines magnetischen Feldes dar. Sie existieren nicht wirklich.

> Dauermagnete haben einen Nordpol und einen Südpol. Sie treten untereinander in Wechselwirkung. Körper aus ferromagnetischen Stoffen können die Wirkung von Dauermagneten abschirmen.
> Das magnetische Feld eines Magneten kann mithilfe des Modells Feldlinien visualisiert werden.

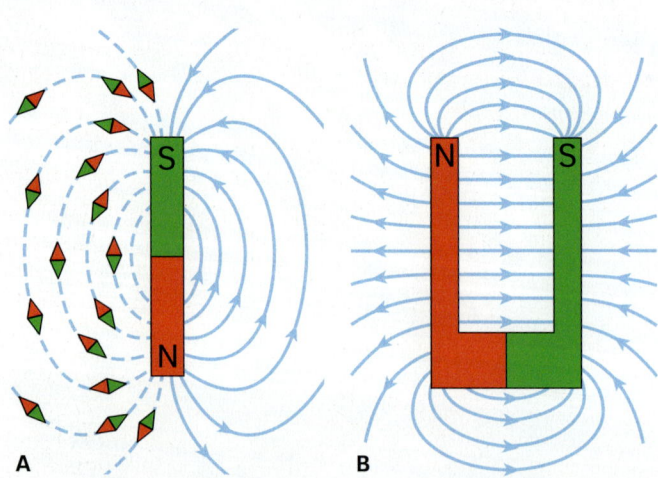

1 Feldlinienbild: **A** eines Stabmagneten, **B** eines Bügelmagneten

Was du schon weißt … über das elektrische Feld

1. Zeichne das Feldlinienbild zwischen elektrisch gleich- und ungleichartig geladenen Körpern.

2. Zeichne mithilfe des Gittermodells den Elektronentransport in einem metallischen Leiter.

3. Berechne für eine Stromstärke von 3,0 A die Ladungsmenge, die in 10 s transportiert wird.

Elektrische Ladung

Jeder Körper ist nach außen hin **elektrisch neutral.** Er enthält gleich viele **positive** und **negative Ladungen.** Durch Reiben zweier Körper aneinander, können freie Elektronen mit ihrer negativen Ladung von einem Körper auf den anderen übertragen werden. Dabei sind nur die negativen Ladungen beweglich. Der Körper, der dabei Ladungen abgibt, ist nun positiv geladen. Der andere Körper, der die Elektronen erhalten hat, ist negativ geladen. Elektrische Ladungen können mit einem **Elektroskop** oder einer **Glimmlampe** nachgewiesen werden.

Elektrisches Feld

Zwischen zwei elektrisch geladenen Körpern besteht ein **elektrisches Feld.** In diesem Feld kommt es zu einer Wechselwirkung zwischen den Ladungen. Dabei ziehen sich ungleichartige Ladungen an. Gleichartige Ladungen stoßen sich ab.

Das Modell elektrische Feldlinien

Die Wechselwirkung zwischen elektrischen Ladungen kann durch **elektrische Feldlinien** dargestellt werden. Sie
- stehen senkrecht auf der Oberfläche metallischer Leiter.
- sind keine in sich geschlossenen Kurven.
- verlaufen von der positiven Ladung zur negativen Ladung.
- schneiden und berühren sich nicht.

Die elektrischen Feldlinien stellen ein physikalisches Modell zur Darstellung des elektrisches Feldes dar.

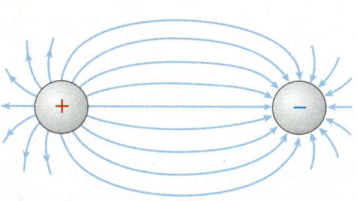

1 Feldlinienbild ungleichartig geladener Körper

Ladungstransport in Metallen

In Metallen werden elektrische Ladungen durch frei bewegliche Elektronen transportiert. Dazu ist eine Elektrizitätsquelle mit Pluspol (+) und Minuspol (-) notwendig. Am Pluspol besteht ein **Elektronenmangel,** am Minuspol ein **Elektronenüberschuss.** Zwischen den Polen besteht ein elektrisches Feld. Wenn die Pole über einen Stromkreis mit einem Nutzer verbunden werden, bewegen sich die freien Elektronen in einer gerichteten Bewegung vom Minuspol zum Pluspol der Elektrizitätsquelle.

Maßeinheit der elektrischen Ladung

Ein einzelnes Elektron kann als Ladungsmenge die **Elementarladung e** tragen. Diese Ladung ist mit $e = 1{,}6 \cdot 10^{-19}$ C sehr klein. Für die Maßeinheit der elektrischen Ladung werden daher $6{,}241 \cdot 10^{18}$ Ladungen zusammengefasst. Die Maßeinheit heißt **1 Coulomb (1 C),** das Größensymbol der **elektrischen Ladung** ist Q.

Die elektrische Stromstärke

Die Ladungsmenge, die in einer bestimmten Zeit durch einen Leiter fließt, ist die **elektrische Stromstärke I.**

> **Größensymbol:** I
> **Berechnung:** $I = \dfrac{Q}{t}$
> **Maßeinheit:** $[I] = \dfrac{[Q]}{[t]} = \dfrac{1\,\text{C}}{1\,\text{s}} = 1$ A (Ampere)

Messung der Stromstärke

Die elektrische Stromstärke wird mit einem **Stromstärkemessgerät** gemessen. Das Messgerät wird **in Reihe** mit der Elektrizitätsquelle und einem Nutzer in den Stromkreis geschaltet.

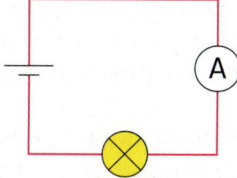

2 Stromstärkemessung

Zwischen elektrischen Ladungen besteht ein elektrisches Feld. Es wird durch das Modell Feldlinien dargestellt. In Metallen werden Ladungen durch freie Elektronen transportiert. Jedes Elektron trägt dabei eine Elementarladung e. Die Stromstärke ist eine physikalische Basisgröße und beschreibt die Menge der Elektronen, die in einer bestimmten Zeit transportiert werden.

Die magnetische Wirkung des elektrischen Stromes

1.
a) Stelle eine Kompassnadel auf und warte, bis sie sich in Nord-Süd-Richtung eingependelt hat. Baue dann den Versuch wie in Bild 1A auf und schließe den Leiter an eine Elektrizitätsquelle für Gleichstrom an. Schalte die Elektrizitätsquelle kurz ein und aus. Beschreibe deine Beobachtung.
b) Vertausche die Anschlüsse des Leiters an der Elektrizitätsquelle und wiederhole a). Beschreibe erneut deine Beobachtung.

2.
Wiederhole Versuch 1. Lege den Draht zunächst in einer Schleife wie in Bild 1B und dann wie in Bild 1C in immer mehr Schleifen um die Kompassnadel. Öffne und schließe den Stromkreis jeweils. Beschreibe deine Beobachtungen mit einer Je-desto Formulierung.

3.
Begründe, dass bei Versuch 2 ein isolierter metallischer Leiter verwendet werden muss.

4.
a) Schließe eine Experimentierspule an eine Elektrizitätsquelle für Gleichstrom an. Stelle vor die Öffnung der Spule eine Magnetnadel. Schalte die Elektrizitätsquelle ein. Beschreibe deine Beobachtung.
b) Vertausche die Anschlüsse der Spule. Beschreibe erneut deine Beobachtung.
c) Überprüfe mit einer zweiten Spule, die ebenfalls an eine Elektrizitätsquelle für Gleichstrom angeschlossen ist, die Polregel.

Ein Magnet aus einem metallischen Leiter

Kupfer ist nicht magnetisierbar. Befindet sich aber ein Strom führender Kupferdraht in der Nähe einer Kompassnadel, wird sie aus der Nord-Süd-Richtung abgelenkt (Bild 1A). Sobald freie Elektronen durch den Kupferdraht fließen, tritt eine magnetische Wirkung um den metallischen Leiter auf. Dieser Vorgang wird als **Elektromagnetismus** bezeichnet.
Ein Umpolen an der Elektrizitätsquelle bewirkt eine Änderung der Richtung des Magnetfeldes. Die Kompassnadel dreht sich um 180°. Durch Veränderung der Fließrichtung der Elektronen im elektrischen Leiter wird die Richtung des Magnetfeldes geändert.

Eine Spule als Magnet

Wird ein gerader Leiter wie in Bild 1B zu einer Schleife um den Kompass gelegt, entsteht eine **Spule** mit einer **Windung**. Durch die Windung wird die Gesamtlänge des geraden Leiters auf kleinem Raum konzentriert. Der Leiter wirkt über und unter dem Kompass gleichzeitig auf die Nadel ein. Deshalb wird die Magnetnadel noch stärker aus ihrer Richtung abgelenkt. Die Aufwicklung des geraden Leiters zu einer Spule mit mehreren Windungen verstärkt die magnetische Wirkung noch weiter. Die Magnetnadel kann bis zu 90° zum elektrischen Leiter abgelenkt werden (Bild 1C). Daraus folgt: Eine Spule in einem geschlossenen Stromkreis ist ein **Elektromagnet**.

Polregel bei Elektromagneten

An den Enden einer Spule entstehen magnetische Pole. Sie üben auf eine Magnetnadel eine Kraftwirkung aus. Auch hier gilt die **Polregel:** ungleichartige Pole ziehen sich an und gleichartige stoßen sich ab. Werden die elektrischen Anschlüsse vertauscht, bilden sich die magnetischen Pole der Spule um.

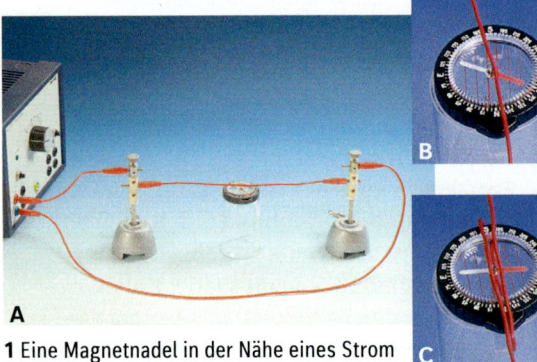

1 Eine Magnetnadel in der Nähe eines Strom führenden Leiters

CHRISTIAN OERSTED, Entdecker des Elektromagnetismus

Die Entdeckung des Elektromagnetismus gelang dem dänischen Physiker CHRISTIAN OERSTED (1777 – 1851) eher zufällig. Nach seiner Annahme könnte Magnetismus aus einem Leiter herausströmen, ähnlich wie Licht und Wärme. Deshalb experimentierte er während einer Vorlesung vor Studenten mit einem glühenden Draht in einem Stromkreis. Dabei entdeckte er, dass eine Magnetnadel in der Nähe des Leiters nicht die Nord-Süd-Richtung anzeigte. Als er sie wegnahm, zeigte sie wieder in Richtung Norden. Die Nadel wurde also durch den Strom führenden Leiter abgelenkt.

Durch fließende Elektronen entsteht um einen metallischen Leiter ein Magnetfeld. Wird der Leiter zu einer Spule gewickelt, entsteht ein Elektromagnet.

Elektrizität und ihre Nutzung | 127

Das Magnetfeld eines elektrischen Leiters

1.
a) Führe wie in Bild 1 einen elektrischen Leiter senkrecht durch einen Karton und schließe den Leiter an eine Elektrizitätsquelle mit Gleichstrom an. Streue Eisenfeilspäne herum.
b) Beschreibe, wie sich die Eisenfeilspäne anordnen.

2.
a) Schließe eine Spule wie in Bild 3 an eine Elektrizitätsquelle mit Gleichstrom an. Streue Eisenfeilspäne in und um die Spule. Schalte die Elektrizitätsquelle ein und beschreibe das Verhalten der Späne.
b) Beschreibe den Verlauf der magnetischen Feldlinien innerhalb und außerhalb der Spule.

Das Magnetfeld eines geraden Leiters

Das Magnetfeld um einen elektrischen Leiter lässt sich durch Eisenfeilspäne nachweisen. Bei einem geraden Leiter wie in Bild 1 ordnen sie sich auf Kreisbahnen an. Das Magnetfeld um den Leiter verläuft also ringförmig. Dabei gibt es keine Magnetpole.

Die Richtung des Magnetfeldes

Das Magnetfeld wird durch konzentrische Kreise dargestellt, deren Radien von innen nach außen größer werden. Die Feldlinien, die sich um den Leiter bilden, haben eine **radialsymmetrische Form.** Ihre Richtung kannst du mit der **Linke-Faust-Regel** bestimmen: Zeigt der Daumen der linken Hand in die Fließrichtung der Elektronen, dann zeigen die gekrümmten Finger, die den Leiter umfassen, die Richtung der magnetischen Feldlinien an (Bild 2).

1 Das Magnetfeld um einen geraden elektrischen Leiter

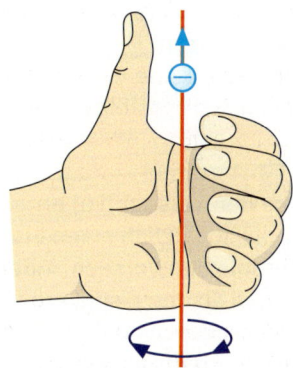
2 Die Richtung der magnetischen Feldlinien bestimmen.

Das Magnetfeld einer Spule

Auch bei einer Spule sind die magnetischen Feldlinien in sich geschlossen (Bild 3). Das äußere Feldlinienbild ähnelt dem Magnetfeld eines Stabmagneten. Die Feldlinien verlaufen vom Nordpol zum Südpol der Spule. Innerhalb der Spule verlaufen die Feldlinien vom Südpol zum Nordpol. Sie verlaufen parallel und im gleichen Abstand zueinander (Bild 4). In der Spule ist das Magnetfeld **homogen.** Mithilfe der linken Faust kannst du hier die Lage des Nordpols bestimmen: Umfasst du mit der linken Faust die Spule und zeigen die Finger in Fließrichtung der Elektronen, dann zeigt der Daumen zum Nordpol der Spule.

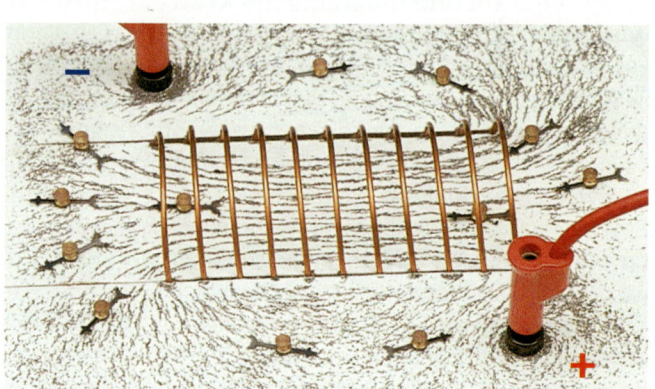
3 Das Magnetfeld einer Spule

> Die Richtung des Magnetfeldes eines elektrischen Leiters ist abhängig von der Fließrichtung der Elektronen. Sie kann nach der Linke-Faust-Regel bestimmt werden.

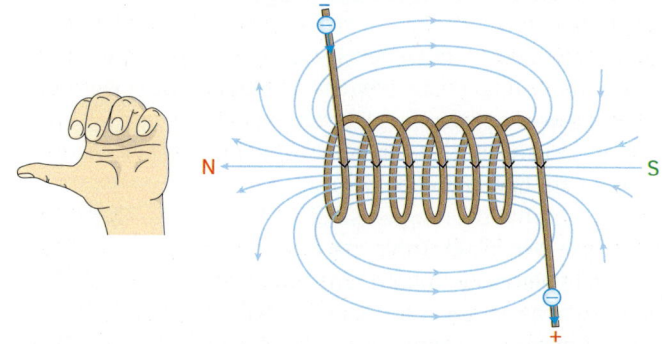
4 Das Feldlinienbild einer Spule und die Bestimmung ihres Nordpols

Die magnetische Wirkung lässt sich regeln Protokoll

1.
a) Baue einen Versuch wie in Bild 1 auf. Verwende eine Spule mit 600 Windungen. Schließe sie an die Elektrizitätsquelle für Gleichstrom an und stelle eine Stromstärke von 2,0 A ein. Halte einige Büroklammern in die Spulenöffnung und bilde daraus eine lose Kette. Stelle fest, wie lang die Kette werden kann, bis die letzte Büroklammer abfällt.
b) Wiederhole Versuch a) mit einer Spule mit 1200 Windungen.
c) Vergleiche deine Versuchsergebnisse und ziehe eine Schlussfolgerung.

2.
a) Baue den Versuch 1 a) erneut auf. Führe in die Spule zusätzlich einen Eisenkern ein. Wiederhole den Versuch, indem du die Büroklammern an den Eisenkern hängst.
b) Vergleiche die Länge der Kette mit der aus Versuch 1 a) und ziehe eine Schlussfolgerung.

3.
a) Schließe eine Spule mit 1200 Windungen und einem Eisenkern an die Elektrizitätsquelle an und stelle eine Stromstärke von 2,0 A ein. Hänge an den Eisenkern eine lose Kette aus Büroklammern. Reduziere stufenweise die Stromstärke um 0,20 A bis 0 A.
b) Beschreibe deine Beobachtung und formuliere zwei Schlussfolgerungen.

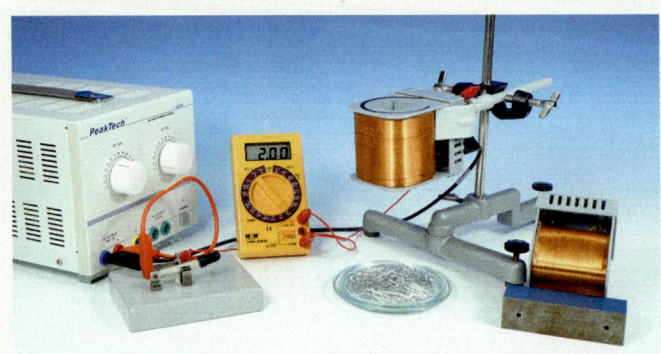

1 Spule ohne und mit Eisenkern in einem Stromkreis

Windungszahl und magnetische Kraftwirkung

Durch die Aufwicklung eines geraden elektrischen Leiters zu einer Spule liegen mehr Leiterschleifen dicht beieinander. Dadurch kommt es zu einer Konzentration der magnetischen Kraftwirkung auf kleinem Raum.
Bei einer höheren Windungszahl nehmen die Leiterlänge und damit die magnetische Kraftwirkung zu. Bei einer Spule ist die magnetische Kraftwirkung abhängig von ihrer Windungszahl. Je größer die Anzahl der Windungen einer Spule ist, desto stärker ist das Magnetfeld.

Ein Eisenkern verstärkt die magnetische Wirkung

Das magnetische Feld einer Spule übt auf Eisen eine Kraftwirkung aus. Steckst du einen **Eisenkern** in das Innere einer Spule, wird dieser magnetisiert und ist nun selbst ein Magnet. Seine magnetische Kraftwirkung verstärkt damit die magnetische Kraftwirkung der Spule. Von einer Spule mit einem Eisenkern geht also eine höhere Kraftwirkung aus. Nach dem Abschalten der Spule behält der Eisenkern nur eine sehr geringe magnetische Wirkung. Sein Magnetismus ist temporär.

Stromstärke und magnetische Kraftwirkung

Der Kupferdraht einer Spule ist nicht magnetisch. Die Wirkung tritt erst ein, wenn Elektronen durch den Leiter fließen. Je kleiner die Stromstärke im Stromkreis der Spule ist, desto geringer ist die magnetische Kraftwirkung der Spule. Die magnetische Kraftwirkung eines Elektromagneten ist **regelbar.** Beträgt die Stromstärke in der Spule 0 A, dann fließen durch den Spulendraht keine Elektronen mehr. Damit fällt das Magnetfeld um den elektrischen Leiter zusammen. Die magnetische Kraftwirkung eines Elektromagneten ist also **abschaltbar**.

Bei der Stromstärke in der Spule darf ein Grenzwert nicht überschritten werden. Die Zusammenstöße der freien Elektronen im Leiter mit den Atomrümpfen führen zu einer Erwärmung des Spulendrahtes. Wenn die Wärme nicht nach außen abgeführt wird, kann die Spule überhitzt und zerstört werden.

Die magnetische Kraftwirkung eines Elektromagneten ist regelbar und abschaltbar. Dabei ist die magnetische Kraftwirkung einer Spule abhängig
• von der Anzahl der Windungen,
• vom Einsatz eines Eisenkerns,
• von der Stromstärke in der Spule.

Elektrizität und ihre Nutzung | 129

Anwendungen von Elektromagneten

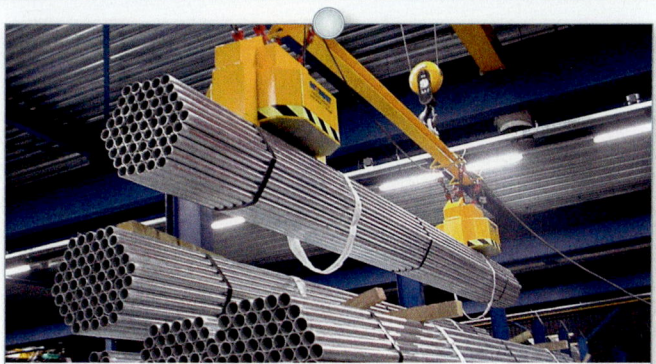

Elektromagnetische Befestigung
In Betrieben der Stahlverarbeitung müssen Gegenstände aus Eisen bewegt werden. Dies erfolgt mit **Lasthebemagneten.** Sie bestehen aus einem starken Elektromagneten in einem Eisengehäuse. Die Magnete hängen unter einem Kran und können so auf Werkstücke aus Eisen abgesenkt werden. Dann wird der Magnet eingeschaltet. Er zieht das Werkstück an, das nun zusammen mit den Magneten angehoben und transportiert werden kann. Diese Form der Befestigung und des Transportes schont die Oberfläche der Werkstücke.

Magnete helfen heilen
Im Rahmen einer **Magnetfeldtherapie** werden Elektromagnete beispielsweise zur unterstützenden Behandlung von Arthrosen in den Kniegelenken angewendet. Bei der Behandlung liegt die Patientin oder der Patient mit den Knien in einer großen Spule und ist so dem Magnetfeld ausgesetzt. Das Magnetfeld wirkt auf den Zellstoffwechsel in der Knieregion und kann dadurch Schmerzen lindern.

Kein Open-Air-Konzert ohne Elektromagneten
Bei einem **Lautsprecher** bewegt sich eine Spule im magnetischen Feld eines ringförmigen Dauermagneten. Die Spule ist mit einer Membran fest verbunden. Wenn sie elektrisch angesteuert wird, schwingt sie im Feld des Magneten. Diese Schwingungen werden auf die Membran übertragen, die sie in Schall umwandelt.

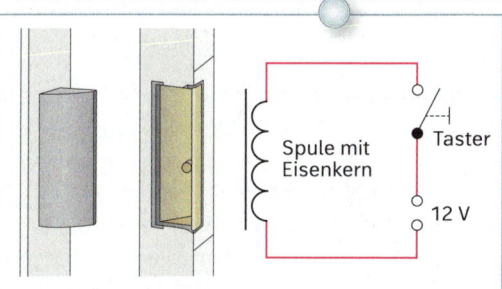

Haustür | Türrahmen | Wohnung

Die Haustür öffnet sich magnetisch
Wer in einem oberen Stockwerk wohnt, betätigt durch einen Taster einen Türöffner, um die Haustür zu öffnen. Der Öffner ist in den feststehenden Türrahmen eingebaut. Er enthält einen Elektromagneten, der sich vor einer beweglichen Halteplatte befindet. Gegen diese Halteplatte drückt der Schnapper des Türschlosses in der Haustür. Wird der Elektromagnet mit Elektrizität versorgt, zieht er die Halteplatte magnetisch zurück und die Tür kann geöffnet werden.

PINNWAND

1.
Recherchiere
a) den Einsatz von Lasthebemagneten wie in Bild 1.
b) den Aufbau eines Lautsprechers wie in Bild 2.

2.
Informiere dich über medizinische Behandlungsformen, bei denen Elektromagnete eingesetzt werden.

Bau eines Messgerätes

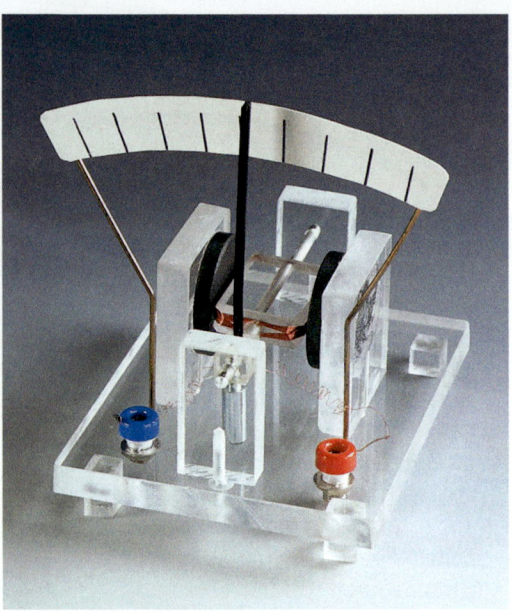

1 Messgerät mit drehbarer Magnetspule

Material
- Platte aus Sperrholz oder Acrylglas, 10 mm stark, mindestens 15 cm x 8 cm
- 2 Scheibenmagnete, Durchmesser 30 mm
- 1 Aluminium-Stricknadel, Durchmesser 3 mm
- Schweißdraht, 30 cm lang, Durchmesser 1,5 mm
- 2 Buchsen mit Schraubgewinde
- isolierter Draht, 15 m lang, Durchmesser 0,1 mm
- 4 kleine Schrauben, 15 mm lang, Durchmesser 3 mm
- 1 Trinkhalm als Zeiger
- 1 dicke Schraube als Gegengewicht für den Zeiger
- Karton für die Skala
- Kleber, Lötkolben, Lötzinn

- Folgende Einzelteile musst du nach dem Zuschneiden der Grundplatte (10 cm x 8 cm) aus dem restlichen Sperrholz oder Acrylglas herstellen:
4 Füße, 2 Halterungen für die Scheibenmagnete, 2 Lagerhalterungen für den Anker, die Ankerplatte, die Halterung für den Zeiger

Funktionsweise
Bei diesem Messgerät wirken die zwei verschiedenen Pole von zwei Scheibenmagneten als Dauermagnete und eine drehbare Spule als Elektromagnet zusammen. Die drehbare Spule heißt **Anker.** Wenn du sie mit einer Batterie verbindest, wird die Spule zum Elektromagneten. Durch ihr Magnetfeld wird sie von den Magnetfeldern der Dauermagnete ausgelenkt. Diese Auslenkung kannst du mithilfe eines Zeigers ablesen.
Je größer die elektrische Stromstärke ist, desto stärker ist die Auslenkung des Zeigers aus seiner Nulllage.

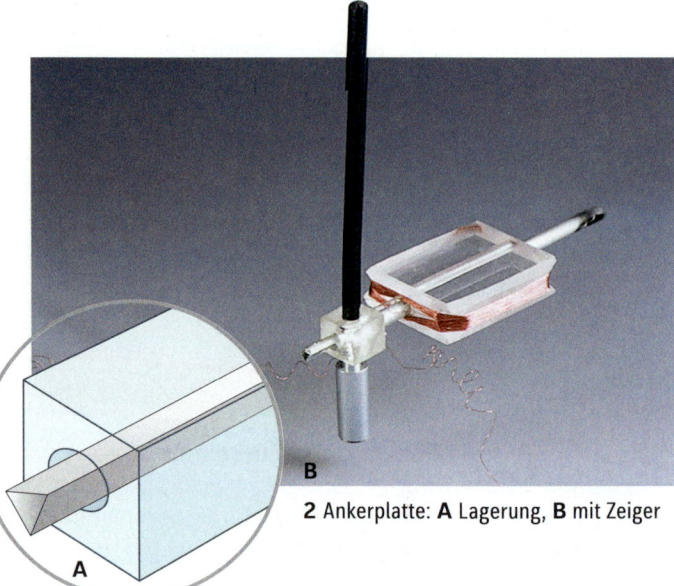

2 Ankerplatte: **A** Lagerung, **B** mit Zeiger

Bauanleitung
❶ Die Achse der Ankerplatte musst du wie in Bild 2A formen, damit sich der Anker leicht bewegt. Mit einer Feile gibst du der Stricknadel als Achse an beiden Enden eine dreieckige Form. Beim Einbau der Achse zeigt jeweils eine Dreiecksspitze nach unten.

❷ Die Ankerplatte musst du in der Mitte längs durchbohren (Bild 2B). Dann steckst du die Stricknadel durch die Bohrung und bringst die Halterung für den Zeiger an. Auf die Ankerplatte wickelst du 150 Windungen des lackisolierten Drahtes. Den Anker mit Magnetspule und Zeiger steckst du zwischen die Halterungen. Befestige sie mit Schrauben auf der Grundplatte. Unterhalb des Zeigers musst du in die Halterung eine dicke Schraube drehen, die den Zeiger in der Nulllage hält.

Elektrizität und ihre Nutzung | 131

Der Gleichstrom-Elektromotor

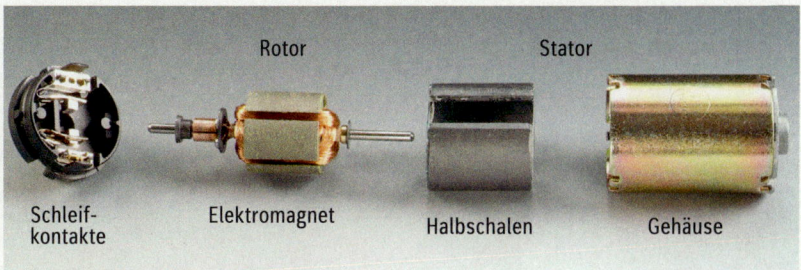

1 Teile eines Gleichstrom-Elektromotors

1.
Nenne die Teile in Bild 1, die feststehend sind und die, die beweglich sind.

2.
Baue einen Versuch mit einem Motor wie in Bild 2 auf. Setze die Schleifkontakte auf je einen der ungeteilten Schleifringe auf. Schließe den Motor an eine Elektrizitätsquelle für Gleichstrom an. Schalte die Elektrizitätsquelle ein. Beschreibe das Verhalten des Rotors.

3.
Begründe, warum es bei dem Versuch 2 nicht zu einer vollen Drehung der Spule kommt.

Die Teile eines Elektromotors

Bild 1 zeigt einen **Gleichstrom-Elektromotor** und seine wichtigsten Teile. Das sind zwei magnetische Halbschalen und ein drehbar gelagerter Elektromagnet. Er wird als **Rotor** bezeichnet. Die eine Halbschale hat innen einen Nordpol, die andere einen Südpol. Sie bilden zusammen mit dem Gehäuse den **Stator.** Über die **Schleifkontakte** erfolgt der Anschluss des Rotors an die Elektrizitätsquelle. In Bild 2 siehst du einen Elektromotor als Versuchsmodell mit den gleichen Bauteilen.

Die Drehbewegung der Rotorspule

Die Pole des Dauermagneten bilden innerhalb des Stators ein Magnetfeld aus. Die drehbare Rotorspule wird über die Schleifringe an eine Elektrizitätsquelle für Gleichstrom angeschlossen.

Der Elektronenstrom in der Spule ist die Ursache für ein magnetisches Kraftfeld um die Spulendrähte. Die Spule hat einen magnetischen Nordpol und Südpol. Diese treten in Wechselwirkung mit dem Magnetfeld des Dauermagneten. Sein Magnetfeld stellt die Vermittlung zwischen dem Elektronenstrom und der Kraftwirkung dar. Als Wirkung führt die Spule eine Drehbewegung aus, bis sich der Nordpol der Rotorspule und der Südpol des Stators gegenüberstehen. In dieser Position bleibt der Rotor stehen.

Der Motor dreht sich erst dann weiter, wenn an der Elektrizitätsquelle die Anschlüsse für den Rotor vertauscht werden. Mit der Umkehrung der Richtung des Elektronenstromes in der Spule kehren sich auch ihre magnetischen Pole um. Die Spule vollzieht jetzt ihre weitere Drehung um 180° und bleibt erneut stehen. Erst ein weiteres Vertauschen der Anschlüsse an der Elektrizitätsquelle würde eine erneute Drehung um 180° bewirken.

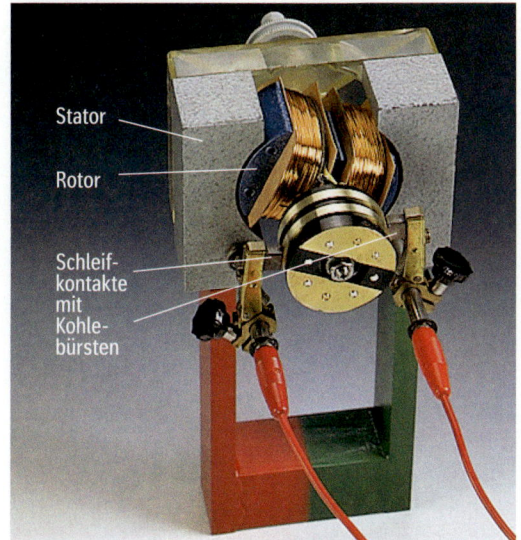

2 Aufbaumotor mit Spule und Bügelmagnet

> Eine Strom führende Spule führt zwischen den Polen eines Dauermagneten höchstens eine halbe Umdrehung aus. Die Drehrichtung hängt von der Fließrichtung der Elektronen in der Spule ab.

Basiskonzepte S. 161

Der Kommutator – ein automatischer Umschalter

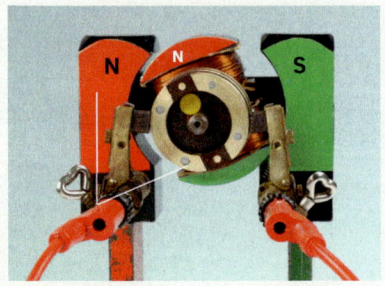
1 Motor zu Beginn

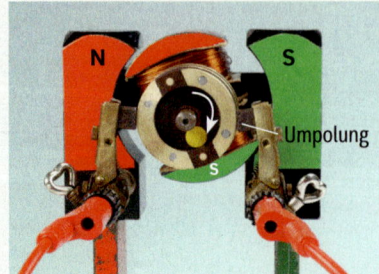
3 Motor in Bewegung

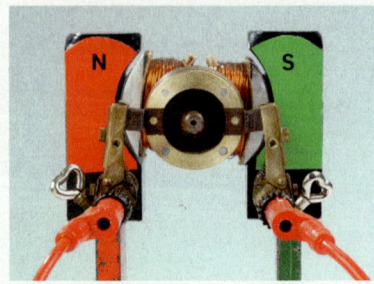
5 Motor in Ruhe

1.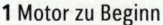
a) Baue den Motor wie in Bild 1 auf. Verbinde je einen Halbring mit einem Pol der Elekrizitätsquelle. Bringe den Rotor in die Position wie in Bild 1. Schalte die Elektrizitätsquelle ein und regle sie langsam hoch, bis sich der Rotor bewegt.
b) Erkläre die Drehung des Rotors.
c) Erkläre, dass der Rotor keine fortlaufende Drehung vollführen kann.

2.
Drehe den Rotor aus Versuch 1 mit der Hand weiter, bis die Schleifkontakte wieder die Halbringe berühren. Begründe, dass sich der Rotor eine halbe Umdrehung weiter dreht.

3.
Nenne die Aufgaben der beiden Halbringe und der Schleifkontakte.

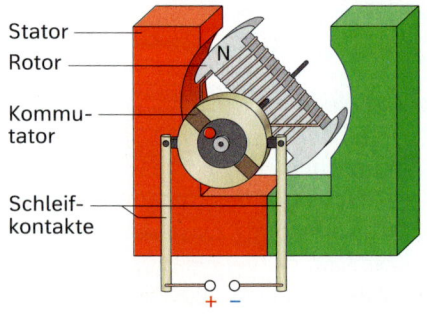
2 Rotor beim Start

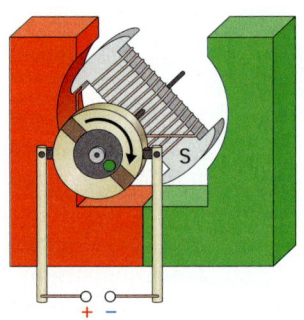
4 Rotor nach einer halben Umdrehung

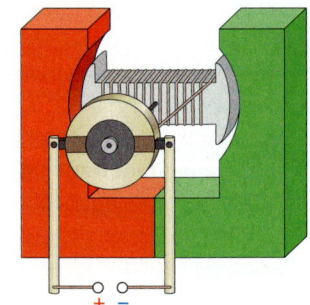
6 Rotor in Totpunkt-Position

Ein Stromwender

Es ist sehr schwierig, mit der Hand die Pole an der Spule so schnell zu wechseln, dass eine fortlaufende Drehbewegung des Motors entsteht. Der **Kommutator** oder **Stromwender** ist eine Vorrichtung, die diesen Wechsel automatisch vornimmt. Er befindet sich auf der Achse der Spule und besteht aus zwei gegeneinander isolierten **Halbringen.** Sie sind jeweils an ein Spulenende angelötet und über zwei Schleifkontakte mit dem Gleichspannungs-Ausgang der Elektrizitätsquelle verbunden (Bild 2).
Wenn der Kommutator die Fließrichtung der Elektronen als Ursache und damit die Richtung des Magnetfeldes als Vermittlung in der Spule umkehrt, werden auch die Magnetpole der Spule vertauscht (Bild 4). Dieser Vorgang wiederholt sich nach jeder halben Umdrehung. Dadurch kommt es zu einer fortlaufenden Drehbewegung als Wirkung.

Der Totpunkt

Wenn die Schleifkontakte auf den isolierten Stellen zwischen den beiden Schleifringen stehen, wird die Spule nicht mit Elektrizität versorgt (Bild 6).
Ist der Motor aber erst einmal in Bewegung, so sorgt die Trägheit des Rotors dafür, dass er sich über diesen **Totpunkt** hinweg weiterdreht.

> Der Kommutator ist ein automatischer Umschalter, der eine kontinuierliche Drehung des Elektromotors ermöglicht.

Basiskonzepte S. 161

Elektrizität und ihre Nutzung | 133

Der Trommelanker

1.
Baue einen Modellmotor wie in Bild 1 mit dreipoligem Rotor auf. Verbinde die Schleifkontakte mit einer Elektrizitätsquelle und regle sie hoch, bis der Rotor sich zu drehen beginnt. Versuche durch Abbremsen mit der Hand, den Rotor in eine Position zu bringen, von der aus er nicht wieder anläuft. Beschreibe deine Beobachtung.

2.
Entferne aus einem Aufbaumotor wie in Bild 2 den Bügelmagneten. Verbinde die Schleifkontakte mit den Anschlüssen einer Flachbatterie. Drehe den Rotor langsam mit der Hand. Stelle mit einer Kompassnadel fest,
a) wie viele Magnetpole bei einer Umdrehung auf dem Rotor entstehen,
b) wie sich Nord- und Südpol an den Polen verändern.

3.
a) Setze den Aufbaumotor aus Versuch 2 wieder auf den Bügelmagneten. Schließe den Motor an eine Elektrizitätsquelle für Gleichstrom an und schalte sie ein. Achte auf die Drehrichtung des Motors.
b) Wechsle die Anschlüsse des Motors an der Elektrizitätsquelle und schalte sie wieder ein. Beobachte die Drehrichtung und vergleiche sie mit Versuch a).

4.
Betrachte den Modellmotor in Bild 3. Stelle eine Vermutung über seine Laufruhe auf. Begründe deine Vermutung.

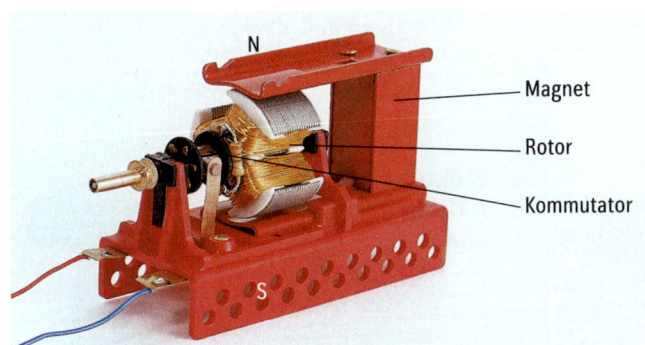

1 Dreipoliger Rotor, dreigeteilter Kommutator

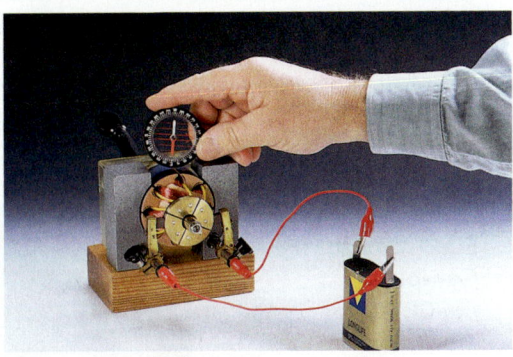

2 Rotor mit viergeteiltem Kommutator

Zweipolige Rotoren haben Nachteile

Der Kommutator eines zweipoligen Rotors hat zwischen den Halbringen isolierte Bereiche. Während die Schleifkontakte darübergleiten, ist der Rotor unmagnetisch. Seine Pole werden von den Magneten des Stators weder angezogen noch abgestoßen. Wenn der Motor nicht schon Schwung hätte, bliebe er stehen. Solche Motoren laufen sehr unruhig. Totpunkte werden vermieden, wenn der Rotor mehr als zwei Spulen enthält. Bei einem dreipoligen Rotor sind drei Spulen auf einen Eisenkern gewickelt. Der Kommutator ist dreigeteilt, mindestens zwei Spulen werden immer mit Elektrizität versorgt und bilden Magnetpole aus. Der Motor läuft ruhiger.

Motoren zur praktischen Anwendung

Bei mehrpoligen Rotoren werden immer mehrere Spulen gleichzeitig mit Elektrizität versorgt. Je mehr Spulen den Rotor antreiben, desto ruhiger läuft der Motor. Motoren in Geräten sind deshalb mit mehrpoligen Rotoren ausgerüstet. Solche Rotoren werden **Trommelanker** genannt.

> Ist der Rotor eines Elektromotors mit mehr als zwei Strom führenden Spulen ausgerüstet, so gibt es keinen Totpunkt mehr. Je mehr Spulen den Rotor antreiben, desto ruhiger läuft der Motor. Diese Rotoren heißen Trommelanker.

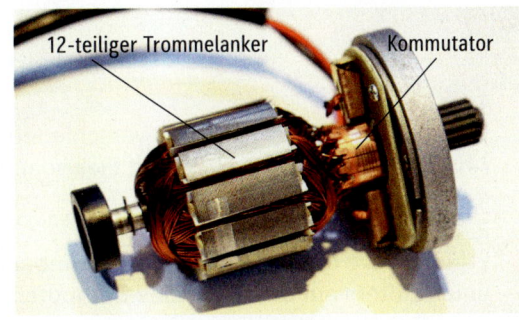

3 Elektromotor für den Modellbau

Einsatz von Elektromotoren

PINNWAND

Elektromotor im Roller
Der eigene **Motorroller** ist der Traum vieler Jugendlicher. Unter Umweltgesichtspunkten sollte es ein Roller mit Elektroantrieb sein. Der Elektromotor befindet sich in der Nabe der Hinterachse. Ein Schaltgetriebe wird nicht benötigt. Die elektrische Energie erhält er aus einem Akku. Die Regelung der Geschwindigkeit erfolgt über einen Drehgriff am Lenker. Ein Display zeigt die Geschwindigkeit und die Akkulaufzeit an.

Elektromotor am Fahrrad
E-Bikes und **Pedelecs** werden mit einem Gleichstrommotor ausgerüstet. Hier hat sich der Mittelmotor durchgesetzt, der im Bereich der Tretkurbel eingebaut ist. Die Versorgung mit Elektrizität erfolgt über einen Akku. Bei einem Pedelec läuft der Motor erst an, wenn die Tretkurbel betätigt wird. Er unterstützt beim Fahren. Beim E-Bike ermöglicht der Motor auch einen Direktantrieb.

Elektromotor im Computer
Die **CPU** (engl.: central processing unit, zentrale Verarbeitungseinheit) ist das Herz jedes Computers. Bei ihrem Betrieb wird eine große Menge an Wärme frei. Diese Wärme muss abtransportiert werden. Auf die CPU werden ein Kühlkörper aus Aluminiumrippen und darauf ein Lüfter aufgesetzt. Der Lüfter wird durch einen kleinen Elektromotor angetrieben. Er wird durch einen Temperaturfühler gesteuert.

Elektromotor im Akkuschrauber
In **Akkuschrauber** ist ein Elektrowerkzeug, das in kaum einem Haushalt fehlt. Der Antrieb der Maschine erfolgt durch einen Gleichstrommotor. Die Drehbewegung des Rotors wird über ein Getriebe auf das Bohrfutter übertragen. Mithilfe einer Regelung kann die Drehzahl angepasst werden. Die Maschine erhält die elektrische Energie aus einem Akku. Dieser kann ausgetauscht und separat aufgeladen werden.

1. Erstelle eine Übersicht zu den verschiedenen Angeboten von Motorrollern mit Elektroantrieb.

2. Erläutere die Notwendigkeit für den Einbau eines Lüfters auf der CPU eines Computers.

3. Informiere dich über Bauarten und Reichweiten von E-Bikes und Pedelecs.

4. Beschreibe Einsatzmöglichkeiten für einen Akkuschrauber mit Drehzahlregelung.

Basiskonzepte S. 161

Das Elektroauto

1 Aufbau eines Elektroautos

Elektromobil als Fahrzeug der Zukunft?

Die Entwicklung von Verbrennungsmotoren hat ein Stadium erreicht, in dem Verbesserungen kaum noch zu erzielen sind. Der Ausstoß an Schadstoffen lässt sich kaum noch reduzieren. Andererseits wird deren Belastung für die Umwelt gesellschaftlich nicht mehr akzeptiert. Für den Fortbestand der Mobilität muss ein Umdenken erfolgen. Durch alternative Antriebsmodelle sollen der Bedarf nach Mobilität gesichert und die Nachteile des Verbrennungsmotors beseitigt werden. Eine mögliche Alternative stellt das **Auto mit Elektromotor** dar.

Der Aufbau

Die jetzige Generation der Elektroautos ist eine Weiterentwicklung bisheriger Autotypen. Der Verbrennungsmotor wird durch einen **Elektromotor** ersetzt, der Kraftstofftank durch einen **leistungsstarken Akku.** Ein Schaltgetriebe ist nicht notwendig. Auch die Abgasanlage entfällt.
Für einen Verbrennungsmotor werden etwa 2500 Bauteile benötigt. Bei einem Elektromotor sind es nur noch 250 Teile. Dadurch ist der Elektromotor einfacher zu bauen und weniger störanfällig.

Die Motorsteuerung

Im Fahrbetrieb erfolgt die Regelung der Geschwindigkeit über ein Fußpedal, ähnlich wie bei einem Auto mit Verbrennungsmotor. Der Ausdruck „Gas geben" passt aber nicht mehr, denn dem Elektromotor wird mehr oder weniger elektrische Energie zugeführt. Weitere Bauteile der Motorsteuerung wandeln den Gleichstrom des Akkus in Wechselstrom um. Sie regeln die Motordrehzahl und darüber die Geschwindigkeit des Fahrzeuges.

Elektrizität speichern und nutzen

Die Speicherelemente des Akkus in der jetzigen Generation sind **Lithium-Ionen-Zellen.** Für den Akku eines Autos müssen viele Zellen in Reihen- und Parallelschaltung kombiniert werden. Je nach Leistungsfähigkeit des Akkus werden bis zu 7000 Einzelzellen kombiniert. Zum Schutz vor zu starker Erwärmung hat der Akku einen Kühlkreislauf, durch den Wärme nach außen transportiert wird. Der Anteil des Akkus an der Gesamtmasse beträgt bis zu 28 %.

Die „Tankstelle"

Je nach Fahrzeugtyp kann der Akku eine Energie von bis zu 50 kWh speichern (Stand: 2019). Das reicht für eine Fahrstrecke von etwa 400 km. Dann muss der Akku an einer **Ladesäule** aufgeladen werden. Sie stellt elektrische Energie aus dem öffentlichen Versorgungsnetz bereit. Der Ladevorgang kann mehrere Stunden dauern. Die geladene Energie muss bezahlt werden. Das Netz der Ladesäulen wird stetig ausgebaut. Neben den mehreren Millionen privaten Ladepunkten sollen bis 2030 eine Million öffentliche Ladestationen vorhanden sein.

2 Ladestation

Ein Elektromotor – selbst gebaut

Material
- Bausatz Elektromotor (Bild 1)
- Holzbrett (7 cm x 10 cm x 1,5 cm)
- kleine Holzschrauben
- 4,5 V-Batterie
- Lötkolben und Lötzinn
- Messer, Schere, Schraubendreher, Rundzange
- Nähmaschinenöl

Der Aufbau
Schneide den Aufbauplan aus dem Deckel der Bausatzverpackung aus. Klebe ihn dann auf das Holzbrett.
Baue den Motor nach der Abbildung und der Anleitung auf. Benutze zum Befestigen kleine Holzschrauben.

1 Material für den Elektromotor

Elektrische Verbindungen und Wicklungen
Löte alle elektrischen Verbindungen, damit sie haltbar sind und damit keine Unterbrechungen entstehen.
Die Statorwicklung muss sehr flach sein, damit sie nicht vom Rotor beschädigt wird.

Mögliche Fehlerquellen
- Die Drähte des Kommutators stehen nicht senkrecht zum Rotor.
- Die Kontaktfedern berühren beim Drehen nicht die Drähte des Kommutators.
- Lötstellen sind fehlerhaft.

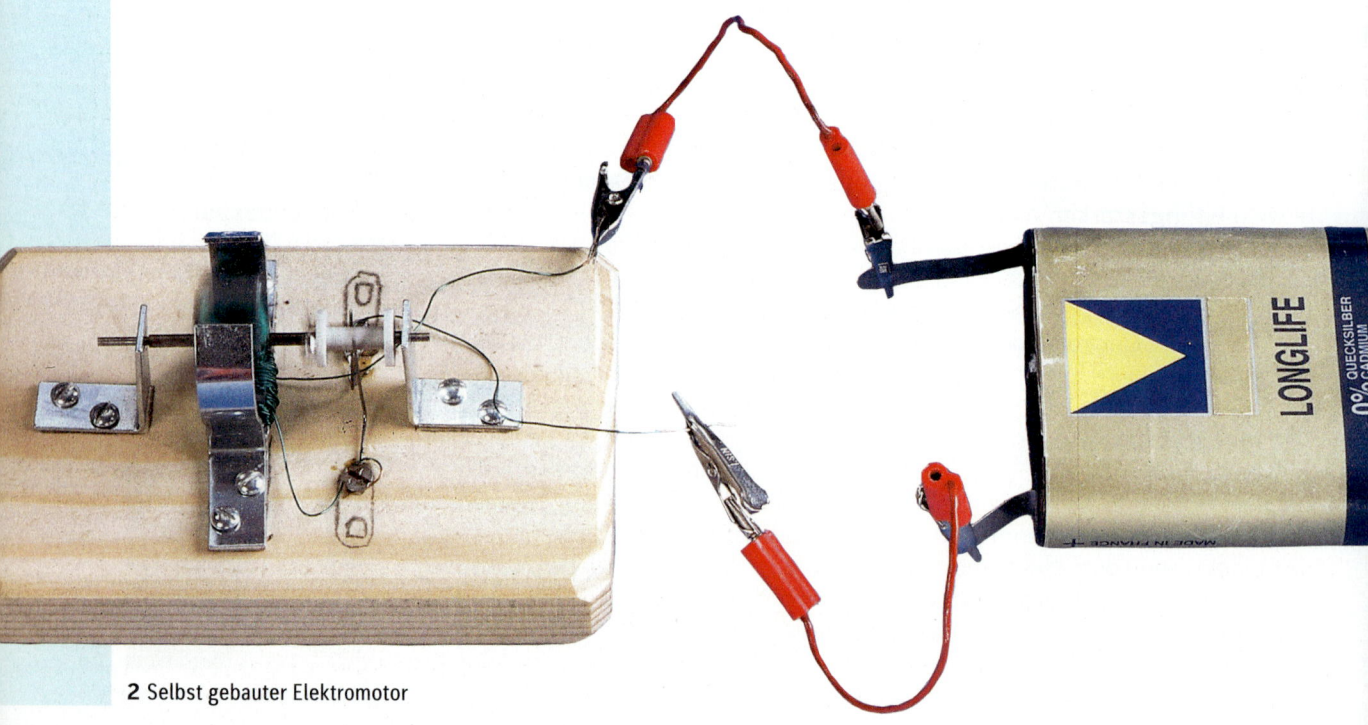

2 Selbst gebauter Elektromotor

Bau von Elektrofahrzeugen

Ein Wettbewerb ist möglich
In diesem Projekt baut ihr unter gleichen Bedingungen und mit denselben Baumaterialien gleiche Fahrzeuge. So ist ein abschließender Wettbewerb möglich.
Ihr könntet zum Beispiel ein 10 m-Rennen veranstalten oder messen, welches Fahrzeug die geringste Abweichung beim Geradeausfahren hat. Viel Spaß!

TEAM ❶
Ein Propeller treibt ein Boot an
In diesem Team baut ihr ein Boot. Als Antrieb dient euer selbstgebauter Elektromotor. Das Fahrzeug darf nur ein geringes Eigengewicht haben. Hartschaum hat sich hier als Baumaterial gut bewährt. Den Bootskörper könnt ihr aus übereinander geklebten Hartschaumplatten gestalten. Holzleim ist ein geeigneter Klebstoff. Auf der Achse des Motors wird eine vorgebohrte Holzscheibe befestigt. Sie ist im Bausatz enthalten. Ein dreiflügeliger Propeller wird dann auf diese Holzscheibe geklebt. Der Bootskörper muss so weit aus dem Wasser ragen, dass der Propeller nicht ins Wasser eintaucht. Ihr könnt die Blätter des Propellers auch verkürzen.
Damit das Boot nicht umkippt, muss ein Kiel vorhanden sein. Dafür könnt ihr kleine, schwere Metallteile nehmen, zum Beispiel einen Zimmermannsnagel. Die oberste Hartschaumschicht muss so ausgehöhlt werden, dass eine passende Vertiefung für den 9 V-Block entsteht.

2 Ein schneller Flitzer

TEAM ❷
Ein Propeller auf vier Rädern
In diesem Team baut ihr ein Fahrzeug, das durch einen industriell hergestellten Elektromotor angetrieben wird. Der dreiblättrige Propeller sorgt für erstaunlich zügige Fahrt der Leichtkonstruktion.

Dem Bausatz liegt eine ausführliche Bauanleitung bei. Zusätzlich solltet ihr folgendes beachten:
1. Setzt beim Zusammenleimen von Ober- und Unterteil die Klemmzwingen nicht direkt auf das Sperrholz. Legt gerade, stabile Lattenreste dazwischen, dann entstehen keine Werkzeugspuren.
2. Schlagt mit einem kleinen Nagel Vertiefungen an die Stellen, an denen die Ringschrauben zur Achsenhalterung befestigt werden. Dann sind sie leicht einzudrehen.
3. Lötet die elektrischen Verbindungen am Motor und an den Klemmsteckern zur Batterie an. Nur so ist ein zuverlässiger Kontakt möglich.

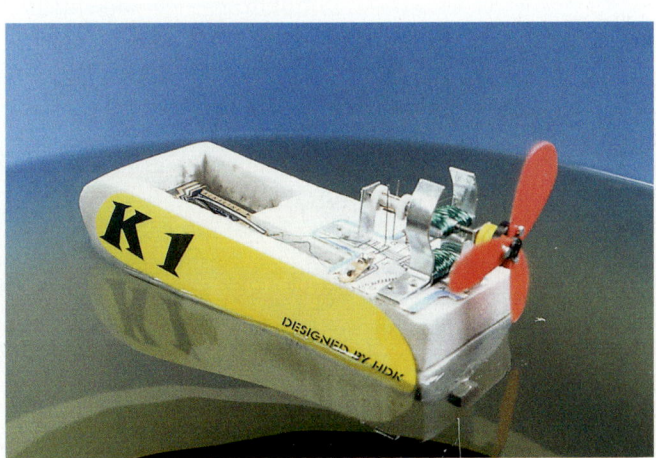

1 Schiff ahoi!

LERNEN IM TEAM

Berufswahlorientierung

Berufswahltests
Wie finde ich einen geeigneten Beruf für mich? Wenn du auf neue Ideen kommen möchtest, ist vielleicht ein **Berufswahltest** das Richtige. Diese Tests können online als auch bei der Arbeitsagentur durchgeführt werden. Durch Beantwortung von in der Regel Multiple-Choice Fragen, ermittelt ein Computerprogramm meist mehrere, für dich gegebenenfalls passende Berufe. Die Vorteile liegen in der Schnelligkeit der Auswertung und dem Komfort der Durchführung. Jedoch können manche Tests kostenpflichtig sein. Und ob der Beruf wirklich zu dir passt, solltest du weiter überprüfen, zum Beispiel bei einem Praktikum.

Berufsorientierungsmessen
Informiere dich bei speziellen **Messen** über die dort präsentierten Berufe. Ortsansässige Firmen, von lokalen Handwerksbetrieben bis zu international tätigen Unternehmen sowie von Behörden und Institutionen, präsentieren dort ihre Berufe. Dort hast du Gelegenheit mit Menschen zu sprechen, die die entsprechenden Berufe erlernt haben oder sich gerade in Ausbildung befinden. So bekommst du Informationen aus erster Hand und kannst eventuell schon erste Kontakte knüpfen.

1. Ⓐ
Frage deine Eltern, Verwandten und berufstätigen Bekannten nach deren Berufen.
· Wie sind sie zu ihrem Job gekommen?
· Erfüllt sie ihre Arbeit?
· Würden sie die Entscheidung heute noch einmal so treffen?

1 Viele Fragen – viele Antworten!

Praktika
Wenn du bereits die eine oder andere Idee hast, welcher Beruf etwas für dich sein könnte, nutze deine Schulferien, um ein **Praktikum** in einem Betrieb oder einer Behörde zu absolvieren. So kannst du in den Beruf hineinschnuppern und besser einschätzen, was dich später erwartet. Du erlebst den Arbeitsalltag der Mitarbeiterinnen und Mitarbeiter und lernst, wie die dort tätigen Menschen mit täglichen Situationen umgehen.
Geschickte und engagierte Praktikanten werden auch gerne als Auszubildende eingestellt.

Beratungslehrerin oder -lehrer
Selbstverständlich steht dir auch die **Beratungslehrkraft** deiner Schule bei Fragen mit Rat und Tat zur Verfügung. An jeder Schule gibt es Lehrkräfte, die sich ganz speziell um das Thema **Berufswahlorientierung** kümmern. Finde heraus wer das ist und frage einfach drauf los!

BIZ
In den **BIZ,** den **Berufsinformationszentren,** stehen dir kompetente Ansprechpartnerinnen und Ansprechpartner für alle Fragen rund um die Berufswahl zur Verfügung. Das BIZ kannst du am Nachmittag alleine oder mit deinen Freunden oder Eltern besuchen.

Studien- und Berufsberatung
Mitarbeiterinnen und Mitarbeiter der **staatlichen Arbeitsagenturen** bieten allen Schülerinnen und Schülern die kostenfreie Möglichkeit an, sich in persönlichen Beratungsgesprächen über Ausbildungsberufe und Studiengänge zu informieren. Meistens kommen Mitarbeiter sogar in deine Schule, sodass du in der Unterrichtszeit das Angebot nutzen kannst, um dich zu informieren.

Elektronikerin und Elektroniker für Maschinen- und Antriebstechnik

Der Aufzug startet nicht
Ein Personenaufzug wird durch einen starken Elektromotor bewegt. Er befindet sich im Maschinenraum oberhalb des Aufzugschachtes. Der Motor ist eine teure Maschine. Bei einem Defekt muss sie repariert werden. Das ist eine Arbeit für die **Elektronikerin** oder den **Elektroniker für Maschinen- und Antriebstechnik.**
Am Ort beginnt die Arbeit mit einer Fehlerdiagnose. Dann muss die Kundin oder der Kunde über die Möglichkeiten einer Reparatur beraten werden. Die Beratung ist ein wichtiger Teil in der Auftragsabwicklung. Dazu gehört auch eine Abschätzung der Kosten.

Tätigkeiten in diesem Beruf
Elektronikerinnen und Elektroniker für Maschinen- und Antriebstechnik sind in der Instandhaltung, Reparatur und Fertigung tätig. Die Tätigkeit in den Handwerksbetrieben ist auf die Montage von Maschinen und Anlagen ausgerichtet. In den Industrieunternehmen werden neue Motoren und Maschinen hergestellt. Sowohl für die Reparatur als auch für die Fertigung müssen sie Rotorwicklungen für Elektromotoren konzipieren und herstellen können. Sie müssen auch pneumatische und hydraulische Komponenten montieren können. Auch der Einbau elektrischer und elektronischer Bauteile und die Überwachung der Steuerungs- und Regeltechnik gehört zu ihren Aufgaben.

Unternehmen und Ausbildung
Die Ausbildung und Beschäftigung erfolgt in Betrieben des Elektromaschinenbaus im Handwerk und in der Industrie. Die Ausbildung dauert dreieinhalb Jahre. Sie erfolgt im Rahmen einer dualen Ausbildung. Die Lernorte sind also der Betrieb und die Berufsschule. Die Ausbildung schließt mit einer Prüfung vor der Industrie- und Handelskammer oder der Handwerkskammer ab.

Anforderungen
Für eine erfolgreiche Ausbildung sind ein technisches Verständnis und Interesse sowie Geschicklichkeit in der Handarbeit erforderlich. Es kommt auch auf Sorgfalt und Umsicht bei der Arbeit an. Dies wird ergänzt durch ein hohes Maß an Verantwortungsbewusstsein. Wenn du diese Voraussetzungen erfüllst, bist du in einem interessanten Beruf willkommen.

Die Ausbildungsbetriebe stellen überwiegend Schülerinnen und Schüler mit einem mittleren Bildungsabschluss ein. Für den Einstieg in den Beruf sind gute Kenntnisse in Mathematik, Informatik und Technik von Vorteil.

1 Warum funktioniert der Aufzugsmotor nicht?

2 Motoren im Kleinen

3 Motoren im Großen

Die elektrische Spannung – eine abgeleitete Größe  Protokoll

1.
a) Baue einen Versuch wie in Bild 1 auf. Verwende als elektrische Wärmequelle eine Heizpatrone, die du an eine regelbare Elektrizitätsquelle mit 6 V anschließt.
b) Fülle in den Thermobecher 100 ml Wasser ein. Bestimme die Anfangstemperatur. Stecke durch die Trinköffnung die Heizpatrone und den Messfühler. Verschließe den Becher.
c) Schalte die Heizpatrone ein und miss die Stromstärke. Miss für 10 min alle 60 s die Temperatur des Wassers. Übernimm die Tabelle in dein Heft und trage deine Werte ein.

m_{Wasser} in g	100		
ϑ_{Anfang} in °C	■		
I in A	■		
t in s	60	120	180
ϑ in °C	■	■	■
$Q = I \cdot t$ in As	■	■	■
$\Delta T \triangleq \Delta\vartheta = \vartheta - \vartheta_{Anfang}$ in K	■	■	■
$W_{el} = c \cdot m \cdot \Delta T$ in J	■	■	■
$\frac{W_{el}}{Q}$ in $\frac{J}{As}$	■	■	■

2.
a) Wiederhole Versuch 1. Stelle an der Elektrizitätsquelle 9 V ein.
b) Wiederhole Versuch 1 mit zwei parallel geschalteten Heizpatronen und mit 6 V.

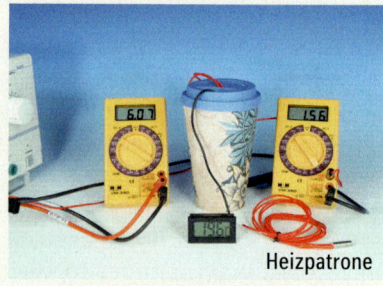
1 Es wird warm im Thermobecher.

3.
a) Berechne mit deinen Messwerten die Ladungsmenge Q und die elektrische Arbeit W_{el}.
b) Bilde die Quotientenwerte $\frac{W_{el}}{Q}$ und formuliere einen mathematischen Zusammenhang.

Das Erwärmungsgesetz hilft

Wird Wasser mit einer Heizpatrone als elektrische Wärmequelle erwärmt, wird elektrische Energie im Stromkreis in innere Energie des Wassers gewandelt. Dazu verrichtet die Elektrizitätsquelle elektrische Arbeit W_{el} an den freien Elektronen im Stromkreis. Diese Arbeit wird über die Heizpatrone an die Wasserteilchen übertragen. An ihnen wird thermische Arbeit W_{th} verrichtet. Im Idealfall findet dabei keine Energieentwertung statt. Unter dieser Voraussetzung gilt: $W_{th} = W_{el}$. Die elektrische Arbeit an den Elektronen lässt sich über die dem Wasser zugeführte Wärme berechnen. Es gilt das Erwärmungsgesetz: $W_{th} = W_{el} = c \cdot m \cdot \Delta T$.

Arbeit an den Elektronen mit ihrer Ladung

Du kannst erkennen, je mehr Elektronen mit ihrer Ladung durch die Elektrizitätsquelle in einer bestimmten Zeit angetrieben werden, desto größer ist die elektrische Arbeit, die an den Elektronen verrichtet werden muss. Die Quotientenwerte $\frac{W_{el}}{Q}$ sind für jeden Versuch konstant. W_{el} und Q sind direkt proportional zueinander.
Überträgst du die Werte in ein Q-W_{el}-Diagramm, entstehen jeweils Ursprungshalbgeraden (Bild 2). Auch daran erkennst du die direkte Proportionalität zwischen den beiden Größen.

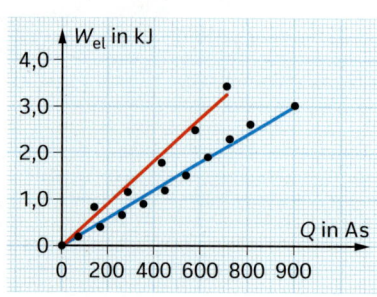
2 Q-W_{el}-Diagramm

Die elektrische Spannung

Die Elektrizitätsquelle verrichtet an den freien Elektronen und ihren Ladungen elektrische Arbeit. Je mehr Elektronen im Stromkreis in einer bestimmten Zeit angetrieben werden müssen, desto größer muss die elektrische Arbeit sein, die von der Elektrizitätsquelle verrichtet werden muss. Der Quotient $\frac{W_{el}}{Q}$ wird als **elektrische Spannung U** definiert, die jede Elektrizitätsquelle konstant zur Verfügung stellt. Die Einheit der Spannung ist **Volt (1 V)**. Sie ist nach dem italienischen Physiker ALESSANDRO VOLTA (1745 – 1827) benannt.

Größensymbol: U
Berechnung: $U = \dfrac{W_{el}}{Q} = \dfrac{W_{el}}{I \cdot t}$
Maßeinheit: $[U] = \dfrac{[W_{el}]}{[Q]} = \dfrac{1 \text{ J}}{1 \text{ As}} = 1 \text{ V}$
Weitere Maßeinheiten:
  Millivolt $1 \text{ mV} = 1 \cdot 10^{-3} \text{ V}$
  Kilovolt $1 \text{ kV} = 1 \cdot 10^{3} \text{ V}$

Die elektrische Spannung ist ein Maß für die elektrische Arbeit, die in einem Stromkreis an den Elektronen in einer bestimmten Zeit verrichtet wird. Sie ist der Antrieb für die Elektronen, die durch eine Elektrizitätsquelle zur Verfügung gestellt wird.

Die elektrische Spannung – ein Vergleich

1. Vergleiche den Wasserkreislauf in Bild 2 mit dem elektrischen Stromkreis in Bild 1. Beschreibe, welche Bauteile im jeweiligen Kreislauf vergleichbare Aufgaben haben.

2. Lies auf den Typenschildern verschiedener elektrischer Geräte die Angabe der elektrischen Spannung an. Erkläre, zu welchem Zweck die Angabe der Spannung erfolgen muss.

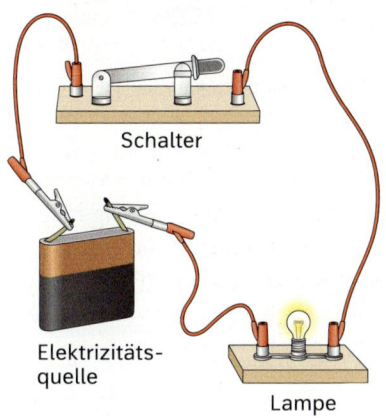

1 Elektrischer Stromkreis

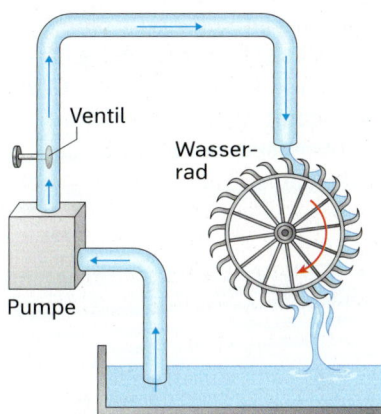

2 Wasserkreislauf

3 Typenschild mit Angabe der Spannung

Modell Wasserkreislauf – elektrischer Stromkreis

Einen elektrischen Stromkreis wie in Bild 1 kannst du mit einem Wasserkreislauf wie in Bild 2 vergleichen. Die Pumpe treibt das Wasser an. Bei jeder Umdrehung verrichtet sie Arbeit an den Wasserteilchen und befördert sie in die obere Leitung. Je mehr Wasser durch die Leitung gepumpt werden soll, desto stärker muss die Pumpe arbeiten.

In der oberen Leitung ist die verrichtete Arbeit als potenzielle Energie gespeichert. Wird das Ventil geöffnet, strömt das Wasser durch die Leitung. Das Wasserrad dreht sich und die potenzielle Energie des Wassers wird in kinetische Energie umgewandelt. Die zuvor an den Wasserteilchen verrichtete Arbeit kann über die Achse des Wasserrades genutzt werden.

Im elektrischen Stromkreis ist die Elektrizitätsquelle der Antrieb für die freien Elektronen. Dabei ist die Spannung der Elektrizitätsquelle ein Maß für die Arbeit, die im angeschlossenen Stromkreis an den Elektronen verrichtet wird. Eine hohe Spannung bedeutet eine hohe Energieabgabe an die Elektronen. Diese kann dann in einem elektrischen Gerät beispielsweise einem Haartrockner genutzt werden.

Die richtige Spannung ist wichtig

Schließt du eine 230 V-Lampe an eine 9 V-Blockbatterie an, so leuchtet die Lampe nicht. Würdest du eine 3,5 V-Lampe an die Blockbatterie anschließen, leuchtet sie kurz auf und erlischt dann für immer. Damit elektrische Geräte richtig funktionieren und nicht zerstört werden, müssen die Spannung der Elektrizitätsquelle und die des Gerätes übereinstimmen. Dies erfolgt durch einen Abgleich der Spannungsangabe. Sie wird für jedes elektrische Gerät auf dem Typenschild (Bild 3) angegeben.

Ein elektrischer Stromkreis kann mit einem Wasserkreislauf verglichen werden. Dabei entspricht
- die Pumpe der Elektrizitätsquelle.
- das Ventil dem Schalter.
- das Wasserrad der Lampe.

SPANNUNGEN

Überlandleitung	380 kV
Ortsnetz	20 kV
Haushaltssteckdose	230 V
Autobatterie	12 V
Blockbatterie	9 V
Smartphoneakku	3,6 V – 4,4 V
Mignonzelle	1,5 V
Solarzelle	500 mV

Messen der Spannung mit dem Vielfachmessgerät

1. V
a) Lies auf dem Sockel einer Experimentierlampe die Spannung ab. Baue einen einfachen Stromkreis mit der Lampe auf. Schalte ein analoges Spannungsmessgerät parallel zur Lampe.
b) Wähle mit dem Drehschalter den geeigneten Messbereich und führe die Spannungsmessung durch. Vergleiche die Werte.
c) Wiederhole die Messung mit einem digitalen Messgerät.

2. A
Analoge Messgeräte haben eine Skala mit dem Nullpunkt in der Mitte. Erläutere den Grund für diese Konstruktionsform.

3. A
Bei einer Batterie wurde das Etikett mit der Kennzeichnung der Pole entfernt. Mit einem digitalen Messgerät kannst du den Plus- und Minuspol der Batterie feststellen. Beschreibe dein Vorgehen.

4. A
In der Tabelle sind verschiedene analoge Messungen angegeben. Übertrage die Tabelle in dein Heft und bestimme die Messwerte.

Messbereich	Zeigerstellung	Messwert
6000 mV	2,0	■
60 mV	2,4	■
600 mV	0,55	■
6 mV	1,7	■

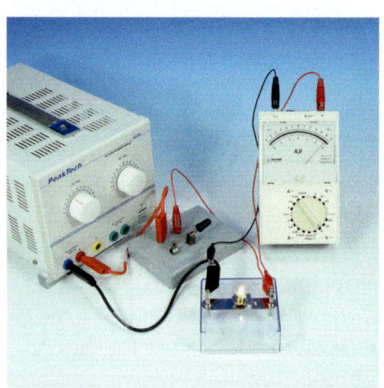

1 Analoge Messung einer Gleichspannung

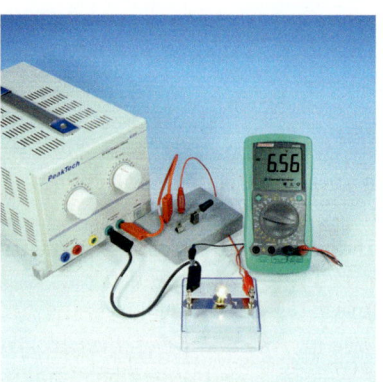

2 Digitale Messung einer Wechselspannung

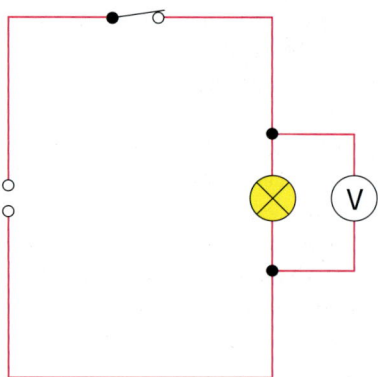

3 Schaltplan zur Messung der Spannung

Messen der Spannung mit analogem Messgerät

① Aufbau
- Messgerät im Stromkreis parallel zur Lampe schalten
- Pluspol an Buchse V
- Minuspol an Buchse COM
- Zeiger auf Nullpunkt justieren

② Messung
- Wahl des Messbereiches für Gleichspannung: DCV oder V–
- Drehschalter auf den höchsten Messbereich stellen
- Zeigerstellung senkrecht zur Skala ablesen
- gewählten Messbereich beachten und Messwert mit richtiger Maßeinheit angeben

Messen der Spannung mit digitalem Messgerät

① Aufbau
- Messgerät im Stromkreis parallel zur Lampe schalten
- 1. Leitung an Buchse V
- 2. Leitung an Buchse COM

② Messung
- Wahl des Messbereiches für Wechselspannung: ACV oder V~
- Drehschalter auf den höchsten Messbereich stellen
- Messwert mit richtiger Maßeinheit angeben

Bei der Messung der Spannung wird das Vielfachmessgerät parallel zum Nutzer in den Stromkreis geschaltet. Als Messbereich wird bei Gleichspannung DCV oder V– und bei Wechselspannung ACV oder V~ gewählt.

Verschiedene Elektrizitätsquellen

1.
Baue einen einfachen elektrischen Stromkreis mit einem analogen Stromstärkemessgerät auf. Verwende ein Zeigerinstrument mit Mittelstellung. Vertausche die Anschlüsse und beobachte erneut.

2.
Tausche die Batterie aus Versuch 1 gegen einen Fahrraddynamo. Drehe das Antriebsrad langsam und möglichst gleichmäßig in eine Richtung. Vergleiche deine Beobachtung mit der Zeigerbewegung aus Versuch 1.

3.
Wiederhole Versuch 1 mit einem Oszilloskop als Spannungsmessgerät.

4.
Wiederhole Versuch 2 mit einem Oszilloskop. Vergleiche die Bilder auf dem Oszilloskop mit den Bildern aus Versuch 3.

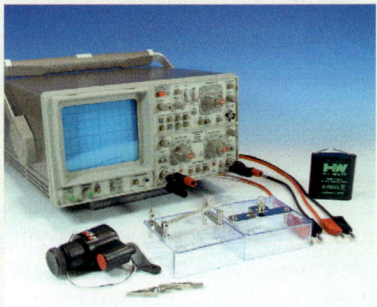

1 Batterie oder Fahrraddynamo als Elektrizitätsquelle

Spannungsmessung mit dem Oszilloskop
Das **Oszilloskop** ist ein Messgerät, mit dem nur elektrische Spannungen gemessen werden können. Es muss daher parallel zur Elektrizitätsquelle oder zur Lampe geschaltet werden. Die Anzeige erfolgt durch eine Leuchtspur in einem Koordinatensystem. Es wird kein direkter Wert angezeigt, sondern die Lage des Leuchtpunktes in Bezug auf eine waagerechte Achse, der **Mittellinie**.

Batterie im Stromkreis
Wird ein Oszilloskop an eine Batterie angeschlossen, so zeigt der Schirm eine waagerechte Linie. Je nach Polung der Batterie liegt die Linie oberhalb oder unterhalb der Mittellinie des Schirms (Bild 2).

In einem geschlossenen Stromkreis mit Batterie bewegen sich die freien Elektronen vom Minuspol zum Pluspol. Diese Stromart heißt **Gleichstrom.** Den Antrieb für die Elektronen liefert die Batterie als Elektrizitätsquelle, sie stellt **Gleichspannung** zur Verfügung.

Fahrraddynamo im Stromkreis
Wenn die Elektrizitätsquelle ein Fahrraddynamo ist, wechseln Pluspol und Minuspol in schneller Folge. Ist die Fahrradbeleuchtung eingeschaltet, so wechselt auch der Elektronenstrom ständig seine Richtung. Du erkennst es an der Hin- und Herbewegung des Zeigers an einem analogen Messgerät. Es zeigt einen **Wechselstrom** an. Wenn sich die Pole der Elektrizitätsquelle in rascher Folge ändern, kann der Zeiger des Messgerätes dem nicht mehr folgen. Dann wird ein Oszilloskop verwendet. Auf seinem Bildschirm wird eine **Wechselspannung** als regelmäßige wellenförmige Kurve dargestellt (Bild 3). Sie heißt **Sinuskurve.** Der Fahrraddynamo stellt Wechselspannung zur Verfügung.

Weitere Elektrizitätsquellen
Batterien, Akkumulatoren und Solarzellen liefern Gleichspannung. Dynamo-Taschenlampen, Lichtmaschinen im Auto und Windgeneratoren liefern, wie alle Generatoren, Wechselspannung. Sie können nur elektrische Energie abgeben, solange sie gedreht werden.

> **HINWEIS**
> Der Begriff Dynamo ist hier physikalisch nicht korrekt. Ein Fahrraddynamo arbeitet nach dem Prinzip eines Generators, der durch eine Drehbewegung elektrische Energie bereitstellt. Daher müsste er korrekt Fahrradgenerator oder Fahrradlichtmaschine heißen.

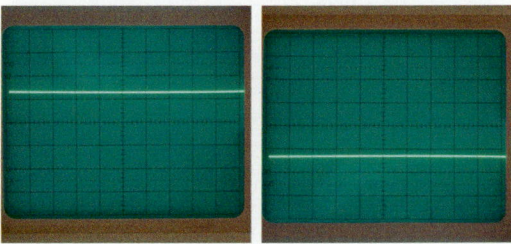

2 Gleichspannung

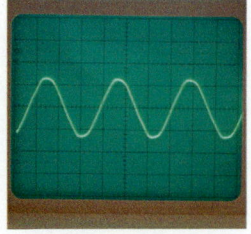

3 Wechselspannung

> Das Oszilloskop zeigt eine Gleichspannung als waagerechte Linie an. Eine Wechselspannung wird als Sinuskurve dargestellt.
> Mithilfe eines Oszilloskops können Elektrizitätsquellen für Gleichspannung von Quellen für Wechselspannung unterschieden werden.

Die elektrische Arbeit – eine abgeleitete Größe

1. a) Schließe wie in Bild 1 eine LED-Lampe (12 V/5 W) über eine Fassung an eine Elektrizitätsquelle an. Schalte zwei Vielfachmessgeräte für die Spannung und die Stromstärke in den Stromkreis. Schalte die Lampe ein. Notiere deine Messergebnisse.
b) Berechne mit den Messwerten von a) die elektrische Arbeit, wenn die Lampe 60 s eingeschaltet bleibt.

2. Berechne mit den Messwerten aus Versuch 1 a) die elektrische Arbeit, wenn die Lampe an 365 Tagen täglich zwei Stunden eingeschaltet ist.

3. Rechne in die in der Klammer stehende Maßeinheit um: $900 \cdot 10^3$ Ws (kWh), 234 kWh (Ws)

4. Im Computerraum einer Schule stehen 30 PCs. Jeder PC hat bei einer Spannung von 230 V eine Stromstärke von 550 mA.

Berechne die elektrische Arbeit für eine Nutzung von täglich 5,0 h an 200 Schultagen.

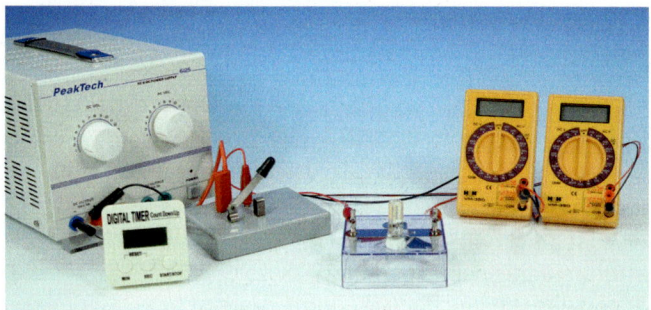

1 Bestimmung der elektrischen Arbeit

Die elektrische Arbeit

Um freie Elektronen in einem Stromkreis zu transportieren, muss an ihnen elektrische Arbeit verrichtet werden. Diese ist abhängig vom Antrieb und dem in einer bestimmten Zeit t transportierten Elektronenstrom. Der Antrieb wird von der Spannung U der Elektrizitätsquelle bestimmt. Der Elektronenstrom im angeschlossenen Stromkreis wird durch die Stromstärke I angegeben. Aus den bekannten Gleichungen für die elektrische Spannung $U = \frac{W_{el}}{Q}$ und für die elektrische Ladung $Q = I \cdot t$ folgt die Gleichung $U = \frac{W_{el}}{I \cdot t}$. Damit kann die **elektrische Arbeit** W_{el}, die an den Elektronen verrichtet wird, berechnet werden. Sie setzt sich aus bekannten Größen zusammen und wird in der Maßeinheit **Ws (Wattsekunde)** oder **J (Joule)** angegeben.

Größensymbol: W_{el}

Berechnung: $W_{el} = U \cdot I \cdot t$

Maßeinheit: $[W_{el}] = [U] \cdot [I] \cdot [t] = 1 \text{ V} \cdot 1 \text{ A} \cdot 1 \text{ s} = 1 \text{ Ws} = 1 \text{ J}$

Weitere Maßeinheiten:
Kilowattstunde 1 kWh = $3{,}6 \cdot 10^6$ Ws = $3{,}6 \cdot 10^6$ J = 3,6 MJ

Beispielaufgabe

Der Wäschetrockner benötigt eine Spannung von 230 V. Bei voller Auslastung beträgt die Stromstärke 13 A.
a) Berechne die elektrische Arbeit für einen Trockengang, der 90 min dauert, in der Maßeinheit Ws.
b) Rechne den Wert der elektrischen Arbeit aus a) in die Maßeinheit kWh um.

zu a)
geg.: U = 230 V, I = 13 A,
t = 90 min = $5{,}4 \cdot 10^3$ s
ges.: W_{el}
Lösung: $W_{el} = U \cdot I \cdot t$
$W_{el} = 230 \text{ V} \cdot 13 \text{ A} \cdot 5{,}4 \cdot 10^3 \text{ s}$
$W_{el} = 16 \cdot 10^6$ Ws
Antwort: Die elektrische Arbeit beträgt $16 \cdot 10^6$ Ws.

zu b)
geg.: $W_{el} = 16 \cdot 10^6$ Ws
1,0 kWh = $3{,}6 \cdot 10^6$ Ws
Lösung: $W_{el} = \dfrac{16 \cdot 10^6 \text{ Ws} \cdot 1{,}0 \text{ kWh}}{3{,}6 \cdot 10^6 \text{ Ws}}$
W_{el} = 4,4 kWh
Antwort: Die elektrische Arbeit beträgt 4,4 kWh für einen Trockengang.

Die elektrische Arbeit in einem geschlossenen Stromkreis ergibt sich aus dem Wert des Produktes aus der angelegten elektrischen Spannung, der elektrischen Stromstärke und der Zeit, in der die Elektronen angetrieben werden. Sie ist eine abgeleitete Größe und ihre Maßeinheit ist 1 Ws oder 1 J.

Die elektrische Leistung – eine abgeleitete Größe

1. 🅰
Rechne jeweils in die andere Einheit um. Verwende Zehnerpotenzen.

mW	W	kW	MW	GW
■	1240	■	■	■
■	■	4,75	■	■
■	720	■	■	■

2. 🅰
Berechne die elektrische Leistung eines Monitors, der bei Betrieb eine Stromstärke von 0,380 A hat. Die Spannung für den Monitor beträgt 230 V.

3. 🅰
Ein Camping-Haartrockner hat eine elektrische Leistung von 216 W. Die Stromstärke beträgt 18 A. Berechne die Spannung, mit der der Haartrockner betrieben werden muss.

4. 🅰
Asya, Eva und Laurin aus der Klasse 9a wollen auf dem Schulfest Waffeln backen. Die Waffeleisen werden an 230 V angeschlossen und haben eine Leistung von 850 W, 1400 W und 1200 W. Sie wollen die drei Geräte über eine Steckdosenleiste an eine Wandsteckdose anschließen. Die Leitung der Steckdose ist mit 16 A gesichert. Überprüfe mittels einer Rechnung, ob die Leitung überlastet wird.

5. 🅰
In Bild 1 siehst du das Typenschild eines elektrischen Heizgerätes. Die Steckdose, an die das Gerät angeschlossen wird, ist mit einem Sicherungsautomat mit 10 A gesichert. Überprüfe mittels einer Rechnung, ob der Wert des Sicherungsautomaten ausreichend ist.

```
Electrogeräte GmbH
E-Nr. TW 22005/03  FD: 8312
                        000915
220-240 V~   50-60 Hz   1800 W
Type: WK 9-A
```

1 Typenschild eines Heizgerätes

Die elektrische Leistung

Du kennst Lampen mit 3 W, 8 W oder 11 W, die bei gleicher Spannungsangabe eine unterschiedliche Lichtmenge abgeben. Dafür sind im Stromkreis ein unterschiedlich großer Elektronenstrom und damit eine unterschiedlich große elektrische Arbeit an den Elektronen notwendig. Die elektrische Arbeit, die in einer bestimmten Zeit aufgebracht werden muss, ist die **elektrische Leistung P_{el}**. Sie wird in der Maßeinheit **W (Watt)** angegeben. Diese Angabe findest du auf dem Typenschild jeder Lampe.

> **Größensymbol:** P_{el}
>
> **Berechnung:** $P_{el} = \dfrac{W_{el}}{t} = \dfrac{U \cdot I \cdot t}{t} = U \cdot I$
>
> **Maßeinheit:** $[P_{el}] = [U] \cdot [I] = 1\,V \cdot 1\,A = 1\,VA = 1\,W$ (Watt)
>
> **Weitere Maßeinheiten:**
> Kilowatt $1\,kW = 1 \cdot 10^3\,W$
> Megawatt $1\,MW = 1 \cdot 10^3\,kW = 1 \cdot 10^6\,W$

Beispielaufgabe: Spannung und Stromstärke bestimmen die Leistung

Ein elektrischer Heizstrahler benötigt eine Spannung von 230 V. Bei voller Auslastung beträgt die Stromstärke 8,7 A. Berechne die elektrische Leistung des Gerätes.

geg.: $U = 230\,V,\ I = 8,7\,A.$
ges.: P
Lösung: $P = U \cdot I$
$P = 230\,V \cdot 8,7\,A$
$P = 2,0 \cdot 10^3\,W$

Antwort: Die elektrische Leistung beträgt 2,0 kW.

Beispielaufgabe: Spannung und Leistung bestimmen die Stromstärke

Eine Wallbox ist eine Ladestation für Elektroautos, die in einer Garage installiert wird. Sie hat eine elektrische Leistung von 11,0 kW und eine Stromstärke von 27,5 A. Berechne für das Gerät die Anschlussspannung.

geg.: $P = 11,0\,kW,\ I = 27,5\,A.$
ges.: U
Lösung: $P = U \cdot I \Leftrightarrow U = \dfrac{P}{I}$
$U = \dfrac{11,0 \cdot 10^3\,W}{27,5\,A}$
$U = 400\,V$

Antwort: Die Spannung für die Wallbox beträgt 400 V.

> Die elektrische Leistung ist die elektrische Arbeit, die in einer bestimmten Zeit an den Elektronen verrichtet wird. Sie wird in der Maßeinheit 1 W angegeben.

Elektrische Energie muss bezahlt werden

1.
Eine Lampe wird bei einer Spannung von 12 V und einer Stromstärke von 1,0 A für 100 s eingeschaltet.
a) Berechne die Energie, die die Elektronen in dieser Zeit transportieren.
b) Berechne die Energiekosten, wenn 1 kWh elektrischer Energie 31 Cent kostet.

2.
Bestimme mit einem Energiemessgerät die Energie, die ein Kühlgerät im Haushalt in 24 h benötigt.

3.
Der jährliche Bedarf an elektrischer Energie für einen Durchschnittshaushalt beträgt 4000 kWh. Berechne die täglichen Energiekosten, wenn 1 kWh 31 Cent kostet.

Die elektrische Energie

Freie Elektronen, an denen Arbeit verrichtet wird, verändern ihren Zustand. Sie bewegen sich schneller durch den elektrischen Stromkreis. Die ihnen zugeführte Energie wird gespeichert und die Menge an Energie erhöht sich. Ihre Größe ist abhängig von der Spannung U, der Stromstärke I und der Zeit t, in der die Elektronen transportiert werden. Je größer die Spannung und die Stromstärke sind und je länger die Zeitdauer ist, desto höher wird der Energiezustand. Die **elektrische Energie** E_{el} wird in der Maßeinheit **Ws** oder **J** angegeben.

Größensymbol: E_{el}

Berechnung: $E_{el} = U \cdot I \cdot t$

Maßeinheit: $[E_{el}] = [U] \cdot [I] \cdot [t] = 1\,V \cdot 1\,A \cdot 1\,s$
$[E_{el}] = 1\,Ws = 1\,J$ (Joule)

Weitere Maßeinheiten:
Kilowattstunde 1 kWh = $3{,}6 \cdot 10^6$ Ws = 3,6 MJ

Messen der elektrischen Energie

Die Menge der elektrischen Energie, die ein Gerät benötigt, kann mit einem **Energiemessgerät** wie in Bild 1 gemessen werden. Das Messgerät wird dafür zwischen Steckdose und Gerät geschaltet. Es zeigt die Energie an, die dem elektrischen Gerät in einer bestimmten Zeit zugeführt wird.

1 Energiemessgerät

Elektrische Energie wird bereitgestellt

Elektrische Energie wird durch **Energieversorgungsunternehmen** bereitgestellt. Die Bereitstellung und die Nutzung der elektrischen Energie muss bezahlt werden. Für die Versorgungsunternehmen ist der Jahreswert der bereitgestellten Energie die Grundlage für ihre Berechnung. Im Jahr 2020 betrug der durchschnittliche Preis in Deutschland für 1 kWh elektrischer Energie 31 Cent.

Das Energiewirtschaftsgesetz

Nach dem Energiewirtschaftsgesetz müssen seit dem Jahr 2010 in Gebäuden und Anlagen, die grundsaniert wurden oder neu an das Versorgungsnetz gehen, **intelligente Elektrizitätszähler** (kurz: Smart Meter) eingebaut werden (Bild 2). Diese Vorschrift gilt für Anlagen mit einem Energiebedarf von mehr als 6000 kWh pro Jahr.

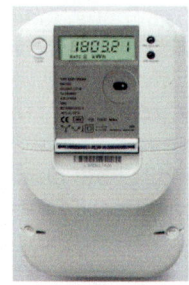

2 Intelligenter Elektrizitätszähler

Die Ermittlung des Energiebedarfs

Auch für Haushalte mit einem Energiebedarf unter diesem Wert gibt es moderne Energiezähler. Sie zeigen neben dem Jahresenergiebedarf die Werte für einen Tag, eine Woche oder einen Monat an. Auch die derzeit benötigte Leistung wird angezeigt. Dies ist auch für einen einzelnen Stromkreis oder ein einzelnes Elektrogerät möglich. Mit einem Zusatzgerät kann eine Schnittstelle für eine WLAN-Verbindung zum Internet oder zum eigenen PC hergestellt werden. Dies ermöglicht eine Analyse des Energiebedarfs am Computer. Anhand dieser Daten können energieintensive Geräte herausgefunden und möglicherweise durch energieeffizientere Geräte ersetzt werden.

Die elektrische Energie ist eine abgeleitete Größe, die einen Zustand beschreibt. Sie ist abhängig von den physikalischen Größen Spannung, Stromstärke und Zeit. Ihre Bereitstellung durch Energieversorgungsunternehmen muss bezahlt werden.

Die Energierechnung

Wie setzt sich der Energiepreis zusammen?

Der Preis für die Nutzung elektrischer Energie setzt sich aus mehreren Faktoren zusammen:

❶ Energiebereitstellung
alle Kosten für den Betrieb und die Unterhaltung der Kraftwerke

❷ Energiesteuer
Steuer auf die Nutzung elektrischer Energie

❸ Umsatzsteuer
Steuer auf alle Kosten der Energiebereitstellung und der Energienutzung

❹ EEG-Umlage
Umlage für die Energiegebereitstellung aus erneuerbaren Energiequellen

❺ Offshore-Umlage
Abgabe an Betreiber von Offshore-Windparks

❻ Konzessionsabgabe
Abgabe an Kommunen für die Nutzung von öffentlichen Verkehrswegen für Stromleitungen

❼ Netzentgelte
Abgabe für die Nutzung und Pflege des Energienetzes

- Energiebereitstellung 47%
- EEG-Umlage 22%
- Netzentgelte 5%
- Offshore-Umlage 1%
- Konzessionsabgabe 2%
- Energiesteuer 7%
- Umsatzsteuer 16%

1 Zusammensetzung des Preises für elektrische Energie 2020

Zählerstand wird abgelesen

Einmal jährlich wird der Elektrizitätszähler abgelesen. Die Menge der genutzten Energie kann der **Energierechnung** entnommen werden (Bild 2). Dabei werden die Energiekosten in den **Arbeitspreis** und in den **Grundpreis** unterteilt. Der Arbeitspreis entspricht den Kosten für die tatsächlich genutzte Energie. Der Grundpreis stellt eine monatliche pauschale Grundgebühr dar, die unabhängig von der Energienutzung gezahlt werden muss.

Berechnung der Energiekosten

Jetziger Stand:	30 612 kWh
Vorjahresstand:	− 25 585 kWh
Genutzte Energie:	5 027 kWh
Preis je kWh: 25,11 Cent (Netto)	
Arbeitspreis:	+ 1262,28 €
Grundpreis:	+ 58,51 €
Gesamtkosten (Netto):	1320,79 €
Umsatzsteuer (19 %):	+ 250,95 €
Brutto-Gesamtbetrag der zu zahlenden Energiekosten:	**1571,74 €**

1. ▤ Ⓐ Berechne die einzelnen Abgaben für eine Energie von 2730 kWh.

2. ▤ Ⓐ Begründe, dass die Begriffe Stromzähler und Stromrechnung physikalisch nicht korrekt sind.

ILNAG Aktiengesellschaft
Betteltinerweg 77 · Postfach 54321 · 33033 Boderparn

ENERGIERECHNUNG
Erläuterungen siehe Rückseite

JAHRESRECHNUNG			Zähler-Stände	neu	alt				
				30612	25585				

Abrechnung									
Abrechnungs-zeitraum		Tage	Menge kWh	Arbeitspreis netto	Arbeitspreis netto	Grundpreis netto	Gesamtkosten netto	Mehrwert-steuer 19%	Gesamtbetrag brutto
vom	bis			Cent/kWh	€	€/Jahr	€	€	€
0101	3112	365	5027	25,11	1262,28	58,51	1320,79	250,95	1571,74

2 Energiejahresrechnung

Auch kleine Geräte benötigen Energie

Stand-by-Modus
Ein Fernseher benötigt für den Stand-by-Betrieb eine Stromstärke von 38 mA. Die Spannung beträgt 230 V. Der Fernseher wird am Tag für 4,0 h genutzt. Während der verbleibenden Zeit ist er in den Stand-by-Modus geschaltet.
a) Berechne den Jahresenergiebedarf, der eingespart werden kann, wenn der Fernseher während der Stand-by-Zeit vollständig abgeschaltet würde.

geg.: $I = 38$ mA; $U = 230$ V;
$t_1 = 20 \frac{h}{d}$, $t_2 = 365$ d
ges.: E_{el}
Lösung: $t = 20 \frac{h}{d} \cdot 365$ d $= 7{,}3 \cdot 10^3$ h
$E_{el} = U \cdot I \cdot t$
$E_{el} = 230$ V $\cdot$ 0,038 A $\cdot$ 7,3 $\cdot 10^3$ h
$E_{el} = 64 \cdot 10^3$ Wh
$E_{el} = 64$ kWh

Antwort: Die jährliche Energieeinsparung beträgt 64 kWh.

b) Berechne die mögliche Kosteneinsparung, wenn 1 kWh elektrische Energie 0,31 € kostet.

geg.: $E_{el} = 64$ kWh, Preis $= 0{,}31 \frac{€}{kWh}$
ges.: Kosteneinsparung
Lösung: Einsparung: 64 kWh $\cdot$ 0,31 $\frac{€}{kWh}$
Einsparung: 20 €

Antwort: Die jährliche Kosteneinsparung beträgt 20 €.

1.
Im Jahr 2018 gab es in Deutschland 41,4 Millionen private Haushalte. Berechne mit den Angaben des linken Zettels die Menge an elektrischer Energie, die bereitgestellt werden müsste, wenn in einem Drittel der Haushalte ein Fernseher täglich im Stand-by-Betrieb laufen würde.

2.
Während des Ladens eines Smartphones beträgt die Stromstärke im Ladegerät 25,0 mA. Die Spannung beträgt 3,8 V. Der tägliche Ladevorgang dauert 2,0 h.

a) Berechne die jährliche Menge an Energie, die für das Laden eines Smartphones benötigt wird.
b) Berechne die Energiekosten pro Jahr, wenn 1 kWh elektrische Energie 0,31 € kostet.
c) Im Schuljahr 2018/19 besuchten 1,66 Millionen Schülerinnen und Schüler die bayerischen allgemeinbildenden und beruflichen Schulen. Berechne den Energiebedarf, wenn alle Schülerinnen und Schüler ihr Smartphone täglich für 2,0 h laden.

3.
Für das Aufladen einer elektrischen Zahnbürste wird eine Leistung von 2,0 W benötigt. Der Ladevorgang dauert 14,0 h. Die Aufladung muss im wöchentlichen Rhythmus wiederholt werden. Berechne den jährlichen Energiebedarf für eine Familie mit 4 Personen.

4.
Nach einer EU-Verordnung aus dem Jahr 2009 darf die Leistungsaufnahme eines Steckernetzteiles für Smartphones ohne Belastung 0,30 W nicht übersteigen. Nach dem Ladevorgang wird häufig nur das Ladekabel am Smartphone abgezogen. Damit bleibt das Steckernetzteil für 22 h ohne Nutzung in der Steckdose und wandelt elektrische Energie aus dem Versorgungsnetz. In Deutschland leben etwa 83,0 Millionen Menschen. 75,0 % von ihnen benutzen ein Smartphone. Berechne die notwendige Kraftwerksleistung, die bereitgestellt werden muss, wenn nur die Hälfte von ihnen das Steckernetzteil nicht aus der Steckdose herauszieht.

Elektrizität und ihre Nutzung | 149

Energiesparen mit Verstand

Das EU-Label hilft beim Energievergleich

Beim Kauf eines neuen Haushaltsgroßgerätes lohnt es sich, die Eigenschaften verschiedener Geräte zu vergleichen. Dabei hilft das EU-Label (Bild 2). Im obersten Feld des Fensters ist der Name des Herstellers aufgeführt. Die Farbbalken kennzeichnen die Energieeffizienzklassen. A kennzeichnet sparsame Geräte, G bedeutet, dass der Energiebedarf hoch ist. Im Kasten darunter wird der Bedarf an elektrischer Energie in kWh pro Jahr angegeben. Die weiteren Angaben beziehen sich auf die jeweilige Funktion und spielen bei der Energiebetrachtung keine Rolle.

In diesem Projekt untersucht ihr den Energiebedarf verschiedener Haushaltsgeräte. Nutzt dazu die Energieangaben der Hersteller auf den Labeln. Sucht auch im Internet nach Vergleichsportalen, die sich mit der Einsparung von Energie beschäftigen.

1 Elektrische Haushaltsgeräte

TEAM ❶
Waschmaschinen
- Überprüft mit einem Energiemessgerät den Energiebedarf älterer Geräte, die zurzeit noch im Haushalt im Gebrauch sind.
- Vergleicht neue Geräte bezüglich des Energiebedarfs. Findet das sparsamste Gerät heraus.
- Gebt den Preisunterschied zwischen dem billigsten Gerät und dem energiegünstigsten Gerät an.
- Berechnet, nach wie vielen kWh elektrischer Energie sich der Kauf eines sparsamen Gerätes ausgezahlt hat.

TEAM ❷
Kühlschränke
Beantwortet hier die gleichen Aufträge für eure Gruppe von Haushaltsgeräten, die für Team 1 gestellt werden.

TEAM ❸
Wäschetrockner
Beantwortet hier die gleichen Aufträge für eure Gruppe von Haushaltsgeräten, die für Team 1 gestellt werden.

ALLE TEAMS
Energieeinsparpotenzial
Es wird behauptet, dass ein 4 Personen-Haushalt 100 € und mehr im Jahr durch effiziente Haushaltsgeräte einsparen kann. Stellt eine Beispielrechnung auf und überprüft diese Behauptung.

Schlussfolgerungen aus den Teamergebnissen
Formuliert eure Thesen, wie im Haushalt Energie effektiv eingespart werden kann.

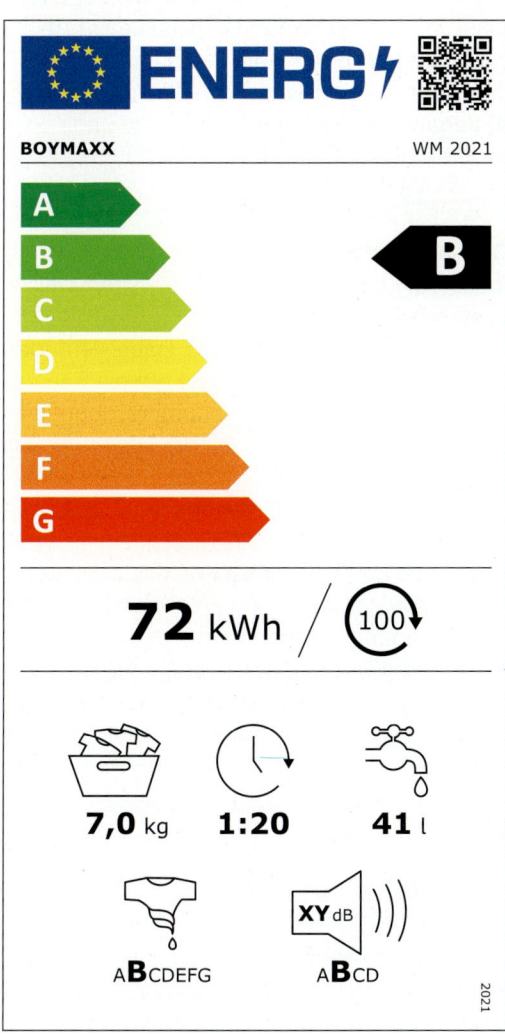

2 EU-Label für Waschmaschinen ab 2021

LERNEN IM TEAM

Spannung und Stromstärke hängen zusammen ⓘ Protokoll

1.
a) Baue den Versuch aus Bild 1 mit einer Prüfstrecke auf. Verwende eine regelbare Elektrizitätsquelle. Spanne in die Prüfstrecke einen Konstantandraht mit einem Durchmesser von 0,20 mm und einer Länge von 1,0 m ein.
b) Erhöhe die Spannung von 0 V schrittweise um 1,0 V bis 6,0 V. Trage die Messwerte für Spannung und Stromstärke in eine Tabelle ein.
c) Berechne jeweils die Quotientenwerte $\frac{I}{U}$.

2.
a) Zeichne ein Spannung-Stromstärke-Diagramm mit den Messwerten aus Versuch 1.
b) Beschreibe den Verlauf des Graphen.
c) Lies aus dem Diagramm in a) die zugehörigen Stromstärken für die Zwischenwerte 2,5 V; 3,4 V und 4,5 V ab. Berechne auch dafür die Quotientenwerte $\frac{I}{U}$.
d) Vergleiche alle Quotientenwerte und formuliere ein Ergebnis.

3.
a) Wiederhole Versuch 1 mit einem Konstantandraht mit einem Durchmesser von 0,20 mm und einer Länge von 0,50 m. Berechne die Quotientenwerte $\frac{U}{I}$ und zeichne den Graphen in das U-I-Diagramm von Aufgabe 2.
b) Wiederhole Versuch a) mit einem Konstantandraht mit einem Durchmesser von 0,40 mm und einer Länge von 0,50 m. Zeichne ebenfalls den Graphen.
c) Vergleiche die Graphen und formuliere ein Ergebnis.

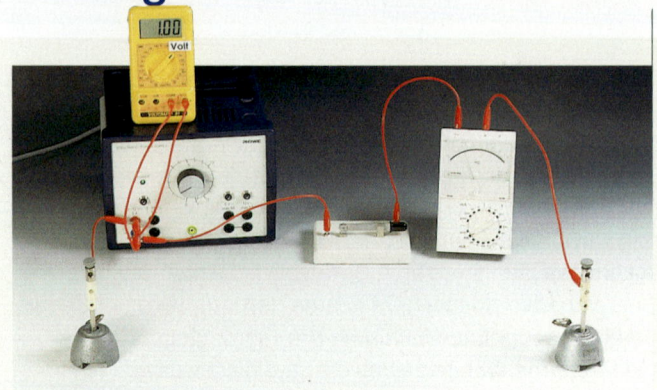

1 Messen von Spannung und Stromstärke

Das ohmsche Gesetz
An einem Konstantandraht im Stromkreis kann der Zusammenhang zwischen der Stromstärke und der Spannung untersucht werden. Dabei verändert sich die Stromstärke in gleichem Maße wie die Spannung. Bei doppelter (dreifacher) Spannung verdoppelt (verdreifacht) sich die Stromstärke. Bei halber Spannung halbiert sich die Stromstärke. Die Stromstärke und die Spannung sind direkt proportional zueinander.
Diese Proportionalität lässt sich in einem **Spannung-Stromstärke-Diagramm** wie in Bild 2 darstellen. Die Quotienten der jeweiligen Wertepaare aus Stromstärke I und Spannung U haben immer den gleichen Wert. Auch bei anderen Drahtlängen oder Querschnittsflächen bleibt der Quotientenwert jeweils konstant. Diese Gesetzmäßigkeit wird **ohmsches Gesetz** genannt.

$$I \sim U, \quad \frac{I}{U} = \text{konstant}$$

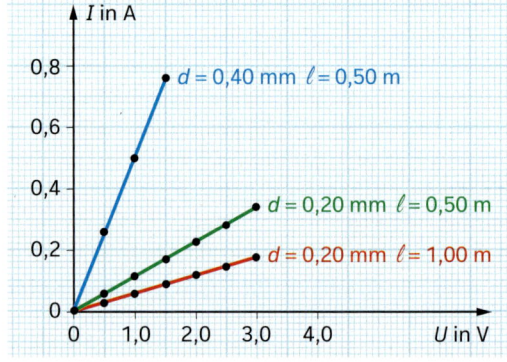

2 Spannung-Stromstärke-Diagramm

Größensymbol: G
Berechnung: $G = \frac{I}{U}$
Maßeinheit: $[G] = \frac{[I]}{[U]} = \frac{1\,A}{1\,V}$
$[G] = 1\,\frac{A}{V} = 1\,S$ (Siemens)

Der elektrische Leitwert
Der Wert des Quotienten aus Stromstärke I und Spannung U gibt Auskunft darüber, wie gut ein bestimmtes Material den elektrischen Strom leiten kann. Er wird **elektrischer Leitwert G** genannt und wird zu Ehren von WERNER VON SIEMENS (1816-1892) in **Siemens (1 S)** angegeben.

Ohmsches Gesetz: In einem Stromkreis sind Stromstärke und Spannung direkt proportional zueinander. Der Quotient aus Stromstärke und Spannung ist der elektrische Leitwert.

Elektrizität und ihre Nutzung | 151

Protokoll Kennlinien metallischer Leiter

1.
a) Baue einen Stromkreis mit Prüfstrecke wie in Bild 1 auf. Spanne nacheinander Drähte aus Eisen, Kupfer und Aluminium (d = 0,20 mm, ℓ = 1,0 m) ein. Stelle an der regelbaren Elektrizitätsquelle die Spannung ein und lies die zugehörige Stromstärke ab. Erhöhe die Spannung von 0 V schrittweise um 1,0 V bis 5,0 V. Notiere deine Messwerte in einer Tabelle.
b) Fertige mit deinen Messwerten ein U-I-Diagramm an. Trage die drei Graphen in dasselbe Diagramm ein.
c) Vergleiche die Graphen und gib das Metall an, das den größten elektrischen Leitwert hat.

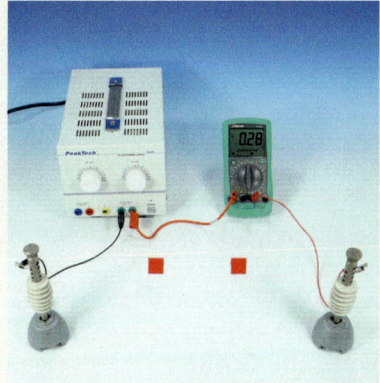
1 Aufnahme einer U-I-Kennlinie

2.
a) Wiederhole Versuch 1a) für einen Konstantandraht mit gleichem Durchmesser und gleicher Länge.
b) Trage den Graphen in das U-I-Diagramm von Versuch 1 b) ein und vergleiche ihn mit den Graphen der anderen metallischen Leiter.

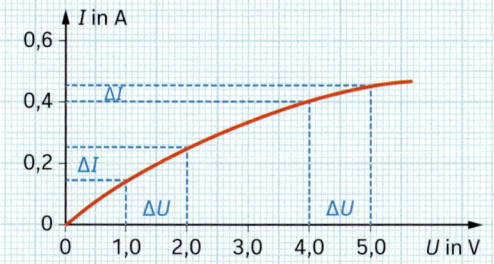
2 Kennlinie eines metallischen Leiters

Kennlinien und ihre Interpretation
Die grafische Darstellung des Zusammenhangs zwischen Spannung und Stromstärke wird als **Kennlinie** (Bild 2) bezeichnet. Um die Kennlinie richtig zu interpretieren, legst du eine konstante Spannungsdifferenz fest und vergleichst die jeweils dazugehörige Stromstärkedifferenz miteinander. Für metallische Leiter wie Eisen, Kupfer oder Aluminium gilt, dass eine Erhöhung der Spannung ΔU in gleichen Schritten eine immer geringere Zunahme der Stromstärke ΔI bewirkt.

Erklärung mithilfe des Teilchenmodells
Wird die Spannung schrittweise erhöht, so wird an den Elektronen mehr Arbeit verrichtet. Auf ihrem Weg durch den Leiter stoßen die Elektronen an die Atomrümpfe und versetzen diese vermehrt in Schwingung. Die Temperatur des Leiters steigt. Je heftiger die Atomrümpfe schwingen, desto weniger Elektronen kommen in der gleichen Zeit durch den Leiter. Die Stromstärke nimmt immer weniger zu.

Die elektrische Leitfähigkeit
Die Leiterkennlinien für verschiedene metallische Leiter ähneln sich zwar in ihrem Verlauf, sie sind jedoch nicht identisch (Bild 3). Jeder metallische Leiter besitzt seine charakteristische Kennlinie. Bei einem Vergleich des Spannungswertes mit dem dazugehörigen Stromstärkewert, lässt sich folgern, dass die Elektronen besser durch Kupfer als durch Eisen fließen können. Kupfer hat damit eine größere elektrische Leitfähigkeit als Eisen. Je größer der elektrische Leitwert eines Stoffes ist, desto größer ist seine elektrische Leitfähigkeit.

Die Kennlinie eines Konstantandrahtes stellt für Metalle einen Sonderfall dar. Sie ist eine Ursprungshalbgerade. Bei Konstantan verändern sich die elektrischen Eigenschaften nicht, auch wenn sich der Draht erwärmt.

> Eine Kennlinie ist die grafische Darstellung des Zusammenhangs zwischen der Spannung und der Stromstärke eines elektrischen Leiters. Jeder Leiter besitzt seine charakteristische Kennlinie.

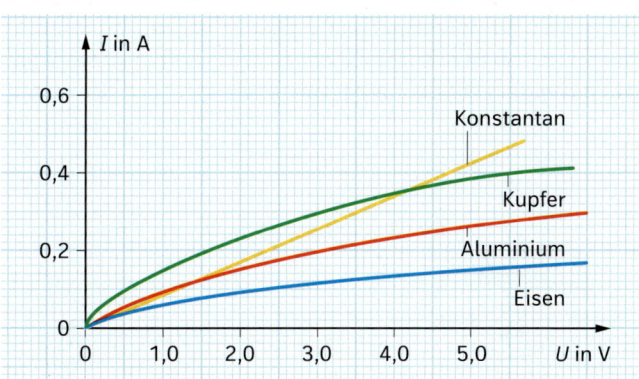
3 Kennlinien verschiedener metallischer Leiter

Der elektrische Widerstand – eine abgeleitete Größe

1.
a) Berechne die fehlenden Tabellenwerte.

U in V	1,2	2,4	3,6	4,8	6,0
I in A	0,31	0,30	0,28	0,26	0,23
$\frac{I}{U}$ in $\frac{A}{V}$	■	■	■	■	■
$\frac{U}{I}$ in $\frac{V}{A}$	■	■	■	■	■

b) Beurteile die Ergebnisse aus Aufgabe a).

2.
Bestimme mithilfe der Farbcodetabelle in Bild 2,
a) die Farbenfolge, die ein Widerstand von 470 Ω hat.
b) den Widerstandswert, der sich aus der Farbenfolge rot – grün – braun ergibt.
c) die Farbenfolge, die ein Widerstand von 56 kΩ hat.
d) die Farbenfolge, die ein Widerstand von $56 \cdot 10^6$ mΩ ± 10 % hat.

Der elektrische Widerstand – eine abgeleitete physikalische Größe

Der Kehrwert des elektrischen Leitwerts wird als **elektrischer Widerstand** definiert. Er gibt an, wie stark die Elektronen auf ihrem Weg durch den elektrischen Leiter behindert werden. Das Größensymbol ist **R**. Die Maßeinheit des elektrischen Widerstandes ist **Ohm (1 Ω)**. Diese Einheit wurde zu Ehren des deutschen Physikers Georg Simon Ohm (1789–1854) gewählt.

Größensymbol: R
Berechnung: $R = \frac{U}{I}$
Maßeinheit: $[R] = \frac{[U]}{[I]} = \frac{1\,V}{1\,A} = 1\,\frac{V}{A} = 1\,\Omega$ (Ohm)

weitere Maßeinheiten:
- Milliohm $\quad 1\,m\Omega = 1 \cdot 10^{-3}\,\Omega$
- Kiloohm $\quad 1\,k\Omega = 1 \cdot 10^{3}\,\Omega$
- Megaohm $\quad 1\,M\Omega = 1 \cdot 10^{6}\,\Omega$

Der elektrische Widerstand – ein elektrisches Bauteil

Mit dem Wort Widerstand wird auch ein elektrisches Bauteil bezeichnet. Solche Bauteile können Drähte mit einem genau festgelegten Widerstandswert sein. Durch sie kann die Stromstärke in einem Stromkreis begrenzt werden. Da ihr Widerstandswert nicht veränderbar ist, heißen sie **Festwiderstände.** Körper wie in Bild 1A bestehen aus Keramik, die mit einem leitenden Stoff beschichtet sind. Das Schaltzeichen für Festwiderstände findest du in Bild 1B.

Farbe	1. Ring	2. Ring	3. Ring	4. Ring
schwarz	0	0		
braun	1	1	0	± 1 %
rot	2	2	00	± 2 %
orange	3	3	000	
gelb	4	4	0 000	
grün	5	5	00 000	
blau	6	6	000 000	
violett	7	7	0 000 000	
grau	8	8	00 000 000	
weiß	9	9	000 000 000	
gold			:10	± 5 %
silber			:100	±10 %

2 Farbcodetabelle für Widerstände

Die Farbcodierung

Der Wert des Festwiderstandes wird durch farbige Ringe angegeben. Mithilfe einer **Farbcodetabelle** wie in Bild 2 kannst du den Wert eines Widerstandes bestimmen. Der Ring mit dem geringsten Abstand vom Rand des Widerstandes ist der erste Ring. Der Ring auf der anderen Seite gibt die zulässige prozentuale Abweichung vom Standardwert an. In Bild 3 findest du zwei Beispiele zur Bestimmung des Widerstandswertes mithilfe der Farbcodetabelle.

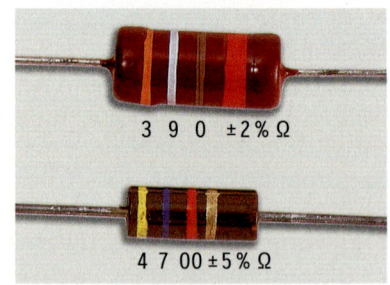

3 9 0 ±2 % Ω

4 7 00 ±5 % Ω

3 Bestimmung des Widerstandswertes

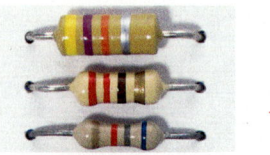

1 Festwiderstand: **A** auf Platine, **B** Schaltzeichen

> Je besser die elektrische Leitfähigkeit eines Drahtes oder eines anderen Bauteiles ist, desto kleiner ist sein Widerstand. Der elektrische Widerstand R wird in Ohm (Ω) angegeben.

Die Abhängigkeiten des elektrischen Widerstandes

1 Spannung- und Stromstärkemessung an einem elektrischen Leiter

Widerstand und Länge
Bei allen elektrischen Leitern steigt der Wert ihres Widerstandes R mit zunehmender Länge ℓ kontinuierlich an. Es gilt: $R \sim \ell$.

Widerstand und Querschnittsfläche
Wenn die Querschnittsfläche A eines Leiters verdoppelt wird, reduziert sich der Widerstand R auf die Hälfte. Bei einer dreifachen Querschnittsfläche beträgt der Widerstand ein Drittel des ursprünglichen Wertes. Es gilt: $R \sim \frac{1}{A}$.

Widerstand und Material
Bei gleichen Abmessungen haben Leiter aus unterschiedlichen Materialien andere Widerstandswerte. Damit die Werte für verschiedene Materialien verglichen werden können, werden sie jeweils für einen Leiter mit einer Länge ℓ von 1 m und einer Querschnittsfläche A von 1 mm² bestimmt. Dieser Wert wird als **spezifischer Widerstand ϱ** bezeichnet.

> **Größensymbol:** ϱ (rho)
> **Maßeinheit:** $[\varrho] = 1\ \frac{\Omega \cdot mm^2}{m}$

Die Gleichung für den Widerstand
Unter Beachtung des Materials eines Leiters und seiner Abmessungen ergibt sich als Gleichung für den Widerstand eines elektrischen Leiters das **Widerstandsgesetz**:

$$R = \varrho \cdot \frac{\ell}{A}$$

Elektronenstrom und Widerstand
Der Widerstand eines Leiters behindert den Elektronenstrom in einem Stromkreis. Je geringer der Widerstand ist, desto größer kann der Elektronenstrom sein und umgekehrt. Wenn der Elektronenstrom vergrößert werden soll, muss entweder ein Leiter mit geringerem Widerstand verwendet oder die Spannung an der Elektrizitätsquelle erhöht werden. Die Spannung als Antrieb und der Widerstand beeinflussen die Stromstärke.

> Der elektrische Widerstand eines Leiters ist abhängig von seinem spezifischen Widerstand ϱ, seiner Länge ℓ und seiner Querschnittsfläche A.

1.
a) Baue den Versuch aus Bild 1 auf. Spanne 20 cm eines 1,0 m langen Konstantandrahtes mit $d = 0{,}20$ mm zwischen die Isolatoren. Miss die Stromstärke bei einer Spannung von 6,0 V und notiere den Wert.
b) Verlängere das Drahtstück jeweils um weitere 20 cm und wiederhole die Messung. Berechne für jedes Wertepaar den Quotienten $\frac{U}{I}$.
c) Beschreibe den Zusammenhang zwischen der Länge des Drahtes und seinem Widerstand.

ℓ in m	U in V	I in A	$R = \frac{U}{I}$ in Ω
0,20	6,0	■	■
0,40	6,0	■	■

2.
a) Miss die Stromstärke bei einer Spannung von 6,0 V für einen Konstantandraht ($d = 0{,}20$ mm; $\ell = 1{,}0$ m).
b) Verdopple die Querschnittsfläche, indem du einen gleichen Draht parallel zum ersten einspannst, und wiederhole die Messung.
c) Beschreibe den Zusammenhang zwischen der Querschnittsfläche des Drahtes und seinem Widerstand.

ℓ in m	$A = \pi \cdot r^2$ in mm²	U in V	I in A	$R = \frac{U}{I}$ in Ω
1,0	■	6,0	■	■
1,0	■	6,0	■	■

3.
a) Miss wie in Versuch 2 a) den Wert für die Stromstärke für einen Eisendraht ($d = 0{,}20$ mm; $\ell = 1{,}0$ m) und für einen Kupferdraht mit gleichen Abmessungen. Berechne für beide Drähte die Widerstandswerte.
b) Beschreibe den Zusammenhang zwischen dem Material der Drähte und ihrem Widerstand.

Bauformen von Widerständen und ihre Anwendung

Bauformen von technischen Widerständen

Die Bauformen von technischen Widerständen werden in zwei Gruppen eingeteilt, in **Festwiderstände** und in **regelbare Widerstände**.
Der feste Widerstandswert bei Festwiderständen wird durch eine Metallschicht, einen aufgedampften Metallfilm, ein Metalloxid, einen Metalldraht oder durch eine Kohleschicht auf einem Widerstandskörper erreicht.

Regelbare Widerstände sind **Schiebewiderstände** oder **Drehpotenziometer**. Je nach Bedarf kann der Widerstandswert individuell eingestellt werden. Der Widerstandswert wird dabei über einen Anteil eines Metalldrahtes oder einer Grafitschicht auf einem Widerstandskörper eingestellt.

Schutzwiderstand vor LED

In vielen Bausätzen und elektronischen Schaltungen werden **Leuchtdioden (LED)** als Kontroll- oder Anzeigelampen verwendet. Da Leuchtdioden nur mit einer kleinen Stromstärke betrieben werden dürfen, muss ein Festwiderstand als **Schutzwiderstand** vorgeschaltet werden. Er begrenzt die Stromstärke. So wird die LED nicht zerstört. Im Schaltzeichen für eine Leuchtdiode ist die Lichtabgabe durch Pfeile dargestellt (Bild B).

A Leuchtdiode mit Schutzwiderstand, **B** Schaltzeichen

Schiebewiderstand

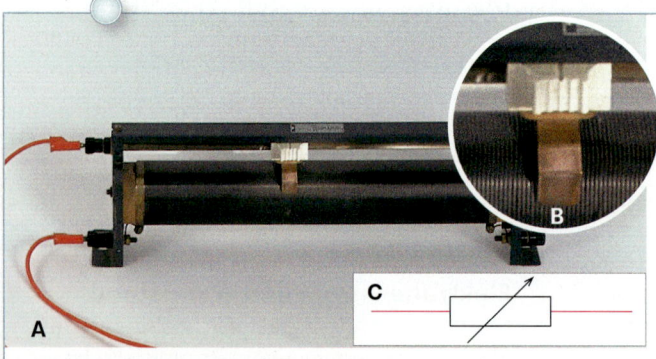

Mit **Schiebewiderständen** kann die Spannung oder die Stromstärke in einem Stromkreis eingestellt werden. Bei ihnen ist ein isolierter Draht auf ein Porzellan- oder Keramikrohr gewickelt. Mit einem verschiebbaren Abgriff kann die Länge des Widerstandsdrahtes im Stromkreis verändert werden. Dort, wo der Schleifkontakt über den Draht gleitet, ist dieser nicht isoliert (Bild B).

A Schiebewiderstand, **B** Abgriff, **C** Schaltzeichen

Handregler für analoge Modellautos

Mit diesem Handgriff kann die Geschwindigkeit eines analogen Modellautos eingestellt werden. Ein Schleifkontakt bewegt sich entlang eines Widerstandsdrahtes. Draht und Schleifkontakt sind als Potenziometerschaltung in einen Stromkreis mit dem Motor des Modellautos geschaltet. Damit können die Größe des Widerstandes und somit die Spannung für die Fahrzeuge geändert werden.

Potenziometer

Bei dem regelbaren Widerstand in Bild A hat der Keramikkörper die Form einer Röhre. Darauf wurde der Widerstandsdraht gewickelt. Der Schleifkontakt lässt sich mit einer Achse drehen. Zwischen der mittleren Klemme und dem Anfang des Widerstandsdrahtes kannst du den eingestellten Widerstandswert abgreifen. Regelbare Widerstände werden auch **Potenziometer** genannt.

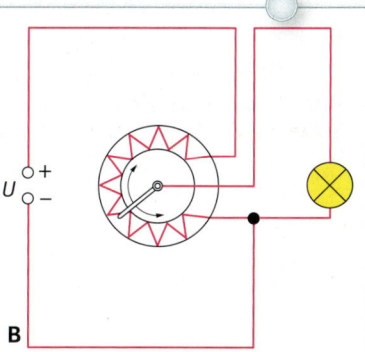

B

Die **Potenziometerschaltung** zeigt, dass die Spannung an der Lampe von der Position des Abgriffs abhängig ist.

A

Drehwiderstand

Bei **Drehwiderständen** kann das leitende Material aus einer Grafitschicht bestehen. Es ist auf einem Kunststoffträger aufgebracht. Durch diese Bauart sind die Potenziometer kleiner als Drahtwiderstände. Drehwiderstände werden in Schaltungen eingesetzt, mit denen sich die Helligkeit oder die Lautstärke einstellen lässt.

Verschiedene Drehwiderstände für Platinen

1.
Begründe den Namen Schutzwiderstand für einen Widerstand, der einer Leuchtdiode vorgeschaltet ist.

2.
Begründe den Pfeil im Schaltzeichen für einen veränderlichen Widerstand.

3.
a) Begründe, warum bei Schiebewiderständen die einzelnen Windungen gegeneinander isoliert sind, außer an den Stellen, an denen der Schleifkontakt bewegt wird.
b) Gib die Größe an, die durch das Verschieben des Abgriffs am Schiebewiderstand verändert wird.

4.
Erkläre, dass ein Schiebewiderstand und ein Potenziometer drei Anschlüsse benötigen.

5.
Ein Schiebewiderstand aus Draht hat einen Widerstand von 1000 Ω. Gib den Widerstandswert an, der bei 75,5% der Drahtlänge abgegriffen werden kann.

6.
Recherchiere weitere Geräte, in denen die unterschiedlichen Bauformen von technischen Widerständen eingesetzt werden.

Berechnungen zu Leitwert und Widerstand

1.
Die Stromstärke wurde in Abhängigkeit von der Spannung untersucht. Dabei ergaben sich folgende Messwerte:

U in V	0	1,8	3,6	5,4	7,2	9,0	10,8
I in A	0	0,31	0,55	0,74	0,84	0,93	0,96

a) Stelle die Messwerte grafisch dar.
b) Interpretiere den Verlauf der Kennlinie.
c) Gib ein mögliches Leitermaterial an.

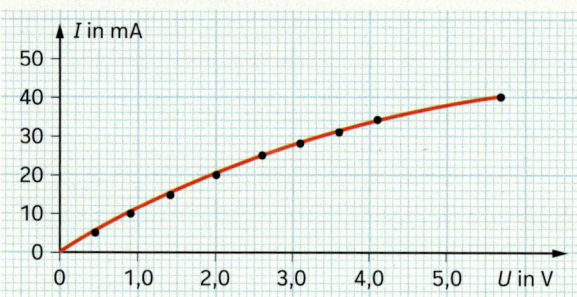

1 U-I-Diagramm eines metallischen Leiters

2.
a) Begründe, ob für den Leiter in Bild 1 das ohmsche Gesetz gilt.
b) Bestimme den Leitwert und Widerstandswert dieses Leiters bei einer Spannung von 1,0 V (2,0 V; 3,5 V; 4,0 V).

Auswertung von Kennlinienverläufe

Beispielaufgabe
Bestimme mithilfe der Kennlinie den Leitwert von einem Manganindraht und leite daraus den Widerstand ab.

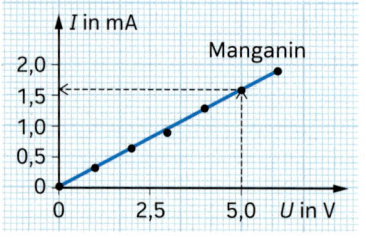

Rechnung	geg.: aus Diagramm, z. B.: $U = 5{,}0$ V; $I = 1{,}6$ mA
	ges.: G; R
	Lösung: $G = \dfrac{I}{U}$
	$G = \dfrac{1{,}6 \cdot 10^{-3} \text{ A}}{5{,}0 \text{ V}} = 0{,}32 \cdot 10^{-3}$ S
	$R = \dfrac{1}{G} = \dfrac{1}{0{,}32 \cdot 10^{-3} \text{ S}} = 3{,}1 \cdot 10^{3}$ Ω
Antwort:	Der Leitwert des Manganindrahtes beträgt $0{,}32 \cdot 10^{-3}$ S und sein Widerstand $3{,}1 \cdot 10^{3}$ Ω.

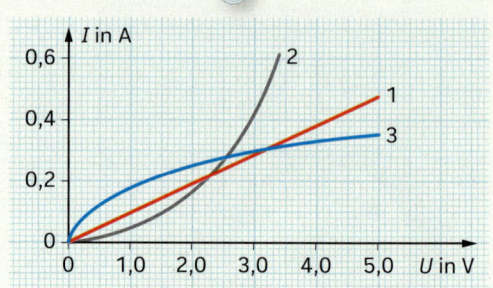

2 U-I-Diagramm verschiedener metallischer Leiter

3.
a) Lies aus Bild 2 die Stromstärke ab, bei der Leiter 1 und Leiter 2 den gleichen Widerstandswert haben.
b) Gib die Spannung an, bei der Leiter 2 und Leiter 3 den gleichen Leitwert besitzen.

4.
Berechne den Widerstand einer 9,0 W-Lampe, die mit 230 V betrieben wird.

5.
In einem Stromkreis mit einer 9,0 V-Elektrizitätsquelle werden Drähte aus Konstantan angeschlossen. Die Drähte haben folgende Widerstandswerte: 1,5 Ω; 3,0 Ω; 6,0 Ω; 7,5 Ω; 9,0 Ω.
a) Berechne für jeden Konstantandraht die Stromstärke.
b) Erstelle ein R-I-Diagramm.
c) Formuliere mit dem Diagramm aus b) einen mathematischen Zusammenhang.

Elektrischer Widerstand

Gleichung	$R = \dfrac{U}{I}$
Einheit	$1 \dfrac{\text{V}}{\text{A}} = 1$ Ω
Beispielaufgabe	Der Widerstand eines Leiters beträgt 50 Ω. Die Stromstärke im Draht wird mit 400 mA bestimmt. Berechne die anliegende Spannung.
Rechnung	geg.: $R = 50$ Ω; $I = 400$ mA
	ges.: U
	Lösung: $R = \dfrac{U}{I} \Leftrightarrow U = R \cdot I$
	$U = 50 \text{ Ω} \cdot 400 \cdot 10^{-3}$ A
	$= 20$ V
Antwort:	Es liegt eine Spannung von 20 V an.

6.
Ein Konstantandraht hat einen Widerstand von 5,0 Ω. Gib jeweils den Widerstandswert des Drahtes an, wenn
a) die Länge des Drahtes vervierfacht wird.
b) die Querschnittsfläche des Drahtes verdoppelt wird.
c) die Länge halbiert und die Querschnittsfläche geviertelt wird.
d) die Länge verdreifacht und die Querschnittsfläche verfünffacht wird.

7.
Ein 22 m langer Draht hat eine Querschnittsfläche von 0,25 mm² und einen Widerstand von 7,3 Ω. Bestimme das Material, aus dem der Metalldraht sein könnte.

8.
Aus einem Kupferdraht soll ein Widerstand von 150 Ω gebildet werden. Berechne die Länge des Drahtes, wenn dieser einen Durchmesser von 0,30 mm besitzt.

9.
Es wurde für Drähte mit einer Querschnittsfläche von 0,13 mm² der elektrische Widerstand in Abhängigkeit von der Länge des Drahtes untersucht. Es ergaben sich folgende Messwerte:

ℓ in m	0,30	0,50	0,75	0,90	1,20	1,50
R in Ω	1,2	1,9	2,8	3,5	4,8	5,8
	▪	▪	▪	▪	▪	▪

a) Übertrage die Tabelle in dein Heft und werte die Messreihe in der dritten Zeile numerisch aus. Formuliere das Versuchsergebnis.
b) Bestimme anhand von a) den spezifischen Widerstand des Drahtes.

10.
Von einem gekühlten Metalldraht mit einer Querschnittsfläche von 0,29 mm² wurden die Widerstandswerte in Abhängigkeit der Drahtlänge ermittelt. Es ergaben sich folgende Messwerte:

ℓ in m	19	25	51	65	74
R in Ω	12	15	31	40	45

a) Stelle den Widerstand in Abhängigkeit von der Länge grafisch dar und formuliere das mathematische Versuchsergebnis.
b) Berechne mithilfe des Diagramms aus a) den spezifischen Widerstand des Drahtes.

Spezifischer Widerstand

Gleichung	$\varrho = \frac{R \cdot A}{\ell}$
Einheit	$1 \frac{\Omega \cdot mm^2}{m}$
Beispielaufgabe	Ein Aluminiumdraht mit der Länge 5,5 m hat einen Widerstand von 2,5 Ω. Berechne den Durchmesser des Drahtes.
Rechnung	geg.: $l = 5,5$ m; $R = 2,5$ Ω; $\varrho = 0,027 \frac{\Omega \cdot mm^2}{m}$ ges.: d Lösung: $\varrho = \frac{R \cdot A}{\ell} \Leftrightarrow A = \frac{\varrho \cdot \ell}{R}$ $A = \frac{0,027 \frac{\Omega \cdot mm^2}{m} \cdot 5,5 \text{ m}}{2,5 \text{ Ω}}$ $A = 0,059$ mm² $A = \pi \cdot r^2$ mit $r = \frac{d}{2}$ $\Rightarrow A = \pi \cdot \left(\frac{d}{2}\right)^2 \Leftrightarrow \frac{d}{2} = \sqrt{\frac{A}{\pi}}$ $d = 2 \cdot \sqrt{\frac{A}{\pi}}$ $d = 2 \cdot \sqrt{\frac{0,059 \text{ mm}^2}{\pi}}$ $d = 0,27$ mm **Antwort:** Der Durchmesser des Aluminiumdrahtes beträgt 0,27 mm.

Messwerttabellen auswerten

Beispielaufgabe
In einem Versuch soll für Konstantandrähte mit einer Querschnittsfläche von 0,031 mm² der elektrische Widerstand in Abhängigkeit von der Länge des Drahtes untersucht werden. Werte die Messreihe aus und formuliere ein mathematisches Versuchsergebnis.

Rechnung geg.: $A = 0,031$ mm²; $\varrho = 0,50 \frac{\Omega \cdot mm^2}{m}$

ℓ in m	0,40	0,50	0,75	0,90	1,00
R in Ω	6,5	8,0	12,0	14,0	15,8

ges.: $\frac{R}{\ell}$

Lösung:

$\frac{R}{\ell}$ in $\frac{\Omega}{m}$	16	16	16	16	15,8

Antwort: Im Rahmen der Messgenauigkeit gilt: $\frac{R}{\ell}$ = konstant $\Rightarrow R \sim \ell$.

Der Widerstand eines Leiters ist temperaturabhängig

1.
a) Baue den Versuch wie in Bild 1 auf und spanne in die Prüfstrecke eine Wendel aus einem 50 cm langen Eisendraht (Durchmesser 0,20 mm). Erhöhe die Spannung schrittweise von 0 V um je 0,5 V bis zu einem Wert von 14,0 V. Notiere die Messwerte in einer Tabelle.
b) Berechne aus den Werten die elektrischen Leitwerte und die Widerstandswerte.

U in V	I in A	$G = \frac{I}{U}$ in S	$R = \frac{U}{I}$ in Ω
■	■	■	■

2.
a) Wiederhole Versuch 1 mit einem 50 cm langen Konstantandraht mit einem Durchmesser von 0,20 mm.
b) Vergleiche die berechneten Leitwerte und Widerstandswerte aus den Versuchen 1 und 2.

3.
a) Zeichne mithilfe der Messwerte aus den Versuchen 1 und 2 ein U-I-Diagramm.
b) Vergleiche die Graphen und interpretiere die Darstellung in Bezug auf die Gültigkeit des ohmschen Gesetzes.

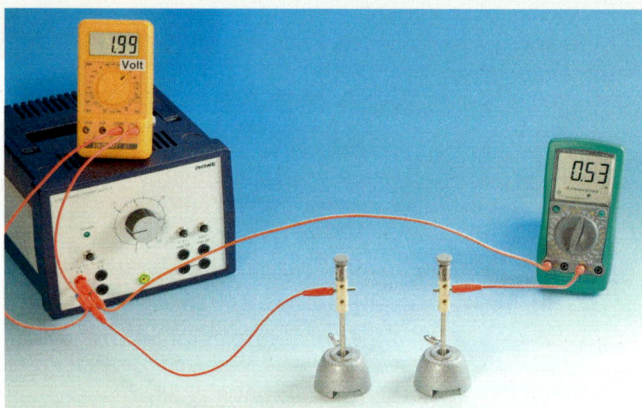

1 Bestimmung des elektrischen Widerstandes

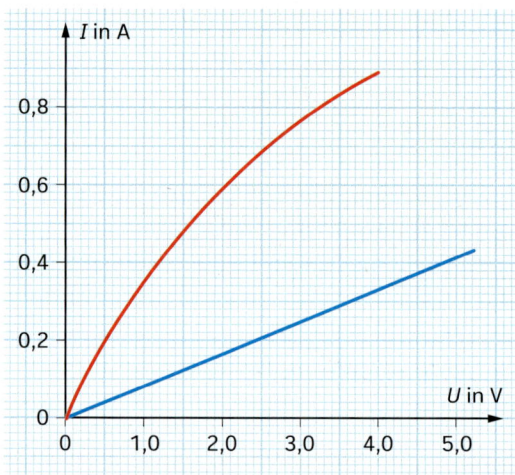

2 Spannung-Stromstärke-Diagramm

Widerstand und Temperatur
Der Widerstandswert eines elektrischen Leiters hängt von der Länge, dem Querschnitt und dem Material ab. Bei Leitern aus Eisen oder Kupfer ist der Widerstand zusätzlich von der Temperatur abhängig. Je höher die Temperatur steigt, desto größer ist auch der Widerstandswert. Bei Rotglut des Leiters ist der Wert besonders hoch. Die Temperaturerhöhung kann durch Erwärmung von außen erfolgen. Sie kann aber auch durch eine hohe Stromstärke im Leiter wie in einer Glühwendel hervorgerufen werden (Bild 1).

Temperatur und Elektronenbewegung
Der elektrische Strom kommt durch das Wandern der Elektronen im Leiter zustande. Diese bewegen sich zwischen den Atomrümpfen im Metallgitter. Auf ihrem Weg durch den Leiter treten sie in Wechselwirkung mit den Atomrümpfen. Durch diese Stöße werden die Atomrümpfe in heftigere Schwingungen versetzt. Das hat zur Folge, dass die Temperatur des metallischen Leiters steigt. Je heftiger die Atomrümpfe schwingen, desto weniger freie Elektronen kommen in der gleichen Zeit durch den metallischen Leiter. Die Behinderung der Elektronen macht sich als Erhöhung des elektrischen Widerstandes bemerkbar.

Ohmsches Gesetz und Temperatur
Bei einem metallischen Leiter steigt der Widerstand an, wenn seine Temperatur erhöht wird. Das ohmsche Gesetz gilt also nur, wenn sich die Temperatur des Leiters nicht wesentlich ändert.
Allerdings gibt es auch Materialien wie Konstantan, deren elektrischer Widerstand nicht von der Temperatur abhängt. Der Graph im Spannung-Stromstärke-Diagramm verläuft im Gegensatz zu den Graphen der anderen Metalle in allen Bereichen linear.

> Bei nahezu allen metallischen Leitern steigt der elektrische Widerstand, wenn sich die Temperatur im Leiter erhöht. Das ohmsche Gesetz ist bei diesen elektrischen Leitern nicht mehr gültig.

Messen von Widerständen

1 A Vielfachmessgerät, **B** Schaltzeichen für die Widerstandsmessung mit dem Vielfachmessgerät

Vielfachmessgerät
Mit Vielfachmessgeräten lassen sich neben Spannung und Stromstärke auch die Werte von Widerständen messen. In Bild 1 steht der Wahlschalter eines solchen Gerätes auf diesem Bereich. Für eine Messung können geeignete Messbereiche eingestellt werden. Die Anzeige des gemessenen Widerstandswertes erfolgt auf dem Display.

2 Widerstandsmessung auf einer Platine

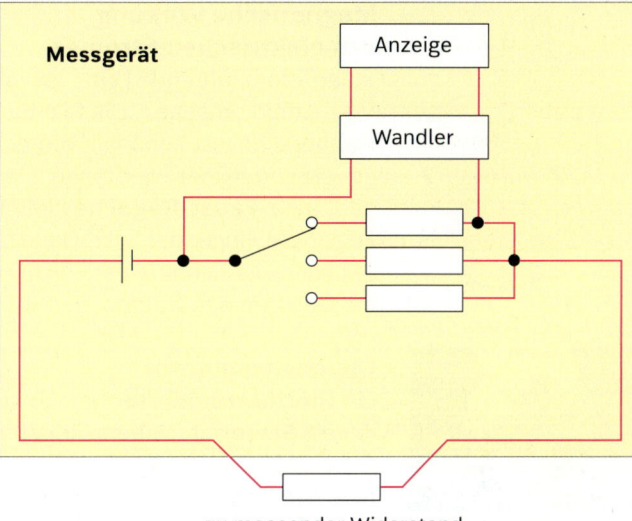

3 Schaltung zur Widerstandsmessung

Indirektes Messverfahren
Die Messung des elektrischen Widerstandes erfolgt in einem indirekten Verfahren. Die Basis dafür bietet die Spannungsmessung an einem Widerstand. In Bild 3 siehst du den Schaltplan für eine Widerstandsmessung. Das Messgerät muss zur Messung mit einer eigenen Elektrizitätsquelle ausgestattet sein. Dies ist in der Regel eine Batterie im Gehäuse.

Widerstandsmessungen
Für die Widerstandsmessung sind im Messgerät die Elektrizitätsquelle und ein Widerstand in Reihe geschaltet. Ein elektronisches Bauteil stellt die Verbindung zur Anzeige her. Die Anschlüsse für den zu messenden Widerstand sind über Steckbuchsen und Kabel nach außen geführt.

Bei Verbindung der Anschlusskabel miteinander entsteht ein geschlossener Stromkreis. Die gesamte Spannung liegt an einem der gewählten Widerstände im Inneren des Messgerätes an. Ihren Wert wandelt das elektronische Bauteil so um, dass in der Anzeige 0,00 Ω erscheint.

Wird nun über die Messkabel ein äußerer Widerstand in den Kreis geschaltet, ändern sich – wie in einer Reihenschaltung – die Spannungsverhältnisse.
Bedingt durch den zweiten Widerstand tritt jetzt am Widerstand im Messgerät eine andere Spannung auf. Ihr Wert wird umgewandelt und als Größe des zu bestimmenden Widerstandes auf der Anzeige ausgegeben.

Elektrizität und ihre Nutzung

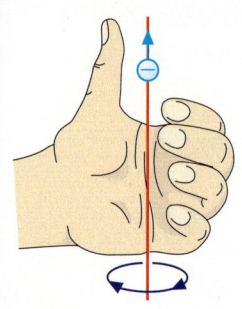

Magnetische Wirkung des elektrischen Stromes
Jeder Strom führende Leiter ist von einem Magnetfeld umgeben. Die Richtung des Magnetfeldes ist abhängig von der Bewegungsrichtung der Elektronen. Sie kann nach der **Linke-Faust-Regel** bestimmt werden. Zeigen die Finger der linken Faust bei einer Spule in Fließrichtung der Elektronen, zeigt der Daumen den Nordpol der Spule an.

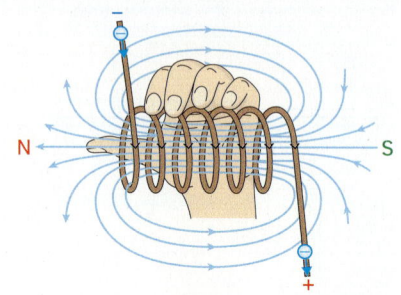

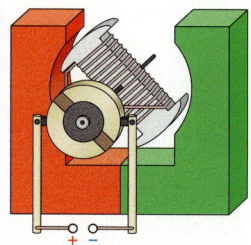

Gleichstrommotor
Ein **Gleichstrommotor** besteht aus einem Dauermagneten als **Stator** und einem Elektromagneten als **Rotor**. Die Gleichstrom führende Spule führt mithilfe des **Kommutators** eine kontinuierliche Drehung aus. Enthält der Motor einen **Trommelanker**, ein Rotor mit mehr als zwei Strom führenden Spulen, so gibt es keinen **Totpunkt** mehr.

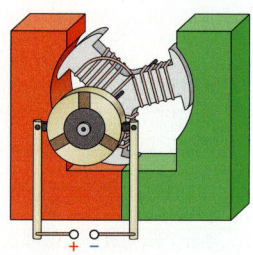

Elektrische Spannung U
Die **elektrische Spannung** ist ein Maß für die elektrische Arbeit, die in einem Stromkreis an den Elektronen in einer bestimmten Zeit verrichtet wird.
Gleichung: $U = \frac{W_{el}}{Q}$
Maßeinheit: $1 \frac{Ws}{As} = 1 V$
Messung mit **Vielfachmessgerät**:

Das ohmsche Gesetz
$I \sim U$, $\frac{I}{U}$ = konstant

Elektrischer Leitwert G
Gleichung: $G = \frac{I}{U}$
Maßeinheit: $1 \frac{A}{V} = 1 S$ (Siemens)

Elektrischer Widerstand R
Der Kehrwert des elektrischen Leitwerts ist der **elektrische Widerstand R**.
Gleichung: $R = \frac{U}{I}$
Maßeinheit: $1 \frac{V}{A} = 1 \Omega$ (Ohm)

Leiterkennlinien von Metallen

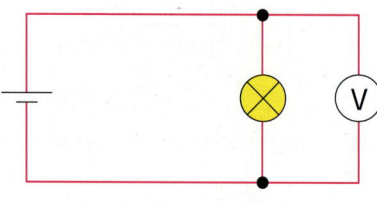

Das Widerstandsgesetz
Der **elektrische Widerstand** ist abhängig von seinem spezifischen Widerstand ϱ, seiner Länge ℓ und seiner Querschnittsfläche A.
Der **spezifische Widerstand ϱ** ist eine Materialkonstante.
Gleichung: $R = \varrho \cdot \frac{\ell}{A}$
Maßeinheit: $1 \frac{\Omega \cdot mm^2}{m} \cdot 1 \frac{m}{mm^2} = 1 \Omega$

Elektrische Arbeit W_{el}
Gleichung: $W_{el} = U \cdot I \cdot t$
Maßeinheit: $1 V \cdot A \cdot s = 1 Ws = 1 J$

Elektrische Leistung P_{el}
Gleichung: $P = \frac{W_{el}}{t} = U \cdot I$
Maßeinheit: $1 V \cdot A = 1 W$

Elektrische Energie E_{el}
Gleichung: $E = U \cdot I \cdot t$
Maßeinheit: $1 V \cdot A \cdot s = 1 Ws = 1 J$
Die Nutzung der **elektrischen Energie** muss bezahlt werden.

Gültigkeit des ohmschen Gesetzes
Bei nahezu allen metallischen Leitern steigt der elektrische Widerstand, wenn sich die Temperatur im Leiter erhöht. Das ohmsche Gesetz ist dann nicht mehr gültig ⟶ Ausnahme: Konstantan.

→ Methode S. 14–15

Elektrizität und ihre Nutzung

Systeme

Materie

Wechselwirkung

Energie

Systeme im Gleich- und Ungleichgewicht
1.
Ein Elektromotor kann sich im Gleichgewicht und im Ungleichgewicht befinden. Beschreibe die jeweiligen Phasen.
→ S. 132

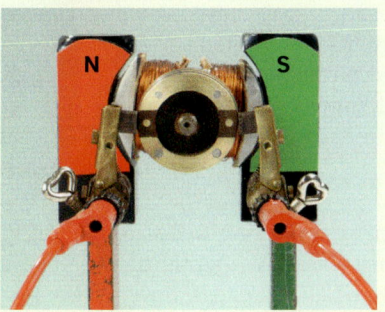

Wechselwirkung
3.
Begründe das Zustandekommen der Drehbewegung des Rotors innerhalb eines Elektromotors.
→ S. 131

Materie und Energie
2.
Beschreibe mit der inneren Struktur der metallischen Spulendrähte, dass es durch den elektrischen Widerstand zu einer nicht erwünschten Energieumwandlung beim Betrieb eines Elektromotors kommt. → S. 158

Energie
4.
Jeder Prozessor eines Computers wird durch einen Kühlkörper und einem aufgesetzten Lüfter gekühlt. Im Lüfter befindet sich ein Elektromotor.
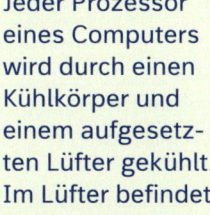

a) Gib alle Energieumwandlungen an, die beim Betrieb des Lüfters stattfinden.
b) Zeichne das dazugehörige Energieflussdiagramm.
→ S. 134

BASISKONZEPTE

Elektrizität und ihre Nutzung

Magnetismus und Elektrizität

Kannst du schon ...

...die magnetische Wirkung des elektrischen Stromes im metallischen Leiter beschreiben? (S. 126)
...mithilfe des Feldlinienmodells das magnetische Feld eines Strom führenden geraden Leiters und einer Strom führenden Spule darstellen? (S. 127)
...die Richtung des Magnetfelds des geraden Leiters und der Spule mit der Linke-Faust-Regel bestimmen? (S. 127)
...die Funktionsweise eines Elektromagneten beschreiben und Beispiele für deren Anwendung angeben? (S. 128 – 129)
...den Aufbau von Gleichstrommotoren beschreiben und deren Funktionsweise erklären? (S. 131 – 133)
...Einsatzbeispiele für Elektromotoren nennen? (S. 134 – 135)
...die Bedeutung der elektrischen Spannung angeben? (S. 140 – 141)
...die elektrische Spannung mit einem Vielfachmessgerät messen? (S. 142)
...den Unterschied zwischen Gleich- und Wechselstrom erklären? (S. 143)
...verschiedene Elektrizitätsquellen für Gleich- und Wechselspannung aufzählen? (S. 143)
...die elektrische Arbeit und die elektrische Leistung berechnen? (S. 144 – 145)
...Energiekosten ermitteln? (S. 146 – 147)
...Möglichkeiten nennen, die helfen, Energie einzusparen? (S. 148 – 149)

Zeig, was du kannst!

1. Beschreibe die Aussage der Linke-Faust-Regel.

2. Die magnetische Kraftwirkung eines Elektromagneten ist regelbar und abschaltbar. Gib die Abhängigkeiten der magnetischen Kraftwirkung einer Spule an.

3. Erkläre die Begriffe Rotor und Stator bei einem Gleichstrom-Elektromotor.

4. Eine Waschmaschine hat eine Leistung von 1200 W. Berechne die elektrische Arbeit für ein Waschprogramm, wenn dieses 1,5 h dauert.

5. In Kanada beträgt die Netzspannung 120 V. Begründe, ob der kanadische Premierminister bei seinem Deutschlandbesuch (230 V) einen Schaden für seinen Rasierer befürchten müsste.

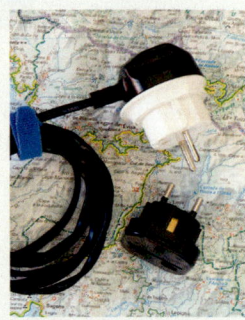

6. Berechne die Energie, die der Akku im rechten Bild maximal speichern kann. Gib das Ergebnis in kJ und in kWh an.

7.
a) Ein Haartrockner hat im Betrieb einen Widerstand von 60 Ω. Berechne die Stromstärke des Elektrogerätes, wenn es an das Haushaltsnetz mit 230 V angeschlossen wird.
b) Der Haartrockner ist 360 s lang in Betrieb. Berechne die Ladungsmenge, die in dieser Zeit durch den Föhn fließt.
c) Berechne die elektrische Energie in kWh, die in dieser Zeit im Haartrockner in Wärme umgewandelt wird.
d) Berechne die Energiekosten, wenn 1 kWh elektrischer Energie 0,31 € kostet.

8. Eine Spielekonsole hat im Stand-by-Betrieb eine Leistung von 2,0 W.
a) Berechne den Energiebedarf im Jahr, wenn das Gerät täglich 22 h im Stand-by-Modus ist.
b) Berechne die Energiekosten bei $0{,}31\,\frac{€}{kWh}$.

Elektrischer Widerstand

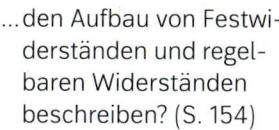

Kannst du schon ...

...das ohmsche Gesetz nennen? (S. 150)
...das Größensymbol und die Maßeinheit des elektrischen Leitwerts angeben? (S. 150)
...den Begriff Kennlinie eines Leiters definieren? (S. 151)
...den Kennlinienverlauf von metallischen Leitern interpretieren und mithilfe des Teilchenmodells erklären? (S. 151)
...das Größensymbol und die Maßeinheit des elektrischen Widerstands angeben? (S. 152)
...den Widerstandswert von Festwiderständen mithilfe der Farbcodetabelle bestimmen? (S. 152)
...die Abhängigkeiten des elektrischen Widerstands angeben? (S. 153)
...den Aufbau von Festwiderständen und regelbaren Widerständen beschreiben? (S. 154)
...unterschiedliche Bauformen von Widerständen aufzählen und Beispiele für deren Anwendung geben? (S. 154 – 155)
...Berechnungen zum elektrischen Leitwert und zum elektrischen Widerstand durchführen? (S. 156 – 157)
...die Temperaturabhängigkeit des elektrischen Widerstandes bei metallischen Leitern im Teilchenmodell erklären? (S. 158)

Zeig, was du kannst!

9. Ⓐ
In einem Versuch wird für einen elektrischen Leiter die Stromstärke in Abhängigkeit von der Spannung gemessen. Es ergeben sich folgende Messwerte:

U in V	0	1,2	2,4	3,6	4,8	6,0
I in A	0	0,19	0,33	0,42	0,46	0,50

a) Fertige einen zugehörigen Schaltplan an.
b) Stelle die Messreihe grafisch dar.
c) Interpretiere den Kennlinienverlauf.
d) Formuliere die Bedeutung des Kennlinienverlaufs bezüglich des Widerstands des verwendeten Leiters.

10. Ⓐ
Berechne den Widerstand einer 200 m langen Kupferleitung ($\varrho = 0{,}0172\ \frac{\Omega \cdot mm^2}{m}$), die einen Durchmesser von 0,80 mm besitzt.

11. Ⓐ
Der spezifische Widerstand für Wolfram beträgt $0{,}055\ \frac{\Omega \cdot mm^2}{m}$. Erkläre diese Angabe.

12. Ⓐ
Der Durchmesser eines Drahtes wird verdreifacht und gleichzeitig seine Länge halbiert. Bestimme den Widerstandswert.

13. Ⓐ
Bestimme mithilfe der Farbcodetabelle die Widerstandswerte.

14. Ⓐ
Ein Draht wird in der Mitte durchgeschnitten. Beide Hälften werden parallel an ihren Enden verbunden. Gib den veränderten Widerstandswert an und begründe deine Aussage.

15. Ⓐ
Erkläre die Abhängigkeiten des elektrischen Widerstandes bei metallischen Leitern im Teilchenmodell.

Wichtige Begriffe

- Elektromagnetismus, Elektromagnet
- Linke-Faust-Regel
- Elektromotor (Rotor, Stator, Kommutator)
- elektrische Größen: Spannung U, Arbeit W_{el}, Leistung P_{el}, Energie E_{el}
- ohmsches Gesetz
- elektrischer Leitwert
- Kennlinie eines elektrischen Leiters
- elektrischer Widerstand
- Widerstandsgesetz (spezifischer Widerstand)
- Festwiderstand, regelbarer Widerstand

Stichwortverzeichnis

f. = die folgende Seite
ff. = die folgenden Seiten

A

abgeleitete Größe 34, 36, 48
Absolutdruck 55, 58
absolute Temperatur 83
absoluter Temperatur-Nullpunkt 82
– Unerreichbarkeit 83
Absorption, Wärme 103
Aggregatzustände 74
– Übergänge 86
Akkuschrauber 134
Angriffspunkt 19
Anker 130
Anomalien des Wassers 96 f.
Antrieb 100
Arbeit
–, elektrische 140, 144
–, mechanische 34, 50
–, thermische 111
Arbeitskolben 56
Arbeitspreis 147
Astschere 25
Ausdehnung
–, allseitige 90
–, thermische 93
Autobremsanlage 62

B

Barometer 67
Basisgröße 78
Basiskonzepte 14
Berufsinformationszentrum (BIZ) 138
Berufswahlorientierung 138
Berufswahltest 138
Beschleunigungsarbeit 35, 75
Betrag 19
Bewegung
–, beschleunigte 18
–, gleichförmige 18
Bewegungsänderung 19, 24
Bewegungsenergie 38, 40

Bimetallstreifen 92
Bimetall-Thermometer 92
Brennerflamme 8
Bungeespringen 40
Butangas 9

C

Celsius-Skala 80, 84
chemische Energie 41, 110
CPU 134

D

Dämmstoff 108
Dauermagnet 124
Dehnungsfuge 91
Dekompression 59
Dichte 104
Dichteunterschiede 105
digitales Thermometer 79
Dosenbarometer 67
Drehmoment 23 f.
–, linksdrehendes 24
–, rechtsdrehendes 24
Drehmomentschlüssel 24
Drehpotenziometer 154
Drehpunkt, Hebel 22
Drehwiderstand 155
Druck 53 f., 62
–, hydrostatischer 58, 60
Druckdifferenz 55
Druckkammer 59
Druckluftwerkzeug 57

E

Ebene, schiefe 20, 25, 32
E-Bike 134
einseitiger Hebel 22
Eis 96
Eisenkern 128
elektrische
– Arbeit 140, 144
– Energie 41, 110, 146
– Feldlinien 125
– Ladung 125
– Leistung 111, 145
– Leitfähigkeit 151

– Spannung 140 f.
– Stromstärke 125
elektrischer Leiter 127
– Leitwert 150
– Stromkreis 141
– Widerstand 152 f.
elektrisches Feld 125
Elektrizitätsquelle 7, 143
Elektrizitätszähler 146
Elektroauto 135
Elektromagnet 126 ff.
Elektromagnetismus 126
Elektromotor 131 ff.
Elektronenbewegung 158
Elektronenmangel 125
Elektronenstrom 153
Elektronenüberschuss 125
Elektroskop 125
Elementarladung 125
Emission, Wärme 103
Energie
–, chemische 41, 110
–, elektrische 41, 110, 146
–, entwertete 43
–, innere 41, 76 f., 86, 90, 110
–, kinetische 38
–, mechanische 36, 38
–, mittlere kinetische 77 f.
–, mittlere potenzielle 77
–, nutzbare 43
–, potenzielle 38, 50, 87
–, zugeführte 43
Energieeffizienz 107
Energieerhaltungssatz 44
Energieflussdiagramm 43, 45
Energieformen 41
–, mechanische 38
Energiemessgerät 146
Energienutzung 47
Energierechnung 147
Energiesparen 149
Energiesuffizienz 107
Energieträger
–, regenerativer 107
Energietransport 100
Energieübertragung 102
Energieumwandlung 44

Energieversorgungsunternehmen 146
Energiewandler 43, 110
entwertete Energie 43
Erdgas 9
Erhaltungsgröße 43
Erosionskegel 97
Erstarren 86
Erstarrungstemperatur 86
Erste-Hilfe-Kasten 6
Erwärmen 91
Erwärmungsgesetz 113, 140
erzwungene Konvektion 106
EU-Label 149
Experimentieren, Regeln 7
Extrapolation 83

F

Fahrenheit-Skala 84
Farbcodetabelle 152
Federkraftmesser 19
Feld
–, elektrisches 125
–, magnetisches 124
Feldlinien
–, elektrische 125
–, magnetische 124
Feldlinienbild, Spule 127
ferromagnetischer Stoff 124
fest 74
feste Rolle 29
fester Körper 86, 90
Festwiderstand 152, 154
Feuerlöscher 6
Feuermelder 95
Fixpunkte 80
Fläche 52
Flaschenzug 28 f., 32 f., 45
Florentiner Thermometer 80
flüssig 74
flüssiger Körper 86
Flüssigkeit 93
Flüssigkeitsthermometer 79
Fotovoltaikanlage 107
Freiheitsgrade 86
Frostaufbruch 97

G

Gas, thermische
    Ausdehnung 98
Gasbrenner 8
gasförmig 74
gasförmiger Körper 87
Gefahrstoffsymbol 6
Gefäße, verbundene 61
Gefriertrocknung 89
Gegenkraft 18
Generator 111
Geschwindigkeit 18
Gesetz, ohmsches 150, 158
Gewichtskraft 19 ff.
Gleichgewicht 24
–, thermisches 101
Gleichspannung 142 f.
Gleichstrom 143
– Elektromotor 131, 160
Gleitreibungskraft 75
Glimmlampe 125
Goldenen Regel der
    Mechanik 32 f., 57
Größe, vektorielle 19
Grundpreis 147
GS-Zeichen 7, 168
Gummiband 40

H

Haftreibungskraft 75
Haltekraft 26, 28
Hangabtriebskraft 20 f.
Haut 78
Hebebühne 56
Hebel 22 ff., 30, 32
– Drehmoment 35
–, einseitiger 22
– Gleichgewicht 24
– mechanische Arbeit 35
– Ungleichgewicht 24
–, zweiseitiger 22
Hebelgesetz 24
Heißluftballon 99
Heizplatte 9
Hinweisschild 6
Hochdruckgebiet 67
Höhenkrankheit 65

homogenes Magnetfeld,
    Spule 127
h-p-Diagramm 58, 64
Hubarbeit 35, 75
Hurrikan 67
hydraulisches System 56
hydrostatischer Druck 58,
    60
hydrostatisches Paradoxon
    60
Hyperbelast 23
Hypothesenbildung 12

I, J

indifferente Zone 124
Influenz, magnetische 124
Informationsplakat 27
inkompressibel 53
innere Energie 41, 76 f., 86,
    90, 110
Internetrecherche 10
Joule 34, 144

K

Kältekörperchen 78
Kartuschenbrenner 9
Keil 25
Kelvin-Skala 82 ff.
Kennlinie 156
– metallischer Leiter 151
Kernenergie 41
kinetische Energie 75
Kohäsionskraft 86
Komet 89
Kommutator 132
Kompression 76
Kompressionsarbeit 76
Kompressor 57, 59
Komprimieren 52, 54, 99
Kondensationstemperatur
    87
Kondensieren 87
Konstantan 150
Konvektion
– Flüssigkeiten 104
– Gasen 105
–, erzwungene 106

Körper
– mit freier Oberfläche 58
–, fester 86, 90
–, flüssiger 86
–, gasförmiger 87
–, starrer 22
Kraft 18, 19 f., 53
–, resultierende 19
Kräfteaddition 19
Kräftegleichgewicht 18
Kräfteparallelogramm 19 ff.
– schiefe Ebene 20
Kraftwandler 20 ff., 26 ff.,
    32, 62
–, hydraulischer 56
–, pneumatischer 56
Kraftwirkung
–, dynamische 18
–, statische 18

L

Ladesäule 135
Ladung, elektrische 125
Ladungstransport 125
Lageenergie 38
Längenänderung 91
Längenausdehnung 90
Lasthebemagnet 129
Lautsprecher 129
LED 154
Leistung
–, elektrische 111, 145
–, mechanische 50 f., 111
–, physische 49
–, thermische 111
Leiter, elektrischer 127
– Magnetfeld 127
– radialsymmetrisches Feld
    127
Leitfähigkeit, elektrische
    151
Leitwert, elektrischer 150,
    156
Leslie-Würfel 103
Leuchtdiode 154
Linke-Faust-Regel 127, 160
linksdrehendes Drehmo-
    ment 24

Lithium-Ionen-Akku 135
lose Rolle 26, 29
Luft 98
Luftdruck 64, 66
– Messung 67

M

Magdeburger Halbkugeln
    66
Magnetfeld 127
magnetische
– Feldlinien 124
– Influenz 124
– Wirkung 126
– Spule 128
magnetischer
– Nordpol 124
– Südpol 124
magnetisches Feld 124
Magnetismus 124
–, temporärer 124
mechanische Arbeit 75
– Formen 35
mechanische Energie 38, 75
– Formen 38
– Umwandlung 39
mechanische Leistung 50 f.,
    111
Messfehler 13
–, statistischer 13
–, systematischer 13, 115
–, zufälliger 13
Messfühler 79
Messgenauigkeit 13
Messgerät 130
–, analoges 13, 79
–, digitales 13
Messwerttabelle 157
Mittelwertbildung 13
mittlere kinetische Energie
    77 f.
mittlere potenzielle Energie
    77
Modell
– sinnvolle Ziffern 13
– Wasserkreislauf 141
– elektrische Feldlinien 125
– magnetische Feldlinien 124

Stichwortverzeichnis

– physikalisches 125
Motorroller 134

N
Nachhaltigkeit 107, 109
–, ökologische 107
–, ökonomische 107
–, soziale 107
Nachhaltigkeitsdreieck 107
Newtonmeter 23
Nordpol, magnetischer 124
Normaldruck 55
Normalkraft 20, 21
Not-Aus-Schalter 6
Notrufnummer 7
nutzbare Energie 43

O
ohmsches Gesetz 158
– Gültigkeit 158
Optimierung 115
Ortsfaktor 19
Oszilloskop 143

P
Paradoxon, hydrostatisches 60
Passatwinde 105
Pedelec 134
Permanentmagnet 124
Perpetuum mobile 44
physikalisches Modell 125
Plakat 27
plastische Verformungsarbeit 76
Pneumatik 57
pneumatischer Kraftwandler 56
Polregel
– Dauermagnete 124
– Elektromagnete 126
potenzielle Energie 75
Potenziometer 155
Potenziometerschaltung 155
Praktikum 138

Präsentation 10 f.
Prinzip Nachhaltigkeit 10, 107, 109
Propangas 9
Prozessgröße 34
Pumpkolben 56

R
radialsymmetrisches Feld 127
Raureif 88 f.
rechtsdrehendes Drehmoment 24
Referat 11
Reflexion, Wärme 103
regenerativer Energieträger 107
Reibung 75, 110
Reibungsarbeit 35, 76
Reibungskraft 18
Reibungsvorgänge 110
Resublimieren 88 f.
Rettungszeichen 6
Richtiges Verhalten im Fachraum 6
Richtung 19
Rolle 30
–, feste 29
–, lose 26, 29
Rollreibungskraft 75
Rotor 131 ff.

S
Sachtext 10
Schiebewiderstand 154
schiefe Ebene 20, 25, 32
Schlauchwaage 61
Schleifkontakt 131
Schmelzen 86
Schmelztemperatur 80, 86
Schraubenlinie 25
Schutzwiderstand 154
Schweredruck 58, 60 ff.
Sicherheitsregeln 6 f.
Siedetemperatur 80, 87
Sinuskurve 143
Siphon 61

Skala 79, 80
Solarthermiekollektor 107
Sonne 85, 110
Spannenergie 38, 40
Spannung, elektrische 140 f., 150
Spannung-Stromstärke-Diagramm 150
Speichergröße 37
spezifische Wärmekapazität 117
spezifischer Widerstand 153
Sprinkleranlage 94
Spule 126
– Feldlinienbild 127
– homogenes Magnetfeld 127
Stahl 85
Stand-by-Modus 148
starrer Körper 22
Stator 131
Steigrohr 79
Steigungswinkel 20, 21
Stickstoff 85
Stoff, ferromagnetischer 124
Stoffeigenschaft 113
Strahlungsenergie 41, 76
Strom, thermischer 100
Stromkreis, elektrischer 141
Stromstärke, elektrische 125, 150
– Elektromagnet 128
Stromstärkemessgerät 125
Stromwender 132
Sublimieren 88 f.
Südpol, magnetischer 124
systematischer Messfehler 115

T
Tabellen zur Physik 170 f.
Tauchen 59
Teilchen, Abstand 77
– Bewegung 77
Teilchenmodell 74, 77, 86, 88, 104

Temperatur 53, 78 ff., 85, 158
Temperaturänderung, Teilchenmodell 77
Temperatur-Nullpunkt, absoluter 82
Temperatursinn 78
temporärer Magnetismus 124
thermische
– Arbeit 111
– Ausdehnung 93
– Leistung 111
thermischer Strom 100
thermisches Gleichgewicht 101
Thermometer 79, 81
–, analoges 79
– Bimetall 92
Thermoskanne 108
Thermoskop 80 f.
–, Magdeburger 81
Tiefdruckgebiet 67
Totpunkt 132
T-p-Diagramm 83
Trägheitskraft 18
Trockeneis 89
Trommelanker 133
T-V-Diagramm 83
Typenschild 141, 145

U
Übertragungsgröße 37, 76
Umlenkrolle 26
Ungleichgewicht 24
Urheberrecht 10
U-Rohr-Manometer
–, geschlossenes 55
–, offenes 55

V
Vakuum 66
VDE-Zeichen 7
vektorielle Größe 19
Ventil 56 f., 94
verbundene Gefäße 61
Verdampfen 87

Verdunsten 87
Verformung 19
–, elastische 18
–, plastische 18
Verformungsarbeit 35, 75
–, plastische 76
Vielfachmessgerät 13, 142, 159
–, analoges 13, 142
–, digitales 13, 142
– Messung 142
Volumenänderung 93
– Teilchenmodell 77
Vortrag 11

W
Wärme 100, 111 ff.
Wärmedämmung 109
Wärmeempfindung 78
Wärmekapazität
– von Festkörpern 116
–, spezifische 113
Wärmekörperchen 78
Wärmekreislauf 105
– Heizung 106
Wärmeleiter 102
Wärmeleitung 102
Wärmequelle 9, 110
–, elektrische 111
– Leistung 114
Wärmespeicher 117
Wärmestrahlung 103
Wärmestrom 100, 108
Wärmeströmung 104 f.
Wärmeübergang 100
Warnzeichen 6
Wasser 96
Wasserkreislauf 141
Watt 145
Wattsekunde 144
Wechselspannung 142, 143
Wechselstrom 143
Weg-Kraft-Diagramm 34
Wetterfront 67
Wetterstation 67
Wettervorhersage 67
Widerstand 158
–, elektrischer 152 f., 156
–, regelbarer 154
–, spezifischer 153, 157
–, technischer 154
– Temperaturabhängigkeit 158
Widerstandsgesetz 153
Widerstandsmessung 159
Windung 126
Windungszahl, Spule 128
Wirkung, magnetische 126
– Spule 128
Wirkungsgrad 45 f., 50 f.
– schiefe Ebene 46
Wirkungslinie, Kraft 22

Z
Zeit-Arbeit-Diagramm 48
Zeit-Temperatur-Diagramm 114
Zentralheizung 106
Zone, indifferente 124
zugeführte Energie 43
Zugkraft 20 f.
Zustandsgröße 36, 76
zweiseitiger Hebel 22

Namensverzeichnis

ARCHIMEDES 25
ARISTOTELES 66
CARLOWITZ, HANS CARL VON 107
CELSIUS, ANDERS 84
DA VINCI, LEONARDO 44
FAHRENHEIT, DANIEL 81, 84
GALILEI, GALILEO 81
GAY-LUSSAC, JOSEPH L. 83
GUERICKE, OTTO VON 66, 81
JOULE, JAMES PRESCOTT 34
LORD KELVIN OF LARGS 82 f.
MEDICI, FERDINANDO II. DE 81
OERSTED, CHRISTIAN 126
OHM, GEORG SIMON 152
PASCAL, BLAISE 54, 60
PICCARD, JACQUES 63
SIEMENS, WERNER VON 150
THOMSON, WILLIAM 82, 84
TORRICELLI, EVANGELISTA 66
VOLTA, ALESSANDRO 140
WATT, JAMES 48

Übersicht

METHODEN
- 6 Sicherheitsregeln in der Physik
- 10 Internetrecherche: Vom Sachtext zur Präsentation
- 11 Ein Referat vorbereiten und halten
- 12 Hypothesenbildung – Aufstellen von Vermutungen
- 13 Messgenauigkeit und Messfehler
- 14 Mit Basiskonzepten Wissen verknüpfen
- 27 Ein Informationsplakat entsteht
- 115 Experimentelle Optimierungen verbessern die Ergebnisse
- 136 Berufswahl

LERNEN IM TEAM
- 30 Hebel und Rollen in der Technik und in der Natur
- 95 Feuermelder
- 109 Wärmedämmung dient der Nachhaltigkeit
- 135 Bau von Elektrofahrzeugen
- 147 Energiesparen mit Verstand

Schaltzeichen

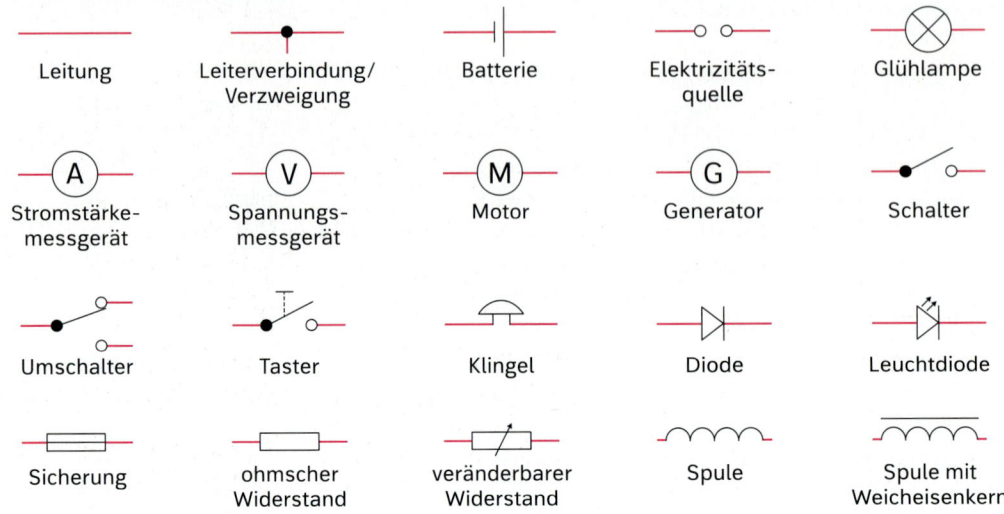

Leitung	Leiterverbindung/ Verzweigung	Batterie	Elektrizitäts- quelle	Glühlampe
Stromstärke- messgerät	Spannungs- messgerät	Motor	Generator	Schalter
Umschalter	Taster	Klingel	Diode	Leuchtdiode
Sicherung	ohmscher Widerstand	veränderbarer Widerstand	Spule	Spule mit Weicheisenkern

GHS-Piktogramme und ihre Bedeutung

Symbol		Wirkungs- beispiel	Symbol		Wirkungs- beispiel	Symbol		Wirkungs- beispiel
Explodierende Bombe		Explosionsge- fahr durch Schlag, Reibung oder Feuer	Gas- flasche		Gefahr durch unkontrolliert ausströmende Gase	Ausrufe- zeichen		schon einmaliger, kurzzeitiger Kontakt schädigt
Flamme		entzündbare Stoffe, auch selbstent- zündbar	Verätzung		ätzende Wirkung auf Haut, Augen und Schleim- häute	Gesundheits- gefahr		Schädigung durch Schlucken, Einatmen, Hautkontakt
Flamme über Kreis		entzündend wirkende Stoffe	Totenkopf		Vergiftungsge- fahr durch Berühren, Verschlucken oder Einatmen	Umwelt		akut oder chronisch Gewässer gefährdend

Vorsätze bei den Einheiten

Vorsatz	Vorsatzzeichen	Zehnerpotenz	Zahlwort
Peta	P	10^{15}	Billiarde
Tera	T	10^{12}	Billion
Giga	G	10^{9}	Milliarde
Mega	M	10^{6}	Million
Kilo	k	10^{3}	Tausend
Hekto	h	10^{2}	Hundert

Vorsatz	Vorsatzzeichen	Zehnerpotenz	Zahlwort
Dezi	d	10^{-1}	Zehntel
Zenti	c	10^{-2}	Hundertstel
Milli	m	10^{-3}	Tausendstel
Mikro	µ	10^{-6}	Millionstel
Nano	n	10^{-9}	Milliardstel
Pico	p	10^{-12}	Billionstel

Anhang | **169**

Bildquellenverzeichnis

|Alamy Stock Photo, Abingdon/Oxfordshire: allOver images/MEV 146.1; BSIP SA 59.8; Deli, Csaba 139.1; GL Archive 82.2; imageBROKER/Jaeger, Michael 4.2, 123.1; Klaewsoongnern, Yodsagorn 91.4; Möller, Sibylle A. 134.1; Nativ, Hagai 59.1; Pleska, Otto 148.2; Rapt.Tv 16.3; Realimage 67.1; Schwarz, Juergen 135.2; SOUTER, Antony 162.2; Zadroga, Piotr 139.2. |Alamy Stock Photo (RMB), Abingdon/Oxfordshire: age fotostock 120.3; age fotostock/Häfele, Erich 107.2; allOver images/MEV 79.4; Andreas Werth (MP2) 33.1; Desintegrator 94.1; Global Warming Images 88.1; imageBROKER/Boensch, Barbara 47.2; Mitiuc, Alexandr 47.3; Naumov, Dmitry 92.5; Rex Argent 51.1; The Granger Collection 81.1; View Stock 77.2. |Astrofoto, Sörth: Keller/Schmidbauer 89.1; Koch, Bernd 25.6; van Ravenswaay, Detlev 25.5. |Atelier tigercolor Tom Menzel, Klingberg: 90.1, 108.1, 119.2, 154.2. |BC GmbH Verlags- und Medien-, Forschungs- und Beratungsgesellschaft, Ingelheim: 6.4, 6.5, 6.6, 6.7, 41.6, 93.2, 98.1, 98.2, 98.3, 117.1, 168.2, 168.3, 168.4, 168.5, 168.6, 168.7, 168.8, 168.9, 168.10. |Deutsche Gesetzliche Unfallversicherung e.V. / DGUV e.V., Sankt Augustin: 7.3. |Deutsches Museum, München: Archiv BN03665 80.4. |Dipl.-Ing. Ulrich Wirrwa, WIWIPHOTO & FILM, Ammersbek: Siemens Gamesa Renewable Energy GmbH & Co. KG/Ulrich Wirrwa 117.4. |dreamstime.com, Brentwood: Karl_kanal 103.4. |Druwe & Polastri, Cremlingen/Weddel: 145.1. |fotolia.com, New York: autofocus67 134.2; borissos 79.3; dima_pics 37.2; Eppele, Klaus 33.2; fefufoto 91.1; Givaga 86.1; Hoffmann, Alexander 79.5; Jürgen Fälchle 7.4; Klein, Ralph 58.1; Kuzmin, Andrey 87.1; lofik 91.3; Mamich, Alexander 53.2; O.M. 14.1; Peter Atkins 97.1; piamuc 107.1; ragaly 43.1; scimmery1 97.4; soulrebel83 97.3; thingamajiggs 163.1; zest_marina 110.5. |Goudsmit Magnetic Systems BV, Niederlande, HB Waalre: 129.1. |Helga Lade Fotoagenturen GmbH, Frankfurt/M.: 57.2; Binder, Rainer 89.3. |Imago, Berlin: Camera 4 70.2. |Institut für Kartografie und Geoinformation, ETH Zürich, Zürich: 67.3. |iStockphoto.com, Calgary: alexsl Titel; marcin_szmyd 146.2; MicroStockHub 79.6; Nastco 53.1; pappamaart 110.7; SDI Productions 144.1; Supersmario 104.1, 133.3; VVCephei 6.2; warrengoldswain 35.1. |Job GmbH, Ahrensburg: 94.2, 94.3, 94.4, 94.5, 94.6, 99.4. |Joy-iT, Neukirchen-Vluyn: 155.4. |Keis, Heike, Rödental: 8.2, 24.1, 30.2, 31.1, 31.2, 38.2, 39.1, 40.2, 44.3, 51.2, 52.1, 60.2, 61.1, 61.5, 79.7, 86.2, 88.3, 127.2, 160.1. |LEGO Central Europe, Grasbrunn: LEGO Technik 11.1. |Marahrens, Olav, Hamburg: 49.1, 60.1, 65.2, 111.1, 113.1. |mauritius images GmbH, Mittenwald: Geisser 47.5; Hubertus Blume 47.6; ib/Schneider, Thomas 110.6, 119.3; Warburton-Lee, John/Simoni, Marco 40.1. |Mettin, Markus, Offenbach: 98.7, 98.8. |N-ERGIE Aktiengesellschaft, Nürnberg: 117.3. |NASA Headquarters, Washington, DC: 85.2. |OKAPIA KG - Michael Grzimek & Co., Frankfurt/M.: Herbert Schwind 47.1; imageBROKER/Belcher, Simon 87.2; Martin Wendler 33.3; Oswald Eckstein 47.4. |OPITEC Handel GmbH, Giebelstadt-Sulzdorf: 137.1. |PantherMedia GmbH (panthermedia.net), München: BlackyZE 114.1; Corepics 24.4; Fotofabrika 41.3; galaiko (YAYMicro) 162.1; photosoupy 89.2; ruslanchik 52.2; Suljo 41.4; wihtgod 91.2. |PHYWE Systeme GmbH & Co. KG, Göttingen: 61.2, 81.3. |Picture-Alliance GmbH, Frankfurt/M.: akg / Russian Picture Service/Yuri Maslyaev 47.7; akg-images 10.4; dpa 162.3; dpa/dpaweb 110.2; dpa/Horst Pfeiffer 47.8; dpa/Waßmuth, Jürgen 85.1; Keystone 110.4; KPA/TopFoto 63.1; ZB / Lander, Andreas 66.1; ZB/Büttner, Jens 37.1. |Scheungrab, Andreas, Vilshofen: 53.3, 103.3. |Schlag, Heinz-Jürgen - www.ing-schlag.de, Freiburg: 99.2. |Schobel, Ingrid, Hannover: 10.1, 10.2, 10.3, 12.1, 13.2, 14.2, 14.3, 14.4, 14.5, 14.6, 18.1, 18.2, 18.3, 18.4, 18.5, 18.6, 19.1, 19.2, 19.3, 19.4, 20.3, 21.1, 21.2, 21.3, 22.1, 22.2, 22.3, 23.3, 24.2, 24.3, 25.1, 25.4, 27.1, 29.1, 29.2, 29.3, 30.3, 31.4, 32.1, 32.2, 34.1, 34.2, 34.3, 35.2, 35.3, 42.1, 42.2, 43.2, 43.3, 43.4, 45.2, 48.1, 48.2, 52.3, 53.4, 54.1, 54.2, 54.3, 55.1, 55.2, 56.1, 56.2, 57.1, 58.2, 58.3, 59.2, 59.3, 59.4, 59.5, 59.6, 59.7, 62.1, 63.2, 64.1, 67.2, 68.1, 68.2, 69.3, 69.4, 69.6, 70.1, 74.1, 74.2, 74.3, 74.4, 75.3, 76.2, 77.1, 77.3, 82.1, 83.1, 83.2, 86.3, 86.4, 87.3, 92.1, 92.2, 93.3, 96.4, 96.5, 97.2, 98.4, 99.3, 100.2, 101.2, 101.3, 104.2, 105.1, 105.2, 106.1, 106.2, 106.3, 110.3, 111.2, 114.2, 115.2, 115.5, 115.6, 116.1, 117.2, 118.1, 119.1, 119.4, 124.1, 125.1, 125.2, 127.4, 129.3, 130.4, 132.4, 132.5, 132.6, 140.2, 141.1, 141.2, 142.3, 147.1, 147.2, 149.2, 150.2, 151.2, 151.3, 152.3, 155.2, 156.1, 156.2, 156.3, 158.2, 159.1, 159.3, 159.4, 160.2, 160.3, 160.4, 160.5, 160.6, 168.1. |Shutterstock.com, New York: Africa Studio 13.3; die Fotosynthese 148.1; gloverk 13.5; Kottysch.Photography 90.2; Luis Bras 154.1; Milagli 13.1; nikkytok 79.1; Pixel-Shot 13.4; Richard Schramm 110.1; silvano audisio 38.1; smereka 72.2. |Simper, Manfred, Wennigsen: 100.3, 152.2, 163.2. |Steinkamp, Albert, Reken: 8.1, 8.3, 23.1, 23.2, 98.5, 98.6, 108.2, 108.3, 109.1, 109.2, 109.3, 115.1, 115.2, 115.3, 128.1, 140.1, 142.1, 142.2, 143.1, 144.2, 151.1, 153.1, 155.3. |stock.adobe.com, Dublin: aapsky 65.1; Alexandre 122.1; Andy 16.2; Apart Foto 134.3; Bobrovskiy, Pavel 4.1, 73.1; Brigitte 50.1; caravia 75.2; D.R.3D 72.1; Delyk, Oleksandr 129.4, 149.1; dima_pics 122.2; etchison, sonya 42.3; Eyesbear Photography 46.1; eyetronic 20.1; Flexmedia 122.3; Florian Hiltmair 24.5; fotofuerst 120.2; H.Sonntag 72.3; HPW 28.4; industrieblick 139.3; Jenseman04 61.4; Kneschke, Robert 129.2; kosmos111 3.1, 17.1; Marina Lohrbach 75.1; Maszlen, Peter 41.5; oatawa 138.1; PRILL Mediendesign 81.2; ronstik 120.1; sasapanchenko 25.3; Seybert, Gerhard 41.2; stnazkul 41.1; Supfroyd 85.3; Tamor, Maxal 88.2; vitalis83 134.4, 161.3; weerapat1003 16.1; Yan 36.1, 36.2. |Tegen, Hans, Hambühren: 6.1, 6.3, 7.1, 9.1, 9.2, 9.3, 20.2, 25.2, 26.1, 26.2, 26.3, 28.1, 28.2, 28.3, 30.1, 31.3, 31.5, 33.4, 44.1, 44.2, 45.1, 61.3, 69.1, 69.2, 69.5, 76.1, 79.2, 80.1, 80.2, 80.3, 89.4, 89.5, 90.3, 90.4, 90.5, 91.5, 92.4, 93.1, 93.3, 93.4, 95.1, 95.2, 95.3, 96.1, 96.2, 96.3, 99.1, 100.1, 101.1, 102.1, 102.2, 102.3, 103.1, 103.2, 126.1, 126.2, 126.3, 127.1, 127.3, 129.5, 130.1, 130.2, 130.3, 131.1, 131.2, 131.3, 132.1, 132.2, 132.3, 133.1, 133.2, 136.1, 136.2, 137.2, 141.3, 143.2, 143.3, 143.4, 150.1, 152.1, 154.3, 154.4, 154.5, 155.1, 158.1, 159.2, 159.5, 161.1, 161.2. |vario images, Bonn: 121.1. |VDE Prüf- und Zertifizierungsinstitut GmbH, Offenbach: 7.2. |Viertel, Judith, Lehre: 78.1, 78.2, 84.1. |Volkswagen AG, Wolfsburg: 135.1. |Wirtschaftsvereinigung Stahl / thyssenkrupp Steel Europe, Berlin: ThyssenKrupp Steel 85.4.

Wir arbeiten sehr sorgfältig daran, für alle verwendeten Abbildungen die Rechteinhaberinnen und Rechteinhaber zu ermitteln. Sollte uns dies im Einzelfall nicht vollständig gelungen sein, werden berechtigte Ansprüche selbstverständlich im Rahmen der üblichen Vereinbarungen abgegolten.

Tabellen zur Physik

Physikalische Größen, Maßeinheiten und Gesetze

Name der Größe	Größensymbol	Name der Maßeinheit	Maßeinheit	Gleichung/Gesetz	Weitere Maßeinheiten
Länge Weg, Strecke	ℓ s	Meter	1 m		1 km = $1 \cdot 10^3$ m; 1 m = $1 \cdot 10^1$ dm; 1 m = $1 \cdot 10^2$ cm; 1 cm = $1 \cdot 10^1$ mm
Zeit	t	Sekunde	1 s		1 h = 60 min = 3600 s; 1 min = 60 s
Volumen	V	Kubikmeter Liter	1 m³ 1 l	Quader: $V = \ell \cdot b \cdot h$	1 m³ = $1 \cdot 10^3$ dm³; 1 dm³ = 1 l; 1 l = $1 \cdot 10^3$ ml; 1 ml = 1 cm³
Masse	m	Kilogramm	1 kg		1 kg = $1 \cdot 10^3$ g; 1 g = $1 \cdot 10^3$ mg
Dichte	ϱ (rho)	Kilogramm pro Kubikmeter; Gramm pro Kubikzentimeter; Gramm pro Liter	$1 \frac{kg}{m^3}$ $1 \frac{g}{cm^3}$ $1 \frac{g}{\ell}$	$\varrho = \frac{m}{V}$	$1 \frac{g}{cm^3} = 1 \frac{kg}{dm^3} = 1 \cdot 10^3 \frac{kg}{m^3}$; $1 \frac{kg}{m^3} = 1 \cdot 10^{-3} \frac{kg}{l}$
Kraft	$\vec{F}$	Newton	1 N		1 kN = $1 \cdot 10^3$ N
Ortsfaktor	g	Newton pro Kilogramm	$1 \frac{N}{kg}$	Ortsfaktor für Mitteleuropa: $g = 9{,}81 \frac{N}{kg}$	–
Druck	p	Pascal	$1 \text{ Pa} = 1 \frac{N}{m^2}$	$p = \frac{F}{A}$ Normaldruck: 1013 hPa	$1 \cdot 10^5$ Pa = $1 \cdot 10^3$ hPa = 1 bar 1 hPa = $1 \cdot 10^2$ Pa = 1 mbar
Schweredruck	p_s	Pascal	1 Pa	$p_s = \varrho_{Fl} \cdot h \cdot g$	–
mechanische Arbeit elektrische Arbeit	W	Newtonmeter Joule Wattsekunde	1 Nm 1 Ws 1 J	$W = F \cdot s \quad (\vec{F} \parallel s)$ $W_{el} = U \cdot I \cdot t$	1 MJ = $1 \cdot 10^3$ kJ; 1 kJ = $1 \cdot 10^3$ J 1 kWh = $3{,}6 \cdot 10^6$ Ws = 3,6 MJ
mechanische Energie potenzielle Energie Spannenergie kinetische Energie elektrische Energie	E E_{pot} E_{Spann} E_{kin} E_{el}	Newtonmeter Joule Wattsekunde	1 Nm 1 Ws 1 J	$E = F \cdot s \quad (\vec{F} \parallel s)$ $E_{pot} = F_G \cdot h = m \cdot g \cdot h$ $E_{Spann} = \frac{1}{2} \cdot F \cdot s$ $E_{el} = U \cdot I \cdot t$	1 MJ = $1 \cdot 10^3$ kJ; 1 kJ = $1 \cdot 10^3$ J
innere Energie	E_i	Newtonmeter Joule Wattsekunde	1 J	$E_i = \overline{E_{kin}} + \overline{E_{pot}}$ Energieerhaltungssatz: $E_{ges} = E_{pot} + E_{kin} + E_i$ = konst.	1 MJ = $1 \cdot 10^3$ kJ; 1 kJ = $1 \cdot 10^3$ J 1 kWh = $3{,}6 \cdot 10^6$ Ws = 3,6 MJ
Wirkungsgrad	η (eta)	–	–	$\eta = \frac{W_{nutz}}{W_{zu}}$; $\eta = \frac{E_{nutz}}{E_{zu}}$; $\eta = \frac{P_{nutz}}{P_{zu}}$	$0 < \eta < 1$ oder $0\% < \eta < 100\%$
mechanische Leistung elektrische Leistung	P P_{el}	Watt	1 W	$P = \frac{W}{t}$; $P = \frac{E}{t}$ $P_{el} = \frac{W_{el}}{t} = U \cdot I$	1 GW = $1 \cdot 10^3$ MW; 1 MW = $1 \cdot 10^3$ kW; 1 kW = $1 \cdot 10^3$ W; 1 mW = $1 \cdot 10^{-3}$ W
Temperatur	ϑ T	Grad Celsius Kelvin	1 °C 1 K	$\Delta \vartheta = \Delta T$	$-273{,}15$ °C = 0 K 0 °C = 273,15 K
Wärme	W_{th}	Wattsekunde Joule	1 Ws 1 J	$W_{th} = P \cdot t$ Erwärmungsgesetz: $W_{th} = c \cdot m \cdot \Delta T$	
elektrische Stromstärke	I	Ampere	$1 \text{ A} = 1 \frac{C}{s}$	$I = \frac{Q}{t}$	1 A = $1 \cdot 10^3$ mA 1 mA = $1 \cdot 10^3$ µA
elektrische Ladung	Q	Coulomb	1 C = 1 As	$Q = I \cdot t$	Elementarladung: $e = 1{,}6 \cdot 10^{-19}$ C
elektrische Spannung	U	Volt	1 V	$U = \frac{W_{el}}{Q} = \frac{W_{el}}{I \cdot t}$	1 kV = $1 \cdot 10^3$ V 1 mV = $1 \cdot 10^3$ mV
elektrischer Leitwert	G	Siemens	$1 \text{ S} = 1 \frac{A}{V}$	$G = \frac{I}{U}$ ohmsches Gesetz: $I \sim U$	
elektrischer Widerstand	R	Ohm	$1 \, \Omega = 1 \frac{V}{A}$	$R = \frac{U}{I}$	1 MΩ = $1 \cdot 10^3$ kΩ = $1 \cdot 10^6$ Ω 1 Ω = $1 \cdot 10^3$ mΩ
spezifischer Widerstand	ϱ (rho)	Ohm mal Quadratmillimeter pro Meter	$1 \frac{\Omega \cdot mm^2}{m}$	Widerstandsgesetz: $R = \varrho \cdot \frac{\ell}{A}$	